U0793200

"十四五"职业教育国家规划教材

浙江省高职院校"十四五"重点立项建设教材

供应链管理

第2版

主　编　张启慧　孟庆永　杨　妍
参　编　董　毅　黄璐瑶　李金营　王安娜

机械工业出版社

本书包括11个项目，分别为：供应链及供应链管理认知、供应链的构建、供应链的协调与优化、供应链绩效评价与激励、制造商的供应链管理、零售商的供应链管理、供应链集成服务、常用的供应链管理方法、供应链金融、绿色供应链、供应链设计与综合运营。通过对本书的学习，学生能够掌握供应链的基本原理和若干操作技巧，养成供应链管理专业素养。

本书可作为高职高专院校、职业本科院校和应用型本科院校的现代物流管理、采购与供应管理、供应链运营、物流工程技术、关务与外贸服务、连锁经营管理等相关专业用书，也可作为物流与供应链管理研究人员及从业人员的参考资料。

本书配有电子课件等教师用配套教学资源，凡使用本书的教师均可登录机械工业出版社教育服务网（www.cmpedu.com）下载。咨询可致电：010-88379375，服务QQ：945379158。

图书在版编目（CIP）数据

供应链管理/张启慧，孟庆永，杨妍主编．—2版（修订本）．—北京：机械工业出版社，2024.5（2025.8重印）
“十四五”职业教育国家规划教材
ISBN 978-7-111-75459-6

Ⅰ．①供…　Ⅱ．①张…　②孟…　③杨…　Ⅲ．①供应链管理—职业教育—教材　Ⅳ．①F252

中国国家版本馆CIP数据核字（2024）第061409号

机械工业出版社（北京市百万庄大街22号　邮政编码100037）
策划编辑：孔文梅　　责任编辑：孔文梅　乔　晨
责任校对：马荣华　张昕妍　　封面设计：鞠　杨
责任印制：邓　博
河北环京美印刷有限公司印刷
2025年8月第2版第5次印刷
184mm×260mm・16.5印张・417千字
标准书号：ISBN 978-7-111-75459-6
定价：49.00元

电话服务　　网络服务
客服电话：010-88361066　　机　工　官　网：www.cmpbook.com
010-88379833　　机　工　官　博：weibo.com/cmp1952
010-68326294　　金　书　网：www.golden-book.com
封底无防伪标均为盗版　　机工教育服务网：www.cmpedu.com

关于“十四五”职业教育
国家规划教材的出版说明

为贯彻落实《中共中央关于认真学习宣传贯彻党的二十大精神的决定》《习近平新时代中国特色社会主义思想进课程教材指南》《职业院校教材管理办法》等文件精神，机械工业出版社与教材编写团队一道，认真执行思政内容进教材、进课堂、进头脑要求，尊重教育规律，遵循学科特点，对教材内容进行了更新，着力落实以下要求：

1. 提升教材铸魂育人功能，培育、践行社会主义核心价值观，教育引导学生树立共产主义远大理想和中国特色社会主义共同理想，坚定“四个自信”，厚植爱国主义情怀，把爱国情、强国志、报国行自觉融入建设社会主义现代化强国、实现中华民族伟大复兴的奋斗之中。同时，弘扬中华优秀传统文化，深入开展宪法法治教育。

2. 注重科学思维方法训练和科学伦理教育，培养学生探索未知、追求真理、勇攀科学高峰的责任感和使命感；强化学生工程伦理教育，培养学生精益求精的大国工匠精神，激发学生科技报国的家国情怀和使命担当。加快构建中国特色哲学社会科学学科体系、学术体系、话语体系。帮助学生了解相关专业和行业领域的国家战略、法律法规和相关政策，引导学生深入社会实践、关注现实问题，培育学生经世济民、诚信服务、德法兼修的职业素养。

3. 教育引导学生深刻理解并自觉实践各行业的职业精神、职业规范，增强职业责任感，培养遵纪守法、爱岗敬业、无私奉献、诚实守信、公道办事、开拓创新的职业品格和行为习惯。

在此基础上，及时更新教材知识内容，体现产业发展的新技术、新工艺、新规范、新标准。加强教材数字化建设，丰富配套资源，形成可听、可视、可练、可互动的融媒体教材。

教材建设需要各方的共同努力，也欢迎相关教材使用院校的师生及时反馈意见和建议，我们将认真组织力量进行研究，在后续重印及再版时吸纳改进，不断推动高质量教材出版。

机械工业出版社

前言 Preface

党的二十大报告提出，要贯彻新发展理念，着力推进高质量发展；加快建设现代化经济体系，着力提升产业链供应链韧性和安全水平；构建优质高效的服务业新体系，推动现代服务业同先进制造业、现代农业深度融合。产业链供应链作为实体经济发展的重要支撑，是实现我国经济高质量发展的重要抓手，也是提升人民生活品质、构建新发展格局的重要驱动力。“供应链管理”已成为众多相关专业的必修课程，具有知识面广、内容多、理论性和实践性并重等特点。

本书融入了产业链供应链现代化、数字化供应链、制造强国、系统观念、法治思维等，体现了党的二十大精神。在编写上以职业实践为导向，既注重系统地阐述理论，也注重介绍可操作的实践方法，结构清晰、通俗易懂、资料丰富、实践性强。本书内容包括供应链管理基础、供应链管理实战、供应链管理拓展、供应链管理深化四大模块。其中，供应链管理基础模块包括供应链及供应链管理认知、供应链的构建、供应链的协调与优化、供应链绩效评价与激励四个项目；供应链管理实战模块包括制造商的供应链管理、零售商的供应链管理、供应链集成服务、常用的供应链管理方法四个项目；供应链管理拓展模块分为供应链金融、绿色供应链两个项目；最后一个模块的项目为供应链设计与综合运营。本书结合“四新”（新技术、新工艺、新规范和新要求）等方面的要求，融入互联网、大数据、物联网、供应链金融等智慧供应链最新技术要求，融入先进企业的岗位需求和应用场景，能够使学生全面掌握供应链管理的基本理论、具体的管理方法和前沿知识。

本书以任务为导向，内容按照学习目标、项目导学、学习导入、知识学习、任务实施、拓展实训、项目测评来展开。学习目标明确给出任务的知识目标、技能目标和素养目标，便于学生对照检查学习效果；项目导学以思维导图的形式勾勒出本项目的核心知识点，便于学生整体把握项目主要知识内容和学习要求；学习导入一般为案例引入，引导学生开展典型、真实的职业实践；知识学习围绕学习目标，针对必须掌握的核心知识点展开；任务实施根据工作领域职业能力要求进行设计；拓展实训为本项目的综合实训，一般为调研分析、综合演练等；项目测评设计了重要知识点测评试题，对学生学习效果进行检验。

本书以时政案例、企业案例、人物故事、实践项目等为载体，使学生能够理解并认同供应链管理对国家战略、企业发展、个人发展的重要性，辩证认识我国供应链管理相关行业发展水平与竞争能力，树立正确发展观；同时认同供应链管理中的契约精神、合作精神、精益求精的工匠精神、诚信服务的职业素养等，进一步增强对社会主义核心价值观的理解与认同，树立正确的人生观和价值观，同时养成良好的职业素养。

本书适应“互联网 + 教育”的发展趋势，运用信息化技术辅助教与学，化解知识、技能教学中的重难点，依托网络学习平台，辅以课件、视频、动画、案例等数字资源，通过扫描二维码可以随时随地进行学习。同时，本课程的网络教学平台将持续提供更丰富的行业前沿资料。课程网址：智慧职教 MOOC 平台（https://mooc.icve.com.cn/cms）、浙江省高等学校在线开放课程共享平台（www.zjooc.cn），搜索“供应链管理”即可找到。

为方便教学，本书配备了电子课件等教学资源，凡选用本书作为教材的教师均可登录机械工业出版社教育服务网（www.cmpedu.com）免费下载。如有问题请致电：010-88379375，服务QQ：945379158。

浙江经济职业技术学院张启慧任第一主编，负责全书的总体设计，编写项目一、项目五、项目七、项目十一并完成立体化资源的制作；浙江经济职业技术学院孟庆永编写项目三和项目六的任务二、任务三；浙江经贸职业学院杨妍编写项目二和项目八；浙江经济职业技术学院董毅、黄璐瑶、李金营分别编写项目十、项目四、项目九；南京财经大学红山学院王安娜编写项目六的任务一。

在本书的编写过程中，浙江经济职业技术学院王自勤教授给予了悉心指导，浙江省物流协会、物产中大集团、北京络捷斯特科技发展股份有限公司等单位给予了大力支持，在此表示衷心感谢。

在本书的编写过程中，编者还参考了有关文献和网站，在此向相关作者一并表示感谢。由于编者水平有限，书中疏漏、错误之处在所难免，恳请读者批评指正。

编 者

二维码索引

（续）

目录 Contents

Module one

模块一

供应链管理基础

项目一

供应链及供应链管理认知

学习目标

知识目标：

1．了解供应链及供应链管理的产生和发展历程。

2．掌握供应链的概念和特征。

3．掌握供应链管理的概念及其内涵。

4．掌握供应链管理的内容、目标。

5．掌握集成化供应链管理的发展阶段。

技能目标：

能准确分析具体企业供应链管理现状，并提出合理改善建议。

素养目标：

1．辩证认识我国供应链管理发展水平，树立正确的发展观。

2．理解并认同供应链管理的重要性，提升社会责任感和职业认同感。

项目导学

- 项目一　供应链及供应链管理认知
  - 任务一　供应链认知
    - 供应链的产生
    - 供应链的概念
    - 供应链的结构
    - 供应链的特征
  - 任务二　供应链管理认知
    - 供应链管理的概念
    - 供应链管理的特征
    - 供应链管理的内容
    - 供应链管理的目标
    - 供应链管理与传统管理模式的区别
    - 供应链管理与物流管理的关系
  - 任务三　集成化供应链管理
    - 集成化供应链管理概述
    - 集成化供应链管理的发展阶段
    - 集成化供应链管理的效益
  - 实训　企业供应链管理现状调研

任务一　供应链认知

英国供应链管理专家马丁·克里斯托弗曾指出："在21世纪，市场竞争将是供应链和供应链的竞争，而不是企业和企业的竞争。"这标志着人类已经进入了"供应链竞争时代"。

学习导入

福特汽车供应链体系的变化

1908年，福特汽车公司生产出世界上第一辆属于普通百姓的汽车——T型车，世界汽车工业革命就此开始。1913年，福特汽车公司又开发了世界上第一条流水线。1922年，福特汽车公司开始缔造它的汽车王国。以福特胭脂河工厂为例，亨利·福特建造这座工厂的目的是能够做到一端运进铁矿石、橡胶和塑料，另一端运出崭新的汽车。为了给工厂供应原料，他斥资在密歇根州北部、明尼苏达州和威斯康星州收购了70万英亩①的森林、铁矿和采石场，在肯塔基州、西弗吉尼亚州和宾夕法尼亚州收购了数千英亩的煤田，甚至在巴西收购了一个橡胶种植园。为了将所有这些材料运到胭脂河工厂，福特还经营着一个矿石运输船队和一家铁路公司。胭脂河工厂的第一台铁矿石高炉于1919年10月上线，是当时世界上最大的同类设施；发电厂于1920年投入使用，玻璃厂在1923年开始投产，1926年又增加了炼钢炉和轧钢厂。当时，胭脂河工厂能够生产组装T型车所需的几乎所有部件。截至1929年，共有10.3万名员工在这家工厂工作。胭脂河工厂有自己的消防局、警察局和医院。每过一分钟，就会有一辆汽车从工厂的装配线上开下来。同时期，福特甚至还拥有自己的牧羊场，出产的羊毛专门用于生产本公司的汽车坐垫。到20世纪60年代，以福特汽车为代表，美国汽车工业进入黄金时期，市场占有率高达90%，几乎独霸全球市场份额。

进入20世纪90年代，随着科学技术的进步和全球化市场的形成，企业面对的竞争越来越激烈，纵向一体化的弊端就显露出来：核心企业负担过重，除了管理生产外，还要管理材料的采购、产品销售和物流活动；一体化成员过多，业务链过长，导致信息经常被扭曲，市场反应迟钝；每个业务环节都面临众多竞争对手，竞争压力被人为加大；核心企业无法集中精力于核心业务，限制了自身竞争力的提高。为了适应市场环境，福特汽车公司开始将采矿、伐木和玻璃制造业务剥离出来，最终在1989年将胭脂河的铸造厂卖给了当地的钢铁公司，出售了全部的河面和码头，以及900英亩的土地。福特汽车公司的Festiva型汽车由美国人设计，其发动机由日本的马自达公司制造，韩国的制造厂负责生产其他零件并进行装配，最后销往世界各地（如图1-1所示）。美国的福特汽车公司、德国的大众汽车公司、日本的日产汽车公司一度视彼此为竞争对手，但福特汽车公司曾和大众汽车公司联合在南美洲开发生产小汽车，曾和日产汽车公司联合在美国开发生产小汽车。种种迹象表明，传统的纯粹竞争经济已在向合作经济或竞争与合作混合的经济模式转变。

① 1英亩≈4 046.86平方米。

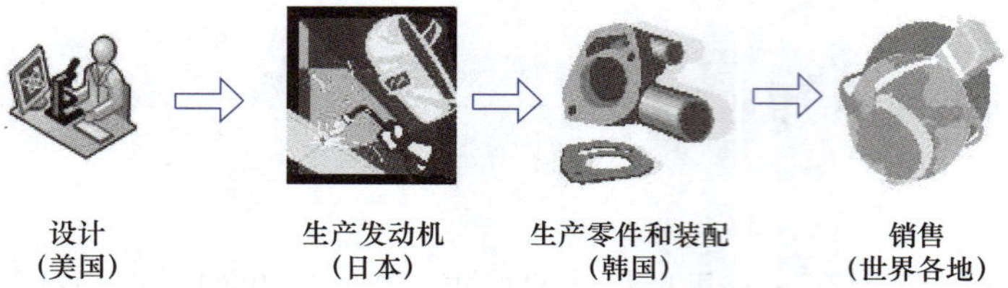

图 1-1　福特 Festiva 型汽车的供应链体系

思考： 福特汽车公司的供应链体系发生了什么变化？为什么会出现这些变化？

知识学习

一、供应链的产生

（一）纵向一体化模式

20 世纪 80 年代以前，企业出于对制造资源的占有要求和对生产过程直接控制的需要，经常采用的策略是自己投资建厂，或参股到供应商企业，一个产品所需要的各种零部件基本上是由本企业自己加工出来的，企业直接控制着各个零部件的生产过程，这就是“纵向一体化”（Vertical Integration），或者是“大而全，小而全”的模式。例如，许多制造商拥有铸造、毛坯准备、零件加工、部件装配、总装、包装、运输等一整套设备设施及组织机构。推行纵向一体化模式的目的在于，加强核心企业对原材料供应、产品制造、分销和销售全过程的控制，使企业能在市场竞争中掌握主动，从而实现增加各个业务活动阶段利润的目标。

在市场环境相对稳定的情况下，采用纵向一体化模式是有效的。纵向一体化可以将外部市场活动内部化，具有如下经济性：内部控制和协调的经济性、信息的经济性、节约交易成本的经济性、稳定关系的经济性。纵向一体化战略可以使关键的投入资源和销售渠道控制在企业自己的手中，从而使行业的新进入者望而却步，防止竞争对手进入本企业的经营领域。

但是，随着经济发展和科技革命的发生，经济全球化成为世界经济发展的必然趋势。企业纷纷参与国际化大分工，利用各地区的优势，尽可能地降低成本，以增强商品的国际竞争力。在科技迅速发展、市场竞争日益激烈、顾客需求不断变化的今天，纵向一体化模式已逐渐显示出其无法快速、敏捷地响应市场机会的薄弱之处。

（1）增加企业投资负担。采用纵向一体化模式的企业要想对其他配套企业拥有管理权，要么自己投资，要么出资控股，但不论采取哪一种方式，都要承担过重的投资负担和过长的建设周期带来的风险。

（2）承担丧失市场时机的风险。对于某些新建项目来说，由于有一定的建设周期，往往会出现项目建成之日也是项目下马之时的现象。从选择投资方向来看，决策者当时的决策可能是正确的，但因花在生产系统基本建设上的时间太长，等生产系统建成投产时，市场行情可能早已发生变化，错过了进入市场的最佳时机而使企业遭受损失。因此，项目建设周期越长，企业承担的风险越高。

（3）迫使企业从事不擅长的业务活动。采用纵向一体化模式的企业什么都想管住，把产品设计、计划、财务、生产、人事、信息管理、设备维修等看成企业必不可少的业务。企业不得不从事自己并不擅长的业务活动，使得许多管理人员将宝贵的精力、时间和资源花费在辅助性职能部门的管理上，而无暇顾及关键性业务的管理。

（4）在每个业务领域都直接面临众多竞争对手。既然企业要管理所有的业务，它就必须在不同业务领域直接与不同的竞争对手进行竞争。在企业资源、精力、经验都十分有限的情况下，四面出击的结果是可想而知的。即使是IBM公司这样的大公司，也不可能拥有开展所有业务活动所必需的能力。因此，从20世纪80年代起，IBM公司就不再进行纵向发展，而是与其他企业建立广泛的合作关系。例如，IBM公司与苹果公司合作开发软件，协助MCT联营公司进行计算机基础技术研究工作，与西门子公司合作设计动态随机存储器等。

（5）增大企业的行业风险。如果整个行业不景气，采用纵向一体化模式的企业不仅会在最终用户市场遭受损失，而且会在各个纵向发展的市场遭受损失。例如，某味精厂为了保证原材料供应，自己建了一个辅料厂，但后来味精市场饱和，该味精厂的销量出现大幅下滑，结果不仅味精厂遭受损失，与之配套的辅料厂也举步维艰。

纵向一体化模式

想一想

纵向一体化模式有什么优缺点？你知道有哪些企业采用了纵向一体化模式吗？

（二）市场环境的变化

20世纪90年代以来，世界政治、经济格局发生了巨大变化，当今世界的企业经营环境表现出下述特征：

（1）全球化特征。全球经济一体化和知识经济的浪潮席卷世界的每个角落，世界范围内政治、经济实体之间的依存度持续加大。

（2）技术特征。技术进步日新月异，新技术的应用对传统的管理模式产生重大影响。

（3）信息特征。信息技术的广泛应用，特别是互联网的普及，从根本上改变了传统商业模式，需要建立全新的现代商业模式与之相适应。

（4）个性化特征。现代社会中的人性特点表现为高度的自我意识与个性张扬，价值取向更加多元化。

（5）变化特征。社会变革速度一日千里。社会变革速度加快，需要有更加灵活、普适的管理模式与之相适应，管理模式的适应性是对当前管理实践的重大挑战。

基于上述环境的巨大变迁，企业面临的环境主要有以下几个方面的特点：

（1）市场和劳务竞争全球化。企业的客户范围变大，同时客户的忠诚度变低。

（2）全球性技术支持和售后服务。售后服务成为赢得客户的重要因素。赢得客户不仅要靠具有吸引力的产品质量，还要靠售后提供的技术支持和服务。

（3）可持续发展的要求。维持生态平衡和保护环境的呼声越来越高。

（4）技术进步越来越快，高新技术的应用范围越来越广。企业必须不断学习新的技术，否则将面临由于掌握的技能过时而遭淘汰的压力。

（5）产品生命周期越来越短。现代消费者不但要求产品的样式选择多样化，同时其需求的变化速度之快更是令人吃惊。为了适应现实需要，不但流通末端需要尽量减少库存产品，生产现场也要实现多品种的少量生产，使产品生命周期越来越短。例如，计算机及数码产品更新换代的速度日益加快，就连消费者都有些应接不暇。

（6）产品研发的难度越来越大。随着消费者需求的多样化发展，企业的产品开发能力要不断提高，同时新产品的研制周期也要大大缩短，加上产品品种飞速增加，产品研发的难度越来越大。

（7）用户对产品和服务的质量要求越来越高。用户已不满足于从市场上获得标准化生产的产品或服务，而希望按照自己的要求定制产品或服务，同时对交货期的要求越来越高。传统的标准化生产方式是"一对多"的关系，即企业开发出一种产品，然后组织规模化大批量生产，用一种标准产品满足不同消费者的需求。企业为了能在新的环境下继续保持发展，纷纷转变生产管理模式，采取措施从大量生产（Mass Production）转向大规模定制（Mass Customization）。例如，海尔每年的产品产量非常大，在一般人看来，它应该属于备货型（Make to Stock）生产企业；但是，自2000年以后，海尔却采取了一套按订单生产（Make to Order）的战略来组织生产，其结果是不仅满足了客户的个性化需求，还把库存降到了最低限度，拉近了与客户的距离。

（三）业务外包与供应链的产生

鉴于市场环境发生的变化与纵向一体化模式的种种弊端，从20世纪80年代后期开始，国际上越来越多的企业放弃了纵向一体化的经营模式，纷纷将资源延伸到企业以外的其他地方，借助业务外包（Outsourcing）达到快速响应市场需求的目的，于是出现了横向一体化（Horizontal Integration）模式。与纵向一体化模式和完成所有业务的做法相比，通过将自身缺乏能力或能力不强的业务外包，企业可以专注于能够创造价值的核心竞争力。业务外包的核心思想是：企业在内部资源有限的情况下，为取得更大的竞争优势，仅保留其最具竞争优势的业务，而将其他业务委托给比自己更具成本优势和专业知识的企业。企业在集中资源于自身核心业务的同时，通过业务外包，利用其他企业的资源来弥补自身的不足，从而变得更具竞争优势。

横向一体化模式的发展催生了供应链。1985年，美国哈佛商学院教授迈克尔·波特出版了《竞争优势》一书，该书阐述了"价值链"的理论框架。这个理论框架认为，企业的经营活动可以分解为基本活动和辅助活动。基本活动直接存在于产品流向消费者的整个过程中，主要包括内部物流、生产作业、外部物流、市场销售和售后服务；辅助活动包括物资采购、技术开发、人力资源管理、企业基础设施的供应等。在波特看来，价值链提供了一个系统的方法来审视企业的所有行为及其相互关系，从而取得战略优势。波特的价值链理论可以看作是供应链产生的前奏。

1990年，詹姆斯·P. 沃麦克、丹尼尔·T. 琼斯和丹尼尔·鲁斯合著《改变世界的机器》一书，该书在美国麻省理工学院课题小组对日本汽车工业的生产管理方式进行研究的基础上，详细剖析了"精益生产"问题。1996年，詹姆斯·P. 沃麦克和丹尼尔·T. 琼斯又出版了

《精益思想》一书。该书在详细阐述“精益管理”思想的基础上，结合美国、德国和日本的案例，以价值流为线索引出了“供货链”和“销售链”的概念，这是供应链的雏形。20 世纪末，知识经济促进了生产力进一步的发展，客户（Customer）的消费水平在提高，企业之间的竞争（Competition）在加剧，加上政治、经济和社会环境的巨大变化（Change），使市场需求日益多样化，且不确定性大大加强。“3C”既是市场需求多样化与不确定性的根源，也是企业不断提高其自身竞争能力的外在压力。在全球市场的激烈竞争中，企业面对的是一个变化迅速且无法预测的买方市场，传统的生产与经营模式对市场巨变的响应越来越迟钝和被动。为了改变被动局面，许多企业逐步把目光投向供应链的建立，这为供应链的产生和发展提供了适宜的土壤。

横向一体化模式

科学技术的进步为企业提供了先进的制造技术和管理方法，如计算机辅助设计（Computer Aided Design，CAD）、柔性制造系统（Flexible Manufacture System，FMS）、准时制生产（Just in Time，JIT）、精益生产（Lean Production，LP）、物料需求计划（Material Requirement Planning，MRP）、制造资源计划（Manufacturing Resource Planning，MRP Ⅱ）、企业资源计划（Enterprise Resource Planning，ERP）、电子数据交换（Electronic Data Interchange，EDI）等，这些先进技术的推广和应用为供应链的发展提供了技术支撑。

二、供应链的概念

供应链这一名词直接译自英文 Supply Chain，许多学者从不同的角度给出了不同的定义。马丁·克里斯托弗教授在《物流与供应链管理》一书中对供应链做出如下定义：“供应链是指涉及将产品或服务提供给最终消费者的过程和活动的上游及下游企业组织所构成的网络。”例如，衬衣制造商是供应链的一部分，它的上游是化纤厂和织布厂，下游是衬衣分销商和零售商，最后到衬衣的最终消费者。按此定义，这条供应链上的所有企业都是相互依存的，但实际上它们之间并没有太多的协作。这种供应链仍然是传统意义上的供应链。美国的格雷厄姆·C. 史蒂文斯认为：“通过增值过程和分销渠道控制从供应商的供应商到用户的用户的流就是供应链，它开始于供应的源点，结束于消费的终点。”作为供应链管理领域的咨询专家，他给出的概念凸显了供应链的外部环境。

如今，供应链的概念更加注重围绕核心企业的网链关系，比如核心企业与供应商、供应商的供应商乃至一切前向的关系，核心企业与用户、用户的用户乃至一切后向的关系。供应链的概念已经跨越了企业界限，从全局和整体的角度考虑产品经营的竞争力，使供应链从一种运作工具上升为一种管理方法体系、一种运营管理思维和模式。

2021 年修订的《中华人民共和国国家标准：物流术语》（GB/T 18354—2021）把供应链定义为：“生产及流通过程中，围绕核心企业的核心产品或服务，由所涉及的原材料供应商、制造商、分销商、零售商直到最终用户等形成的网链结构。”

供应链一般是指产品供应链，物料在供应链上因加工、包装、运输等过程而增加价值，给相关企业都带来收益。它不仅是一条连接供应商到用户的物流链、信息链、资金链，而且还是一条增值链。近年来，随着服务经济的发展，服务供应链越来越引起关注，本书将在项目七中进行阐述。

三、供应链的结构

根据供应链的定义，供应链是一个非常复杂的网链结构，覆盖了从原材料供应商、零部件供应商、产品制造商、分销商、零售商，直至最终用户的整个过程。供应链上一般有一个核心企业，该企业对供应链上的信息流、商流、物流、资金流起到调度与协调的作用。供应链的网链结构如图 1–2 所示。

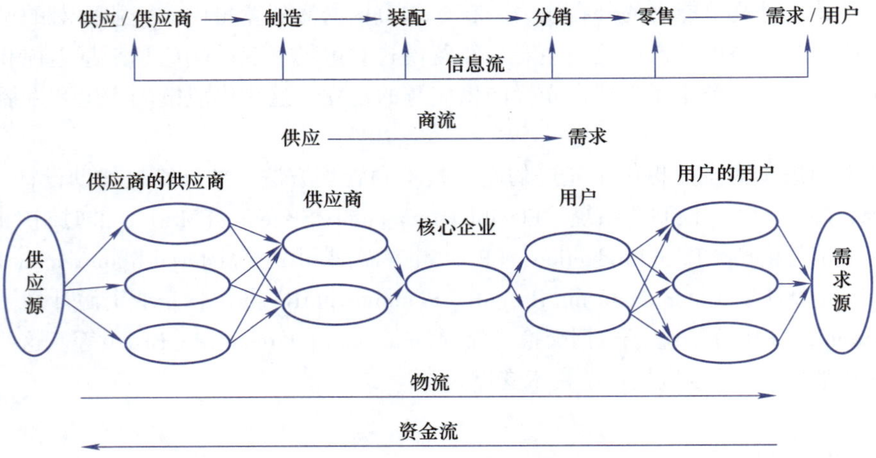

图 1–2　供应链的网链结构

从图 1–2 中可以看出，供应链由所有加盟的节点企业组成，其中一般有一个核心企业（可以是制造商，也可以是零售商），其他节点企业在需求信息的驱动下，通过供应链的职能分工与合作（生产、分销、零售等），以信息流、商流、物流和资金流“四流”为媒介实现整个供应链的不断增值。“四流”互为存在，密不可分，相互作用，既是独立存在的单一系列，又是一个组合体。商流是前提，物流、资金流和信息流是支撑。

四、供应链的特征

（1）网链结构。因为节点企业组成的跨度（层次）不同，供应链往往由多个、多类型甚至多国企业构成，所以供应链结构模式比一般单个企业的结构模式更为复杂。

（2）协作共赢。供应链各节点企业以信息共享为基础，以优化供应链绩效为目标，进行协同决策，始终从全局出发，采取一种共赢的原则，相互信任、团结和同步，提高供应链的柔性，实现整个供应链价值的最优化。

（3）动态适应。供应链管理因企业战略和适应市场需求变化的需要，其中节点企业需要动态地更新，这就使供应链具有明显的动态性。

（4）需求驱动。供应链的形成、存在、重构，都基于一定的市场需求而发生，并且在供应链的运作过程中，客户的需求是供应链中信息流、产品 / 服务流、资金流运作的驱动源。

（5）交叉重合。节点企业可以是这个供应链的成员，同时又是另一个供应链的成员，众多的供应链形成交叉结构，增加了协调管理的难度。

任务实施

苹果公司设计主管决定给MacBook增加一项新功能：在屏幕上方设计一个小绿灯，在启动摄像头时光线可以穿过电脑的铝制外壳。但却存在一个问题，从物理学上讲，光线是不可能穿过金属的。研究团队发现，可以利用激光在铝制外壳上打一个肉眼几乎无法察觉的小孔，但足以让光线穿过。但要将这种解决方案大规模付诸实施却是一大难题。苹果公司需要大量的激光器。这时采购部门发现一家美国公司为微芯片制造厂商提供的激光设备经过一些改进后，可以胜任这项工作。于是苹果公司说服卖家签订保密协议，并购买了数百台设备，用于为绿灯打孔。如今，这种绿光已经在苹果的MacBook Air、Magic Trackpad和无线键盘上闪耀。众所周知，苹果公司是世界上创新力最强的公司之一，但很少有人知道苹果公司的成功不仅在于产品的创新，更在于出色的供应链。苹果公司曾连续8年在知名咨询公司Gartner的全球供应链25强榜单上占据榜首位置。毫不夸张地说，供应链已经成为保障iPhone研发、生产和销售的生命线。苹果公司的供应链遍及全球，来自世界各地的零部件被运送到苹果的各个工厂里，经过组装之后再销往世界各地。

做一做：选择一种电子产品，查找资料，绘制其供应链结构图，总结其特点。

任务二 供应链管理认知

供应链是人类生产活动的一种客观存在。但是，过去这种客观存在的供应链系统一直处于自发的、松散的运行状态，供应链上的各个企业都是各自为战，缺乏共同的目标。不过，由于过去的市场竞争远没有今天的企业所面临的这么激烈，因此，这种自发运行的供应链系统并没有表现出不适应性。然而，进入21世纪，经济全球化、市场竞争全球化等浪潮一浪高过一浪，自发性供应链所存在的种种弊端开始显现出来，企业必须寻找更有效的方法，才能在这种形势下生存和发展下去。人们发现必须对供应链这一复杂系统进行有效的协调和管理才能取得更好的绩效，才能从整体上降低产品（服务）成本，供应链管理思想就在这种环境下产生和发展起来了。

学习导入

美国三大供应链协会的演变

1．美国供应管理协会

美国供应管理协会（The Institute for Supply Management，ISM）是世界上规模最大、影响力最大的供应管理组织。它关于生产、库存、订单量等变化的报告是美国经济的风向标，被广泛用于新闻传播、学术研究和政策制定。美国供应管理协会的前身是美国采购经理协会，在100多年的发展过程中，伴随着供应管理在美国公司中的重要性不断上升，其侧重点从采购发展到供应管理，再到供应链管理。这也体现在美国供应管理协会的“注册采购经理”认证上。“注册采购经理”认证已有30多年的历史，全球认证人数超过4万，认证内容涉及价格、质量、交货、合同管理、供应商选择、供应商谈判、国际贸易、公司管理及人力资源管理等。为适应采购向供应管理的发展，美国供应管理协会在2008年推出“注册供应管理专业人士”认证，以取代注册采购经理，标志着向供应链管理更进一步。

2．美国运营管理协会

2004年，为适应向供应链管理发展的趋势，美国生产与库存管理协会（American Production and Inventory Control Society，APICS）更名为美国运营管理协会（The Association for Operations Management）。伴随着更名，APICS在2005年推出“注册供应链专业人士”认证，该项认证试图覆盖供应链管理的三大范畴（采购与供应管理、生产运营管理、物流管理），被工业界视作“生产和库存管理”认证（Certified in Production & Inventory Management，CPIM）向供应链管理的延伸。

3．美国供应链管理专业协会

这是美国第三个与供应链管理相关、具有一定影响力的协会。它的前身是美国物流管理协会（Council of Logistics Management，CLM）。为顺应物流管理向供应链管理的过渡，该协会于2005年更名为美国供应链管理专业协会（Council of Supply Chain Management Professionals，CSCMP）。美国物流管理协会的前身是1963年成立的物流管理行业组织——全美物流管理协会（National Council of Physical Distribution Management，NCPDM）。在此之后，信息技术的进步、物流整合领域的不断扩大以及经济全球化的迅猛发展，促使物流管理向供应链一体化方向发展。经历多年发展，物流管理实现了新的飞跃，进入一个崭新的时代。

思考：美国三大供应链协会的演变说明了什么？

知识学习

一、供应链管理的概念

供应链管理是一种集成的管理思想和方法，它执行供应链从供应商到最终用户的物流的计划和控制等职能。最早人们把供应链管理的重点放在管理库存上，作为平衡有限的生产能力和适应用户需求变化的缓冲手段，它通过各种协调手段，寻求把产品迅速、可靠地送到用户手中所需要的费用与生产、库存管理费用之间的平衡点，从而确定最佳的库存投资额。因此，其主要的工作任务是管理库存和运输。现在的供应链管理则把供应链上的各个企业作为一个不可分割的整体，使供应链上各企业分担的采购、生产、分销和销售等职能成为一个协调发展的有机体。

2021年修订的《中华人民共和国国家标准：物流术语》（GB/T 18354—2021）把供应链管理定义为：“从供应链整体目标出发，对供应链中采购、生产、销售各环节的商流、物流、信息流及资金流进行统一计划、组织、协调、控制的活动和过程。”

系统理念是供应链管理的精髓，在这一理念的引领下，面向“物”的供应链蜕变为面向“价值”的供应链。成功的供应链管理把原材料供应、生产计划、订货处理、存货管理、运输、仓储等活动协调整合为一个无缝连接的过程。除了物流与资金流，它也包含了对供应链节点企业间沟通而言非常重要的信息系统，对信息流的控制和管理是供应链管理成功的关键。

二、供应链管理的特征

1. 供应链管理目标的最终客户满意性

供应链的构建、运作和更新都是基于最终客户需求而发生的，虽然供应链中各节点企业的目标具有多元性，但让最终客户更满意是供应链全体成员的共同目标。例如，由于供应链中供应商与制造商、制造商与销售商之间已经建立了战略合作伙伴关系，因此供应商可以将原料或配件直接运送给制造商，制造商可直接将产品运送给销售商。企业之间无须再进行原来意义上的采购和销售，这两项成本就大大削减了；同时，包装和管理等成本也随物流环节的减少而降低，因此供应链完全可以以更低的价格向客户提供优质产品。此外，供应链还可通过改善产品质量、提高服务水平、增加服务承诺等项措施来增大客户所期待的那部分“价值”，从而提高客户的满意度。

2. 供应链管理过程中节点之间的竞合性

由于供应链是由多个节点企业组成的虚拟组织，这些具有独立经济利益的单个企业是供应链运作的主体。由于独立经济利益的驱动，虚拟组织中的各企业间充满着竞争。但是，在由各节点企业组成的供应链上，任何企业要实现利润最大化，必须以整条供应链的价值增值为基础，这就要求各节点企业之间必须合作。因此，供应链管理是对供应链全面协调性的合作式管理，它不仅要考虑核心企业内部的管理，而且更注重供应链中各环节、各企业之间资源的利用与合作，使各企业之间进行合作博弈，最终达到“共赢”。

“小狗经济”案例

3. 供应链管理的信息技术性

信息流是供应链管理的主线，供应链管理战略是现代网络信息技术与战略联盟思想的结晶。在供应链管理系统中，信息是供应链各节点企业沟通的载体，从一定意义上说，供应链中各阶段的节点企业就是通过信息这条纽带集成起来的。可靠、准确的信息是企业决策的基础，它能降低企业运作中的不确定性，提高供应链的反应速度。

4. 供应链管理的协调性

在供应链管理下，强调得更多的是供应链各节点企业的合作与协调，提倡在各节点企业之间建立紧密合作的战略伙伴关系。这种伙伴关系主要体现在共同解决问题、共同制定决策和信息共享等方面。供应链管理模式强调和依赖战略管理，最终是对整个供应链进行战略决策。它遵循的原则是个体利益服从集体利益，即供应链中所有参与者的首要目标是整个供应链的总成本最小，效益最大。这也是所有参与者制定决策的首要标准。

5. 供应链管理的交易费用最小性

供应链管理要求上下游企业之间建立起双赢的战略合作伙伴关系，从供应链整体能够给客户带来的价值来评价企业的经营绩效。这就要求供应链当中的合作伙伴能够信息共享、利益共享、风险共担，建立分工协作体制，充分发挥各伙伴成员的专业化优势。供应链中企业的联合是一种跨越组织边界、资产边界、职能边界、业务边界、经营边界的目的性很强、以某一订单或合同为合作依据的动态性自适应组织，因而才能产生来自企业却高于企业的供应链价值。供应链这种企业组织的制度安排，可使节点企业通过交易获得福利。每个节点企业通过在供应链中进行交易，获取效益。效率高的节点企业甚至可以获得高于边际收益的利润，进而获得发展空间。同时，由于供应链在其内部消除了信息不对称现象，因此可以大大降低节点企业之间的交易成本。

三、供应链管理的内容

供应链管理覆盖了从供应商的供应商到客户的客户的全部过程，内容复杂，管理难度大。其主要内容包括需求管理、生产计划、采购生产、物流管理、订单交付、逆向物流等模块，如图 1–3 所示。

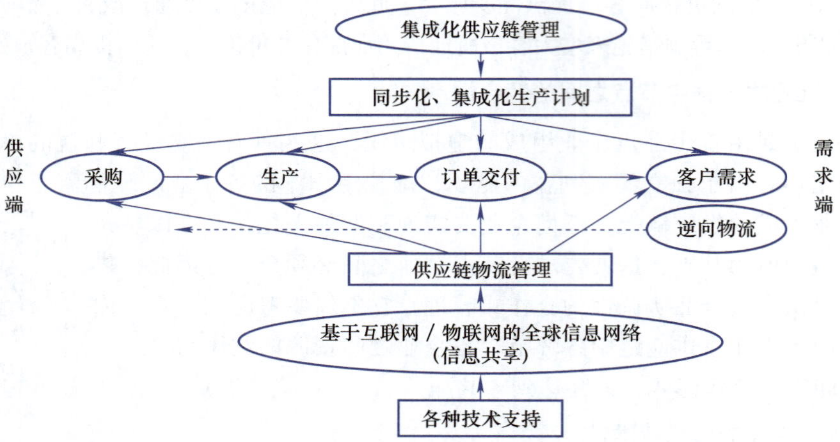

图 1–3　供应链管理的内容

供应链管理是以同步化、集成化生产计划为指导，以各种技术为支持，尤其以信息技术和网络技术为依托，围绕需求管理、采购供应、生产作业、物流支持、订单交付来实施的，其目标在于提高客户服务水平和降低总的交易成本，并且寻求这两个目标之间的平衡（这两个目标往往有冲突）。供应链管理主要有以下关键业务：

1. 供应链需求与计划管理

供应链需求与计划管理在整个供应链系统中处于中心位置，是连接所有相关的供应链企业生产系统与市场的枢纽，是供应链管理中最重要的要素。供应链需求与计划管理活动一般由核心企业主导，它的主要功能有：①了解和掌握市场需求；②定义供应链活动范围；③规划供应链企业的客户订单承诺能力；④制订主生产计划，整个供应链都按照它发出的指令运行。供应链需求与计划管理着眼于优化整个供应链，因此涉及从原材料供应、产品制造、订单交付、产品配送直到最终用户的全过程的计划管理。

2. 供应链库存管理

供应链库存管理是指通过一定量的库存来克服由于市场随机需求产生的变化和供应的不确定性风险对供应链带来的不利因素。供应链管理的主要目的是保证供应链中物流和信息流的有效流动。但在企业的实际管理活动中，经常出现由于各种不确定性问题而导致物流和信息流的流动出现障碍，如原材料延迟到达、机器故障、产品质量发生缺陷、客户订单突然取消等。这些不确定因素都会使企业管理者被迫提高库存水平以吸收和平衡随机波动因素带来的损失，管理者试图通过建立一定数量的原材料、半成品和产成品的库存来克服这种不确定性。因此，很长一段时间以来，企业为了提高客户订单的准时交付率，常常要维持足够的库存量（作为安全缓冲），这样，即使供应链中的企业出现了问题，也不会过于影响整个供应链的服务水平。然而，增加库存水平必然导致库存持有成本上升，而且会削弱供应链的竞争力。过高的库存水平对供应链效率与响应速度都有巨大影响，因此，控制好供应链中的库存水平一直是供应链管理的重要组成部分。

3. 供应链网络设计

供应链网络系统是为客户提供产品生产和服务的基础，通常是指工厂、车间、设备仓库、配送中心等物质实体构成的一个有机体系，是实现企业产品物流和配送活动的载体。供应链管理中的网络设计，是指运用科学的方法确定各种设备设施的数量、地理位置、规模，并分配各设施所服务的市场（服务对象）范围，使之与供应链的整体经营系统有机结合，以实现有效、经济的供应链运作。

4. 供应链合作伙伴关系管理

为了降低供应链总成本、降低供应链的库存水平、增强信息共享水平、改善相互之间的交流、保持战略伙伴之间业务流程运作的一贯性，必须管理好供应链企业间的战略合作伙伴关系。供应链中的每个节点企业要想实现财务状况、质量、产量、交货、客户满意度以及业绩的改善和提高，必须着眼于与合作企业建立起战略合作伙伴关系，而不能仅停留在一般的交易关系上，也不能仅从自身利益最大化出发。只有供应链的整体竞争力提高了，每个节点企业才能从中获得成长。因此，供应链的绩效是以供应链节点企业间充分信任和相互合作为基础的，可以说，供应链管理就是供应链合作伙伴关系管理。

5. 供应链物流管理

在传统的企业管理体系中，物流仅仅被当成企业经营活动中的辅助内容，因此许多企业并不关注物流管理，缺乏战略性的物流规划和运筹优化。有的企业之所以缺乏整体竞争力，原因就是它们的物流体系不通畅导致产品配送受阻，影响了产品的准时交付。传统的企业管理者只重视产品生产，而对保证生产正常进行的其他支持系统则重视不够。例如，有的企业没有建立有效的供应物流协同管理体系，导致外购材料或零部件缺件而延误产品的总装配活动，进而影响产品的按期交付。再如，有的企业没有建立敏捷的客户响应系统，产品不能被及时、准确地配送到客户手中，使企业的服务跟不上客户的需求，特别是在电子商务和C2M（Customer to Manufacturer，用户直连制造）的环境下，供应链物流系统的末端配送水平直接影响客户的体验。所以，要想使供应链物流系统能够产生超常的竞争优势，就要使企业在成本、质量、时间、服务、灵活性方面的竞争优势得以显著提高，这就需要从企业战略的高度去规划和管理供应链物流系统，把供应链管理战略通过物流管理落到实处。因此，在供应链管理的研究与实践中，都将物流管理作为重要内容。

6. 供应链资金流管理

供应链管理不仅需要协调好合作企业之间的信息流和物流的运营，还要格外重视对供应链上的资金流进行优化和管理。供应链资金流管理包括三个主要内容：从订单到现金回收、从采购到付款，以及供应链金融。从订单到现金回收，是指企业在收到客户订单以后，立即制订生产计划并组织生产，按照订单要求将产品交付给客户后，直至收到客户付款的全部过程。供应链企业管理者要保证每个环节都必须有足够的资金，以支撑日常运营活动，不能因缺少资金而导致生产停顿，延误了订单的交付。从采购到付款，指的是向供应商下达采购订单、收到货物之后并向供应商付款的所有过程。这是一项支出活动，不少企业经常拖延支付账期，认为这样可以降低本企业的成本。表面上看，延迟支付货款对企业有利，但实际上会损害供应链的整体竞争力。因为这样做增加了供应商的成本，反过来又会提高供应链的总成本。此外，资金紧张的供应商也可能采取更加隐蔽的手段维持生存，最终使供应链整体受损。供应链金融，或称供应链融资，是整合了金融机构、核心企业和成员企业资源和需求的复杂活动，是着眼于供应链运营优化，利用金融手段提高资金的使用效率，解决中小供应商（或分销商）的融资难题，使供应链能够稳健运行的综合性管理活动。

7. 供应链信息流管理

信息流是供应链上各种计划、订单、报表、库存状态、生产过程、交付过程等指令和其他关键要素相互之间传递的数据流，包含了整个供应链中有关库存、运输、绩效评价与激励、风险防范、合作关系、设施与客户的信息和对信息的分析。由于信息流直接影响着物流、资金流、商流及其他关键要素的运行质量，因此它是供应链性能改进中最重要的要素。有效的信息流管理为供应链企业对市场需求响应更快、资源运用效率更高提供了保证。信息技术的发展进一步增强了企业应用供应链管理的效果。成功的企业往往通过应用信息技术来支持和发展其经营战略。

8. 供应链企业组织结构

现代管理学认为，组织创新是企业的核心能力构成要素之一，是提高企业的组织效率、管理水平和竞争能力的有效措施。随着互联网及网络技术的发展，企业的供应链管理再次发生变化。世界上不少企业为了提高供应链的效率与响应速度，对企业的供应链管理模式，特别是企业的组织结构形式进行了不断的研究、探索与实践。供应链组织创新是企业组织优化的重要组成部分，而且这种优化超越了企业的边界，连接起供应链的上下游企业，致力于形成一种现代的、能够支持整个供应链管理的全新组织体系。这不但对提高供应链的竞争能力起着非常重要的作用，而且创造了新的组织管理理论。

9. 供应链绩效评价与激励机制

从系统分析角度来看，供应链绩效评价与激励是供应链管理中的一项综合性活动，涉及供应链各个方面的情况。供应链绩效评价的目的主要有两个：一是判断各方案是否达到了各项预定的性能指标，能否在满足各种内外约束条件下实现系统的预定目标；二是按照预定的评价指标体系评出参评方案的优劣，做好决策支持，帮助管理者进行最优决策、选择系统实施方案服务。供应链激励的目标主要是通过某些激励手段，调动合作双方的积极性，兼顾合作双方的共同利益，消除由于信息不对称和败德行为（即道德风险）带来的风险，使供应链能够协调运作，消除双重边际效应，实现供应链企业共赢的目标。

10. 供应链风险管理

在供应链管理的实践中，存在着很多导致供应链运行中断或出现其他异常情况的风险。建立起供应链的风险防范机制和管理体系，可以使供应链系统在受到内、外部各种风险因素影响时仍然能够良好、稳健地运行。也就是说，供应链管理通过风险防范机制和有效的应急响应机制，能够快速地应对无法预测的风险的发生，以最低成本最有效地保证供应链依然能够正常运行。如果供应链风险防范机制和应急响应机制运行不好的话，那么一旦外界发生变化，供应链系统将可能受到严重干扰，甚至会发生瘫痪，无法运作。

四、供应链管理的目标

供应链管理的目标是通过调和总成本最低化、客户服务最优化、总库存最少化、总周期最短化以及物流质量最优化等目标之间的冲突，最终实现供应链绩效最大化。

1. 总成本最低化

众所周知，采购成本、运输成本、库存成本、制造成本以及供应链物流的其他成本费用都是相互联系的。因此，为了实现有效的供应链管理，必须将供应链中各成员企业作为一个有机整体来考虑，并使实体供应物流、制造装配物流与实体分销物流之间达到高度均衡。从这一意义出发，总成本最低化目标并不是指运输费用或库存成本，或其他任何单项活动的成本最低，而是整个供应链运作与管理的所有成本的总和达到最低。

2. 客户服务最优化

在激烈的市场竞争时代，当许多企业能在价格、特色和质量等方面提供类似的产品时，差异化的客户服务能带给企业独特的竞争优势。纵观当前的每一个行业，消费者都有广泛而多样化的选择。企业提供的客户服务水平，直接影响它的市场份额、物流总成本，并且最终影响其整体利润。供应链管理的目标之一就是通过上下游企业协调一致的运作，保证达到客户满意的服务水平，吸引并留住客户，最终实现企业价值的最大化。

3. 总库存最少化

传统的管理思想认为，库存是维系生产与销售的必要措施，因而企业与其上下游企业之间的活动只是实现了库存的转移，整个社会库存总量并未减少。按照准时制生产管理思想，库存是不确定性的产物，任何库存都是浪费。因此，在实现供应链管理目标的同时要使整个供应链的库存控制在最低的程度。“零库存”反映的就是这一目标的理想状态。所以，总库存最少化目标的达成，有赖于实现对整个供应链的库存水平与库存变化的最优控制，而不只是单个节点企业库存水平的最低。

4. 总周期最短化

在当今的市场竞争中，时间已成为竞争成功最重要的要素。当今的市场竞争不再是单个企业之间的竞争，而是供应链与供应链之间的竞争。从某种意义上讲，供应链之间的竞争实质上是时间的竞争，即必须实现快速有效的反应，最大限度地缩短从客户发出订单到交货的总周期。

5. 物流质量最优化

企业产品或服务质量的好坏直接关系到企业的成败。同样，供应链企业间服务质量的好坏直接关系到供应链的存亡。如果在所有业务过程完成以后，发现提供给最终客户的产品或服务存在质量缺陷，就意味着所有成本的付出将不会得到任何价值补偿，供应链管理下的所有物流业务活动都会变为非增值活动，从而导致整个供应链的价值无法实现。因此，达到并保持服务质量最优化，也是供应链管理的重要目标。

五、供应链管理与传统管理模式的区别

从供应链管理的内容可以看出，它与传统的企业内部物料管理和控制有着明显的区别，主要体现在以下几个方面：

（1）供应链管理把供应链中的所有节点企业看成一个整体，供应链管理涵盖整个链上物流，从供应商到最终用户的采购、制造、分销、零售等职能领域过程。

（2）供应链管理强调和依赖战略管理。“供应”是整个供应链中节点企业之间事实上共享的一个概念（任意两个节点企业之间都是供应与需求关系），同时它又是一个具有重要战略意义的概念，因为它影响甚至决定了整个供应链的成本和市场占有份额。

（3）供应链管理的关键是对所有相关企业采用集成的管理思想和方法，而不仅仅是把各个节点企业的资源简单地汇总起来，或者将业务外包出去。

（4）供应链管理强调在企业间建立合作伙伴关系，通过提高彼此的信任程度和合作关系水平，提高整个供应链对客户的服务水平，而不是把企业之间的业务往来仅仅看成是一次商业交易活动。

（5）建立供应链管理的协调与激励机制是最具挑战性的任务。如果没有供应链企业之间的协调运作，以上所提出的供应管理目标都是很难实现的。这种协调运作必须靠激励机制保证，这是传统企业管理不曾遇到的问题。

六、供应链管理与物流管理的关系

人们常常混淆物流管理与供应链管理的概念，认为两者没有实质性的差别，实际上两者既有联系又有区别，如表 1–1 所示。

表 1–1 物流管理和供应链管理的区别与联系

管理类型		物流管理	供应链管理
区别	管理对象	物流活动及其他相关活动	上下游企业
	管理手段	物质资料的空间位移	基于互联网 / 内部网的供应链交互的信息管理
	管理层次	战术性管理	战略性管理
	管理模式	智能化管理模式	流程化管理模式
	导向目标	最低的成本产出，最优的物流服务	提升客户价值和客户满意度，获取供应链整体竞争优势
联系		物流管理是供应链管理的一个子集或子系统，是供应链管理的核心内容；供应链管理是物流一体化管理的延伸	

任务实施

2020 年 2 月，“供应链管理师”（职业编码：4-02-06-05）正式成为新职业，纳入国家职业分类大典目录。供应链管理师的职业定义及主要工作任务如下。

职业定义：运用供应链管理的方法、工具和技术，从事产品设计、采购、生产、销售、服务等全过程的协同，以控制整个供应链系统的成本并提高准确性、安全性和客户服务水平的人员。

劳模故事：保障粮食供应链

主要工作任务：

（1）实施销售和运作计划，进行库存管理，协调供给与需求关系。

（2）制定采购策略，对供应商进行整合与评估。

（3）负责生产和服务设施选址与布置，实施精益生产。

（4）负责运输网络设计与管理，协调仓储规划与运作，实现产品和服务的高效交付与回收。

（5）制定供应链信息技术决策，运用数字化技术管理客户、内部供应链、供应商及交易。

（6）运用供应链绩效管理工具及方法，对供应链进行评估与改进。

（7）提供供应链技术咨询和服务。

做一做：结合给定材料，查找与供应链管理相关的岗位信息，归纳总结供应链管理相关岗位的特点与要求。

任务三　集成化供应链管理

要想成功地实施供应链管理，使供应链管理真正成为有竞争力的武器，就要抛弃传统的管理思想，把企业内部以及节点企业之间的各种业务看成一体化的整体流程，形成集成化供应链管理思想。

学习导入

华为的供应链集成改革

之前由于业务发展速度很快、订单的质量不高、大量订单发生更改，华为公司整体订单交付不及时，产能和采购也难以匹配，经常发错货；并且由于预测的准确性比较差，生产计划很难制订准确，如果仅仅从供应链内部进行优化也很难解决问题。为了在竞争异常激烈的电信设备市场中生存和发展，1998 年，华为开始进行业务变革，实施集成供应链（Integrated Supply Chain，ISC）项目。ISC 管理的原则是通过对供应链中的信息流、物流和资金流进行设计、规划和控制，保证实现供应链的两个关键目标：提高客户的满意度和降低供应链的总成本。ISC 不仅仅是一种物质的供应链，更是集财务、信息和管理模式于一体。ISC 要求把公司运作的每个环节都看成供应链的一部分，不管是公司内部，还是公司以外的合作伙伴，都需要对每个环节进行有效管理，以提高供应链运作效率和经济效益。

华为在采纳了ISC流程后，对公司的组织机构进行了相应的调整，把原来的生产部、计划部、采购部、进出口部、认证部、外协合作部、发货部、仓储部予以合并，成立了一个统一管理供应链业务的部门，称为“供应链管理部”，由公司的高级副总裁担任部门总裁。华为根据客户个性化的需求提供供应解决方案并进行生产，满足最多的客户需求，并通过IT（信息技术）系统对客户个性化需求进行记录和固化，保证客户的特殊需求信息被准确传递到订单履行各环节，实现合同的端到端的完美交付。信息化也是华为提升供应链协同效率的重要手段。华为通过ERP系统、高级计划与排程（Advanced Planning and Scheduling，APS）系统等先进的IT系统支撑供应链全球资源的调配，调动全球的最优履行条件满足客户需求；通过供应链协作（Supply Chain Collaboration，SCC）系统做到了与供应商供需状况的“实时交互”，保证了供应的稳定和及时性。此外，华为在2004年就加入了Rosetta Net组织，和战略供应商实现B2B贸易方式，极大地方便了采购流程，提高了信息的准确性。

华为的供应链不是割裂的链条，而是全链条的协作与互动。因此，华为不仅做到了与供应商的“实时交互”，也在努力实现与下游客户的有效协同，从而使下游需求迅速传递给上游供应商，上游供应信息及时响应下游需求。经过供应链的集成，华为的订单及时交货率、库存周转率都有大幅提升，订单履行周期大大缩短，提高了效率及供应的灵活性，从而可以更好地满足客户需求。华为供应链集成效果如图1-4所示。

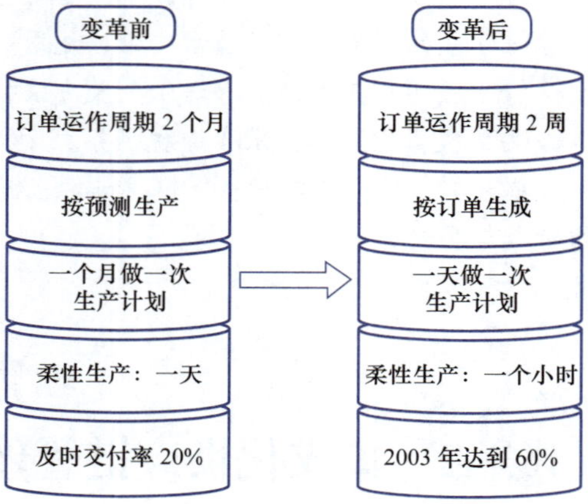

图1-4 华为供应链集成效果

思考： 华为是如何进行供应链集成的？集成供应链管理有哪些效果？

知识学习

一、集成化供应链管理概述

集成化供应链管理通过采用信息技术和现代管理技术，将企业生产经营过程中的人、技术、经营管理三要素有机地集成并优化运行，将企业内部的供应链与企业外部的供应链有机集成起来进行管理，以适应新的竞争环境下市场对各个企业生产和管理过程提出的高质量、高柔性和低成本的要求，只有这样，才能实现供应链全局动态最优的终极战略目标。

集成化供应链管理的核心是由“顾客化需求—集成化计划—业务流程重组—面向对象的过程控制”组成第一个回路（作业回路）；由“顾客化策略—信息共享—调整适应性—创造性团队”组成第二个回路（策略回路）；在作业回路的每个作业形成各自相应的作业性能评价和提高回路（性能评价回路）。供应链管理正是围绕这三个回路展开，形成一个相互协调的整体，如图1-5所示。

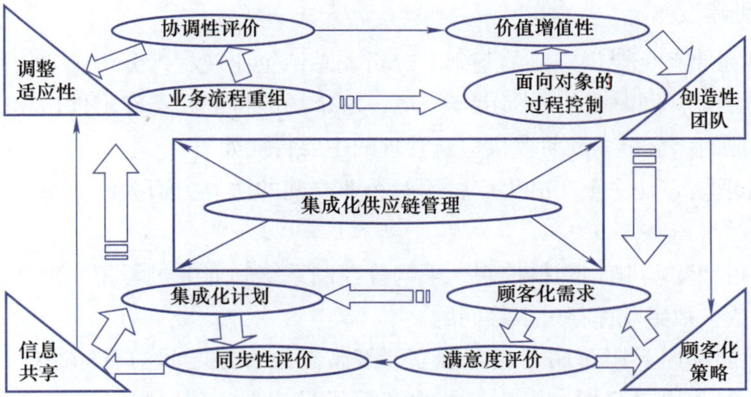

图 1–5 集成化供应链管理模型

“调整适应性—业务流程重组”回路主要涉及供需合作关系、战略合作伙伴关系、供应链（重建）精细化策略等问题。“面向对象的过程控制—创造性团队”回路主要涉及面向对象的集成化生产计划与控制策略、基于价值增值的多级库存控制理论、资源约束理论在供应链中的应用、质量保证体系、群体决策理论等。“顾客化策略—顾客化需求”回路涉及的主要内容包括满意策略与用户满意度评价理论、面向顾客化的产品决策理论研究、供应链的柔性敏捷化策略等。“信息共享—集成化计划”回路涉及的主要内容包括准时制供销一体化策略、供应链的信息组织与集成、并行化经营策略。

二、集成化供应链管理的发展阶段

企业从传统的管理模式转向集成化供应链管理模式，一般要经历五个阶段：基础建设、职能集成管理、内部集成化供应链管理、外部集成化供应链管理、集成化供应链动态联盟，如图 1–6 所示。

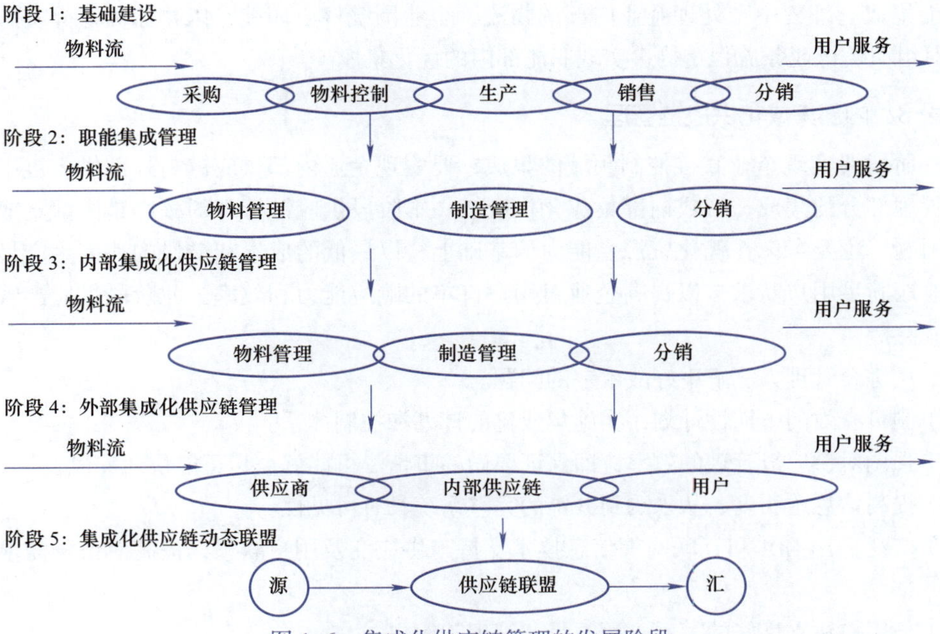

图 1–6 集成化供应链管理的发展阶段

阶段 1：基础建设

这一阶段是在原有企业供应链的基础上分析、总结企业现状，分析企业内部影响供应链管理的阻力和有利之处，同时分析外部市场环境，对市场的特征和不确定性做出分析和评价，最后相应地完善企业的供应链。此阶段供应链管理的主要特征如下：

（1）企业管理核心是注重产品生产，而对企业之间的协调方面关注不够，时间和资源耗费较大，导致成本过高。

（2）销售、生产、分销、物料控制、采购等控制系统和业务过程相互独立，因部门之间缺乏合作和业务集成失败出现库存过多等问题。

（3）各个职能部门界限分明，相互独立，经常导致相互之间的目标冲突。采购部门只关心与控制物料来源和原材料库存，制造和生产部门只注重实现原材料到成品的转换，销售和分销部门可能只关心外部渠道网络和区域库存，而部门之间的关联业务往往会因各自为政而发生冲突。

阶段 2：职能集成管理

职能集成强调的是以满足用户需求为目标，在克服传统的职能专业化带来的各自为政的弊端后，力图使各项管理职能实现集成。此阶段供应链管理主要有以下特征：

（1）将分销和运输等职能集成到物流管理中来，将制造和采购职能集成到生产职能中来。

（2）开始注重降低供应链的综合成本，而不仅仅是供应链上哪一个企业的成本。

（3）积极为用户提供各种服务，满足用户需求。

（4）职能部门结构严谨，均有库存做缓冲。

（5）具有较完善的内部协定，涉及采购折扣、库存缓冲水平、订货批量等。

（6）主要以订单完成情况及其准确性作为评价指标。

职能集成管理集中于处理企业内部的物流，企业围绕核心职能，以物流为媒介实施集成化管理，对组织实行业务流程重构，实现职能部门的优化集成。

阶段 3：内部集成化供应链管理

这一阶段要实现企业直接控制领域的集成，要实现企业内部供应链与外部供应链中供应商和用户管理部分的集成，形成内部集成化供应链。本阶段供应链管理的核心是内部集成化管理的效率问题，主要考虑在优化资源、能力的基础上，以最低的成本和最快的速度生产最好的产品，快速地满足用户需求，以提高企业对用户订单的响应能力和效率。此阶段供应链管理具有以下特征：

（1）用综合管理方法解决好战术上的问题。

（2）制订有效的中期性计划，实施集成化的计划和控制体系。

（3）强调对供应链管理的效率，即保证要做的事情尽可能好、尽可能快地完成。

（4）提高信息透明度，从采购到分销的完整系统具有可见性。

（5）广泛运用 EDI 和互联网等信息技术支持与供应商及用户联系，提高对市场需求的反应能力。

（6）与用户建立良好的关系，而不是“管理”用户。

阶段 4：外部集成化供应链管理

实现集成化供应链管理的关键在于阶段 4，将企业内部供应链与外部的供应商和用户集成起来，形成一个集成化供应链系统。而与主要供应商和用户建立良好的合作伙伴关系，即形成供应链合作伙伴关系（Supply Chain Partnership），是集成化供应链管理的关键。

此阶段企业要特别注重战略合作伙伴关系管理。管理的焦点要以面向供应商和用户取代面向产品的观点，增加与供应商和用户的联系，增进相互之间的了解（对产品、工艺、组织、企业文化等），保持相互之间业务流程的一致性，实现相互之间的信息共享等。供应商管理库存（Vendor Managed Inventory，VMI）和协同计划、预测与补货（Collaborative Planning，Forecasting and Replenishment，CPFR）的应用就是企业转向改善、建立良好的合作伙伴关系的典型方法。通过建立良好的合作伙伴关系，企业就可以很好地与用户、供应商和服务提供商实现集成和合作，共同在预测、产品设计、生产、运输计划和竞争策略等方面设计和控制整个供应链的运作。处于这个阶段的企业，生产系统必须具备更强的柔性，以提高对用户需求的响应能力和速度。企业必须能根据不同用户的需求，做到按订单和按备货方式生产，以及按订单组装、包装。

为了实现与外部供应链的集成，企业必须采用适当的信息技术为企业内部的信息系统提供与外部供应链节点企业之间的接口，实现信息共享和信息交互，达到相互操作的一致性。这需要采用基于互联网 / 物联网的信息技术。

本阶段企业采用需求驱动的同步化、集成化的计划和控制系统。它集成了用户订购信息和合作开发计划、基于约束的动态供应计划、生产计划等功能，以保证整个供应链中的成员实现同步化的供应链管理。

阶段 5：集成化供应链动态联盟

在完成以上四个阶段的集成以后，已经构成了一个网链形式的供应链结构，我们称之为供应链共同体，它的战略核心及发展目标是占据市场竞争中的主导地位。为了在市场竞争中占据主导地位，随着市场竞争的加速，供应链共同体必将成为一个动态的网链结构，以不断适应市场变化、柔性、速度、革新、知识发展等方面的需要。供应链将成为一个能快速重构的动态组织结构，即集成化供应链动态联盟。企业通过互联网或移动商务软件等技术集成在一起以满足用户的需求。

集成化供应链动态联盟是基于一定的市场需求、根据共同的目标而组成的，通过实时信息的共享和物流协同运作来实现集成。此阶段的特点是：主要应用的信息技术是互联网 / 物联网的集成，以同步化的、扩展的供应链计划的控制系统作为主要工具，以基于互联网 / 物联网的电子商务取代传统的商务手段。

三、集成化供应链管理的效益

现在的市场竞争，已经不是单个企业和其他企业的竞争，而是供应链与供应链之间在技术、成本、响应、质量、服务方面的竞争。良好的供应链集成化管理可以使企业在进入新市场、开发新产品、开发新分销渠道、改善售后服务水平、提高用户满意程度、降低库存与物流成本、减少单位制造成本、提高工作效率等方面获得满意效果。

例如，惠普公司在实施集成化供应链管理大约3年后，相关指标发生了以下变化：①一年中的及时交货率达到了90%（在原有基础上改善80%左右）；②90%的产品交付周期为7天（在原有基础上缩短76%）；③库存周转率达到了12次/年（在原有基础上提高300%）。

任务实施

做一做：再次阅读本任务"学习导入"中的"华为的供应链集成改革"案例并分析，为实现集成化供应链管理，华为要解决哪些问题？如何分步骤地实现集成化供应链管理？

拓展实训

实训　企业供应链管理现状调研

实训背景

20世纪90年代以后，随着科学技术飞速进步和生产力快速发展，顾客消费水平不断提高，企业之间竞争加剧，加上政治环境、经济环境、社会环境的巨大变化，传统的生产与经营模式陷入前所未有的困境。而基于"一体化"思想的供应链管理却能有效提高企业的市场反应速度。未来的竞争不是企业和企业之间的竞争，而是供应链之间的竞争。无论是制造企业，还是商贸流通企业，都越来越重视供应链管理。

实训目的

通过对企业供应链管理现状的调研，加深对供应链管理的认识和理解，体会供应链管理对企业的重要性。

实训组织

（1）学生自由组合，组成小组。

（2）选择一个感兴趣的企业（制造商、流通商或服务商）。

（3）设计调研提纲。

（4）进行调研，了解该企业的供应链管理现状，包括供应链管理发展历程、供应链管理组织机构、供应链管理的具体内容、供应链管理流程等。

（5）形成调研报告并进行小组展示。

实训评价

教师从调研报告内容完整性、展示效果、报告规范性、工作态度等方面进行综合评价。

项目测评

一、判断题

1．供应链不仅是一条连接供应商到用户的物料链、信息链、资金链，还是一条增值链。（　　）

2．传统规模化大批量生产，是用一种标准产品来满足不同消费者的需求。（　　）

3．横向一体化的发展催生了供应链。（　　）

4．供应链可以通过改善产品质量、提高服务水平、增加服务承诺等措施来增大客户所期待的那部分价值，从而提高客户的满意度。（　　）

5．供应链管理是以同步化、集成化生产计划为指导，以各种技术为支持，尤其以信息技术和网络技术为依托。（　　）

6．供应链管理整体成本最低化意味着每个节点企业的成本都最低。（　　）

7．在供应链的运作过程中，客户的需求是供应链中信息流、产品/服务流、资金流运作的驱动源。（　　）

8．由于供应链节点企业有一个共同的目标，所以它们之间不再有竞争性。（　　）

9．供应链库存管理的目标是实现供应链的零库存。（　　）

10．从系统的观点出发，改进服务、缩短时间、提高品质与减少库存、降低成本是可以兼得的。（　　）

二、单选题

1．供应链是（　　）结构。

A．直链　B．支链　C．网链　D．环状

2．供应链节点企业之间是一种（　　）关系。

A．需求与供应　B. 支配　C．平等　D．利益

3．供应链管理因企业战略和适应市场需求变化的需要，链上节点企业需要动态地更新，这就使得供应链具有明显的（　　）。

A．复杂性　B．动态性　C．交叉性　D．灵活性

4．传统"纵向一体化"模式存在的弊端有（　　）。

A．增加企业投资负担　B．承担丧失市场时机的风险

C．迫使企业从事不擅长的业务活动　D．以上都是

5．供应链需求与计划管理的功能不包括（　　）。

A．了解和掌握市场需求　B．规划供应链企业的客户订单承诺能力

C．库存管理　D．制订主生产计划

三、简答题

1．什么是供应链？它具有哪些特征？

2．供应链管理是如何产生的？

3．什么是供应链管理？其内涵是什么？

4．简述供应链管理与物流管理的区别。

5．供应链管理包括哪些模块？

6．集成化供应链管理经过了哪几个发展阶段？

四、论述题

1．企业为什么开始重视供应链管理？供应链管理模式与传统管理模式的区别有哪些？

2．大企业比小企业更容易成功实施供应链管理吗？为什么？

项目二

供应链的构建

学习目标

知识目标：

1．能够表述供应链的体系结构模型。

2．理解供应链中推式和拉式运作模型。

3．掌握供应链策略的选择方法。

4．掌握供应链设计的原则和内容。

技能目标：

1．能够根据具体企业的产品特点、供应链现状，进行供应链策略匹配。

2．能够分析供应链构建和设计中存在的问题，并提出合理的解决方案。

素养目标：

1．认识供应链发展中的矛盾对立统一规律，树立全局意识。

2．养成合作共赢、诚信服务的职业素养。

项目导学

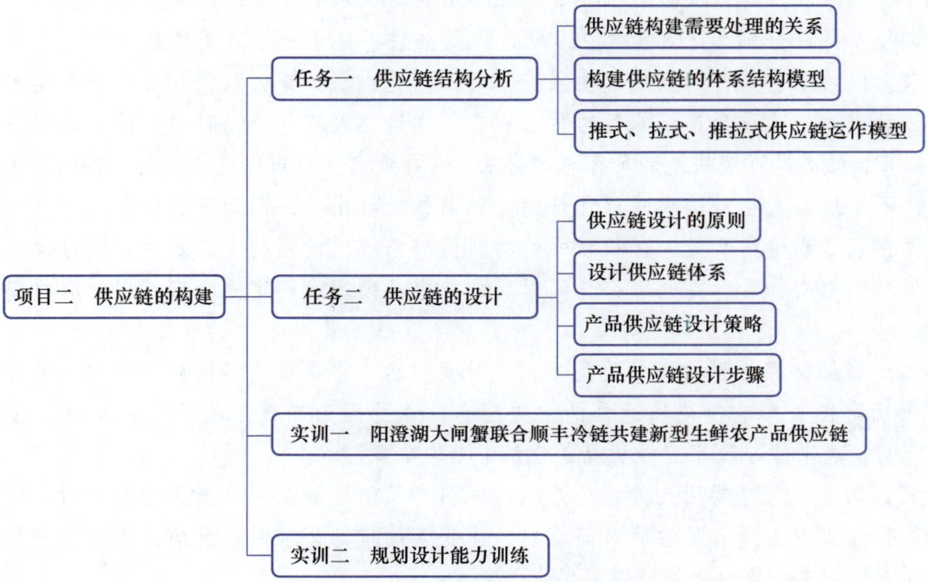

任务一 供应链结构分析

供应链的结构设计包含很多方面的内容考量，例如供应链的结构体系和物流系统的匹配、供应链的结构体系和环境因素的匹配、供应链的结构体系和企业再造工程的匹配、供应链的结构体系和先进制造模式的匹配等。

学习导入

惠普台式打印机供应链的构建

1．概况

惠普公司成立于1939年。惠普台式打印机于1988年进入市场，并成为惠普公司的主要成功产品之一。随着台式打印机销售量的稳步增长（1990年销售量达到60万台，销售额达4亿美元），库存的增长也紧随其后。在实施供应链管理之后，这种情况得到改善。Desk Jet打印机是惠普的主要产品之一，产品分别销往美国、欧洲和亚洲。惠普公司有五个位于不同地点的分支机构负责该型号打印机的生产、装配和运输。从原材料采购到最终产品产出，生产周期为6个月。在以往的生产和管理方式下，各成品厂装配好通用打印机之后直接进行包装，为了保证顾客订单的即时满足，各成品配送中心需要保证大量的安全库存（一般需要7周的库存量）。

2．存在的问题

第一，惠普打印机的生产、研究以及开发的节点分布在16个国家，销售服务部门节点分布在110个国家，而其总产品的品种超过22 000类。欧洲和亚洲地区对于台式打印机电源的供应（电压不同，分别为110伏和220伏，以及插件不同）、语言（操作手册不同）等有不同的要求。以前这些部件的供应都由温哥华的工厂完成，北美、欧洲和亚太地区是惠普公司的三个分销中心。这种生产组织策略称为“工厂本地化策略”。惠普公司的分销商希望尽可能降低库存，同时尽可能快地满足客户的需求。这导致惠普公司保证供货及时性的压力很大，从而不得不采用备货生产的模式以保证对分销商的准时供货，因而分销中心成为有大量安全库存的库存点。制造中心是一种拉动式的物料供应系统，计划的生成是为了通过准时制生产模式满足分销中心的目标安全库存，同时其本身也必须拥有一定的零部件以及原材料的安全库存。

第二，零部件原材料的交货质量（到货时间推迟、错误到货等问题）、内部业务流程、需求的不确定性是影响供应链运作的主要因素。这些因素导致不能及时补充分销中心的库存，需求的不确定性导致库存堆积或者分销中心的重复订货。

第三，惠普公司需要用大约一个月的时间将产品海运到欧洲和亚太分销中心，这么长的提前期导致分销中心没有足够的时间去对快速变化的市场需求做出反应，而且欧洲和亚太地区只能以大量的安全库存来保证满足用户的需求。

第四，库存的增加占用了大量的流动资金。若某一地区产品缺货，为了应急，可能会将原来为其他地区准备的库存产品拆开重新包装，造成更大的资金浪费。因此，提高产品需求预测的准确性以减少库存也是一个主要难点。

3．任务

惠普公司将减少库存同时提供高质量的服务作为管理的重点，并着重于供应链管理，以降低供应的不确定性，减少机器闲置时间。企业管理者应在不牺牲顾客服务水平的前提下改善这一状况。

4．解决方案

供应商、分销中心、经销商和消费者组成惠普台式打印机供应链的各个节点，惠普公司重新设计的供应链如图 2-1 所示。

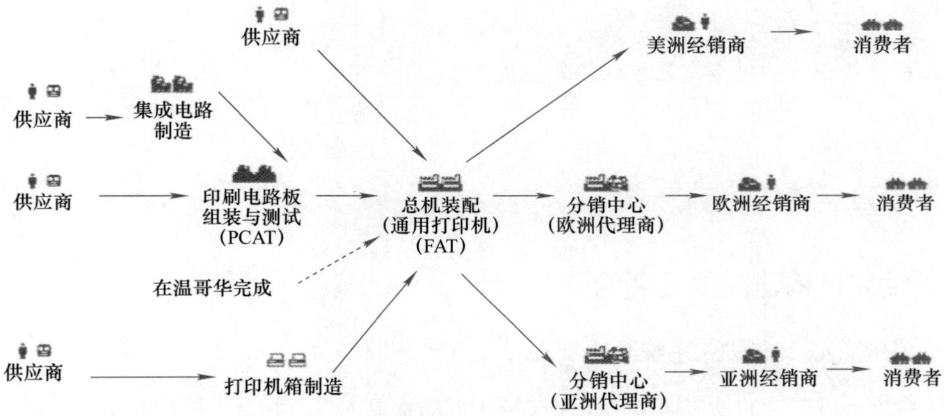

图 2-1 惠普公司重新设计的供应链

在这个新的供应链中，主要的生产制造过程由位于温哥华的工厂完成，包括印刷电路板组装与测试（Printed Circuit Board Assembly and Test，PCAT）和总机装配（Final Assembly and Test，FAT）。在 PCAT 过程中，电子组件（诸如 ROM 和粗印刷电路板等）组装成打印头驱动板，并进行相关的测试；在 FAT 过程中，电动机、电缆、塑料底盘以及外壳、齿轮、印刷电路板总装成打印机，并进行测试。其中各种零部件的原材料由惠普公司的子公司或分布在世界各地的供应商供应。位于温哥华的工厂负责生产通用打印机，通用打印机运输到欧洲和亚洲后，再由当地的分销中心或代理商提供与当地需求一致的变压器、电源插头和用当地语言写成的说明书，完成整机包装后由当地经销商送到消费者手中。通过将定制化工作推迟到分销中心进行（延迟策略），实现了根据不同用户需求生产不同型号产品的目的。这种生产组织策略称为“分销中心本地化”。

惠普公司在产品设计上做出了一些变化，将电源等客户化需求的部件设计成即插即用的组件，从而改变了以前由温哥华的总机装配厂生产不同型号的产品，保持大量的库存以满足不同需求的情况。采用新的生产组织策略后，惠普公司达到了 98% 的订货服务目标，安全库存周期由原来的 7 周降至 5 周，电路板组装与总装厂之间也基本实现无库存生产。同时，打印机总装厂对分销中心实施准时制生产供应，使分销中心保持目标库存量（预测销售量 + 安全库存量）。通过供应链管理，惠普公司实现了降低打印机库存量的目标，提高了服务水平。通过改进供应商管理，减少了因原材料供应而导致的生产不确定性和停工等待时间。

5．效果

安全库存周期缩短为5周，减少了库存总投资的18%，仅这一项改进便可以每年节省3 000万美元的存储费用。由于通用打印机的价格低于同类客户化产品，从而又进一步节省了运输费用、关税等项费用。除了降低成本，延迟策略使产品在企业内部的生命周期缩短，从而对需求预测不准确性或是外界的需求变化具有很好的适应性，一旦发现决策错误，可以在不影响顾客利益的情况下以较小的损失较快地加以纠正。

思考：

1．惠普打印机的供应链存在哪些问题？

2．惠普打印机的供应链是如何构建的？

3．惠普打印机供应链改造的效果如何？

4．惠普打印机的供应链注意到了哪些关系？

知识学习

一、供应链构建需要处理的关系

（一）供应链设计与物流系统设计

物流系统是供应链的物流通道，是供应链管理的重要内容。物流系统设计是指原材料和外购件所经历的采购入厂—存储—投料—加工制造—装配—包装—运输—分销—零售等一系列物流过程的设计。物流系统设计也称通道设计，是供应链系统设计的主要工作之一。设计一个结构合理的物流通道对于降低库存、减少成本、缩短提前期、实施准时制生产与供销、提高供应链的整体运作效率是很重要的。但供应链设计却不等同于物流系统设计，集成化供应链设计是企业模型的设计，它从更广泛的思维空间—— 企业整体角度去构造企业蓝图，是扩展的企业模型。它既包括物流系统，还包括信息和组织以及价值流和相应的服务体系建设。在供应链的构造和设计中，创新性的管理思维和观念极为重要，要把供应链的整体思维观融入供应链的构思和建设中，企业之间要有并行的设计才能实现并行的运作模式，这是供应链设计中最为重要的思想。

（二）供应链设计与环境因素的考虑

一个设计精良的供应链在实际运行中并不一定能按照设想的那样，甚至无法达到设想的要求，这是主观设想与实际效果的差距，原因并不一定是设计或构想得不完美，而是环境因素。因此，构建和设计一个供应链，不仅要考虑供应链的运行环境（地区、政治、文化、经济等因素），还应考虑未来环境的变化对实施供应链的影响。因此，我们要用发展的、变化的眼光来设计供应链，无论是信息系统的构建还是物流通道的设计，都应具有较强的柔性，以提高供应链对环境的适应能力。

（三）供应链设计与企业流程再造

从企业的角度来看，供应链设计是对一个企业的改造问题，供应链所涉及的内容或多或少是企业正在进行的内容。供应链的设计或重构不是要推翻现有的企业模型，而是要从管理思想革新的角度，以创新的观念改造企业，例如动态联盟、虚拟企业、精益生产等。这种基于系统进化的企业再造思想是符合人类演进式的思维逻辑的，尽管最早提出企业流程再造（Business Process Reengineering，BPR）的迈克尔·哈默一再强调其彻底的、剧变式的企业重构思想，但实践证明，实施 BPR 的企业最终还是走向改良的道路，所谓无源之水、无本之木的企业再造是不存在的。因此在实施供应链的设计与重建时，重点并不在于是否推翻企业现有的模型，而是是否有新的观念、新的思维和新的手段，这是实施供应链管理所要明确的。

（四）供应链设计与先进制造模式的关系

供应链设计既是从管理新思维的角度去改造企业，也是先进制造模式的客观要求和推动的结果。如果没有全球制造、虚拟制造这些先进的制造模式，集成化供应链管理思想是很难得以实现的。正是先进制造模式的资源配置沿着“劳动密集—设备密集—信息密集—知识密集”的方向发展，才使企业的组织模式和管理模式发生相应的变化，从制造技术的技术集成演变为组织和信息等相关资源的集成。供应链管理适应了这种趋势，因此供应链的设计应把握这种内在的联系，使供应链管理成为适应先进制造模式发展的先进管理思想。

二、构建供应链的体系结构模型

为了有效指导供应链的设计，了解和掌握供应链体系结构模型是十分必要的，本任务着重从企业与企业之间关系的角度考查了几种供应链的拓扑结构模型。

（一）静态模型和链状模型

结合供应链的定义和结构模型，不难得出这样一个简单的供应链模型（见图 2-2），我们称其为模型 I。模型 I 清楚地表明产品的最初来源是自然界，如矿山、油田、橡胶园等，最终去向是用户。产品因用户需求而生产，最终被用户所消费。产品从自然界到用户经历了供应商、制造商和分销商三级传递，并在传递过程中完成产品加工、产品装配等转换过程。而被用户消费掉的最终产品又回到自然界，完成物质循环（见图 2-2 中的虚线）。

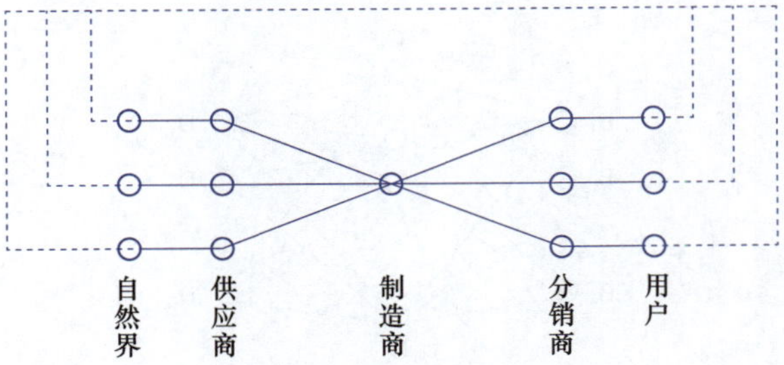

图 2-2 模型 I：静态模型

显然，模型Ⅰ只是一个简单的静态模型，表明供应链的基本组成和轮廓概貌，进一步地可以将其简化成链状模型Ⅱ（见图2–3）。模型Ⅱ是对模型Ⅰ的进一步抽象，它把商家抽象成一个个的点，称为节点，并用字母或数字表示。节点以一定的方式和顺序联结成一行构成一条供应链。在模型Ⅱ中，若假定C为制造商，则B为供应商，D为分销商；同样地，若假定B为制造商，则A为供应商，C为分销商。在模型Ⅱ中，产品的最初来源（自然界）、最终去向（用户）以及产品的物质循环过程被隐含抽象掉，因为从供应链研究便利的角度来讲，把自然界和用户放在模型中没有太大的作用，因此模型Ⅱ着力于供应链中间过程的研究。

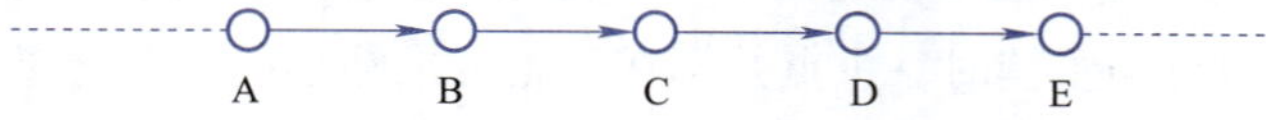

图2–3 模型Ⅱ：链状模型

1. 供应链的方向

在模型Ⅱ中，供应链上除了流动着物流（产品流）和信息流外，还流动着资金流。物流的方向一般是从供应商流向制造商，再流向分销商。在特殊情况下（如产品退货），产品在供应链上的流向与上述方向相反。依照物流的方向来定义供应链的方向，以确定供应商、制造商和分销商之间的顺序关系。模型Ⅱ中的箭头方向即表示供应链的物流方向。

2. 供应链的级

在模型Ⅱ中，定义C为制造商时，可以相应地认为B为一级供应商，A为二级供应商，而且还可递归地定义三级供应商、四级供应商……同样地，可以认为D为一级分销商，E为二级分销商，并递归地定义三级分销商、四级分销商……一般来讲，一个企业应尽可能考虑多级供应商或分销商，这样有利于从整体上了解供应链的运行状态。

（二）网状模型

事实上，在模型Ⅱ中，C的供应商可能不止一家，而是有B_1，B_2，…，B_n等n家供应商，分销商也可能有D_1，D_2，…，D_m等m家分销商。动态地考虑，C也可能有C_1，C_2，…，C_k等k家，这样模型Ⅱ就转变为一个网状模型，即供应链的模型Ⅲ（见图2–4）。网状模型更能说明现实世界中产品的复杂供应关系。在理论上，网状模型可以涵盖世界上所有厂家，把所有厂家都看作是其上面的一个节点，并认为这些节点存在着联系。当然，这些联系有强有弱，而且在不断地变化着。通常，一个厂家仅与有限厂家相联系，但这不影响我们对供应链模型的理论设定。网状模型对供应链关系的描述性很强，适合于对供应链关系的宏观把握。

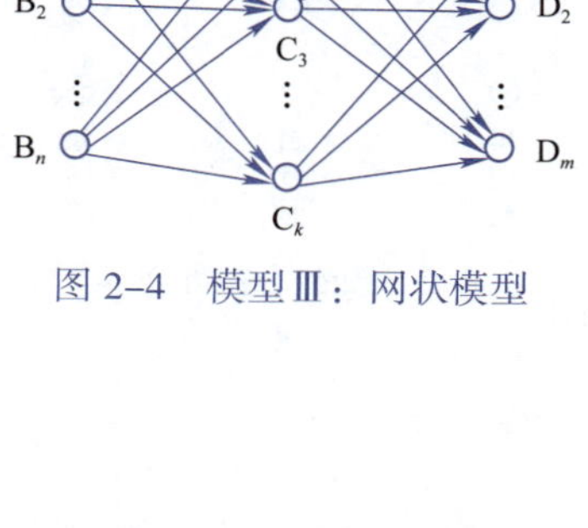

图2–4 模型Ⅲ：网状模型

1. 入点和出点

在网状模型中，物流做有向流动，从一个节点流向另一个节点。这些物流从某些节点补充流入，从某些节点分流流出。我们把这些物流进入的节点称为入点，把物流流出的节点称为出点。入点相当于矿山、油田、橡胶园等原材料的提供商，出点相当于用户。

2. 子网

有些厂家规模非常大，内部结构也非常复杂，与其他厂家相联系的只是其中一个部门，而且内部存在着产品供应关系，用一个节点来表示这些复杂关系显然不行，这就需要将表示这个厂家的节点分解成很多相互联系的小节点，这些小节点构成一个网，称为子网。子网模型对企业集团是很好的描述。

3. 虚拟企业

借助以上对子网模型过程的描述，我们可以把供应链网络上为了完成共同目标通力合作并实现各自利益的这样一些厂家形象地看成是一个厂家，这就是虚拟企业。虚拟企业是在经济交往中，一些独立企业为了共同的利益和目标在一定时间内结成的相互协作的利益共同体。虚拟企业组建和存在的目的，就是获取因相互协作而产生的效益，一旦这个目的已完成或利益不存在，虚拟企业即不复存在。

三、推式、拉式、推拉式供应链运作模型

（一）推式供应链

1. 定义

推式供应链是以制造商为核心企业，产品生产建立在需求预测基础上的供应链。制造商通常是在客户订货前进行生产，产品生产出来后再考虑销售给不同的客户，客户处于被动接受的末端。这就是我们常说的以产定销。

2. 特点

（1）制造商居于供应链起点，客户处于被动接受的末端。

（2）根据过去的订单情况预测市场需求。

（3）根据长期预测和库存情况进行产品生产和原料采购决策。

（4）通过设置较高的安全库存量来应付需求的变动。

（5）订货提前期要求长。

3. 适用范围

（1）推式供应链适用于需求不确定性程度较低但规模经济性较重要的产品，日用品行业中的啤酒、挂面、食用油等都属于这一类。这类产品的需求相当稳定，企业可以根据长期预测来管理库存，也可以通过满载运输来降低运输成本，这对整个供应链成本控制而言十分重要。

（2）保存期很短的快速消费品的传统供应链运作模式多是推式供应链。从最初的供应链体系开始看，参与主体包括农场、农民、其他加工者、大型配送网络等，而这一切都影响着产品的成本。一般来说，这类产品都是低利润的，所以量很重要，相应地决定了企业对推式供应链的选择。

4. 优缺点

（1）优点：具有较高的生产和运输的规模经济效益，有利于降低成本。

（2）缺点：难以低成本地满足变化较大的市场需求，容易产生牛鞭效应；由于需要大量的安全库存而导致供应链库存量过高；服务水平下降，缺货率和滞销率居高不下；对订货提前期要求较长，如果需求发生变化，会使供应链产生大量的过时库存。

（二）拉式供应链

1. 定义

拉式供应链以消费端的客户需求为中心，以销售商为驱动源点，通过尽可能提高生产和需求的协调一致性来减少供应链上的库存积压，从而降低单件产品成本而获利。纯粹的拉式供应链是不需要持有任何库存的，要按照订单进行生产。

2. 特点

（1）生产和分销由消费者的当期实际需求驱动，而不是基于预测需求。

（2）强调对市场的响应性，减少库存。

（3）满足订货周期较短的市场环境。

3. 适用范围

实际上只有极少数的产业和产品采用完全的拉式供应链，例如接到订单后制造飞机或轮船是拉式供应链，时装行业也采用拉式供应链，以应对快速变化的需求。

4. 实施条件

采用拉式供应链模式需要具备以下两个条件：

（1）快速的信息传递机制。快速的信息传递机制能够将顾客的需求信息及时传递给供应链上不同的节点企业。

（2）缩短提前期。如果提前期不太可能随着需求信息缩短，拉式供应链是很难实现的。

5. 优缺点

拉式供应链的优点包括以下几个方面：

（1）拉式供应链的优势在于反应性。拉式供应链能够为顾客提供定制化的产品和服务，但是这是以较高的成本为代价的。

（2）拉式供应链通过更好地预测零售商订单的到达情况，可以缩短提前期，降低零售商和制造商的库存，增加制造商方面的系统柔性。

（3）由于提前期缩短，系统的变动性减小，尤其是制造商面临的变动性变小了。

拉式供应链的缺点是：无法及时响应需求信息，难以实现规模经济。

（三）推拉式供应链

1. 定义

推拉式供应链是指在供应链中，一部分环节（尤其是上游）采用推式，另一部分环节（尤其是下游）采用拉式的供应链策略，即一部分响应预测需求，另一部分响应实际需求。

2. 特点

推拉式供应链是推拉结合式的供应链，它结合了推式供应链和拉式供应链的特点，扬长避短，既可以发挥规模经济效益，也可以实现个性化定制。

（1）在供应链的一部分采用的推式策略，有效利用了长期预测波动小的优点。

（2）在使用推式策略的部分利用了库存聚集，即风险分担的特性，减少了库存。

（3）在采用拉式策略的部分减少了产品不适合顾客需求的风险。

3. 策略

通常，推拉式供应链采用的策略主要有前推后拉式策略、前拉后推式策略。

（1）前推后拉式策略。在这一策略中，制造流程可先由生产中性产品开始，当需求产生时，再生产差异化的特定终端产品。在制造差异化产品之前的供应链模式是推式策略，而生产差异化产品时间点以后的阶段则是以拉式策略为基础。企业一般通过采用延迟策略，就是在制造生产过程中，将产品差异化的步骤尽可能延迟到后面做。制造流程可先由生产通用产品开始，采用推式策略；当需求实际产生时，再生产差异化的特定最终产品，采用拉式策略。

供应链的类型

（2）前拉后推式策略。这种策略主要应用于那些需求不确定性高，但生产运输过程中规模效益十分明显的产品和行业。例如在家具行业中，生产商提供的家具产品在材料上差不多，但在外形、颜色、构造等方面差异很大，因此需求的不确定性很高；另外，由于家具的体积大，所以运输成本高，这时就要在生产时采用拉式策略按照实际需求进行生产，而在运输时采用推式策略，根据固定的时间表进行运输。

推拉策略的实施案例

（四）供应链策略的选择

推式、拉式、推拉式供应链有各自的特点，不同的企业适合不同的供应链，如何选择合适的供应链对企业来说至关重要。企业在选择合适的供应链模式时，需要考虑产品的特点、来自需求端的需求不确定性以及来自企业自身生产和分销规模经济的重要性。只有综合考虑，才能确定适合企业的供应链模式。

（1）需求不确定性对供应链模式选择的影响。在其他条件相同的情况下，需求不确定性程度越高，就越应当采用根据实际需求管理供应链的模式，即拉式供应链模式；相反，需求不确定性程度越低，就越应该采用根据长期预测管理供应链的模式，即推式供应链模式。

（2）规模经济对供应链模式的影响。在其他条件相同的情况下，如果规模效益对降低成本起着重要的作用，组合需求的价值越高，就越应当采用推式策略，根据长期需求预测管理供应链；如果规模经济不那么重要，组合需求也不能降低成本，就应当采用拉式策略。

推式、拉式、推拉式供应链各有优点，不同产业因产品与市场不同，采用不同形态的供应链，甚至同一公司对不同的产品线，也会采用不同类型的供应链。另外，在新产品上市阶段，企业通常采用推式供应链模式尽快把新产品推向顾客；当产品进入生命周期的衰退期时，采用拉式供应链模式则是更明智的选择。企业应根据现实情况选择适合自身发展战略的供应链模式。

任务实施

推式供应链是以制造商为核心企业，产品生产建立在需求预测的基础上，并在客户订货前进行生产，产品生产出来后从分销商逐级推向客户。客户处于被动接受的末端。一般来说，制造商利用从零售商仓库接到的订单来预测客户需求。推式供应链的不确定性程度很低，但提前期较长，按库存生产是主要的生产方式，如图 2–5 所示。

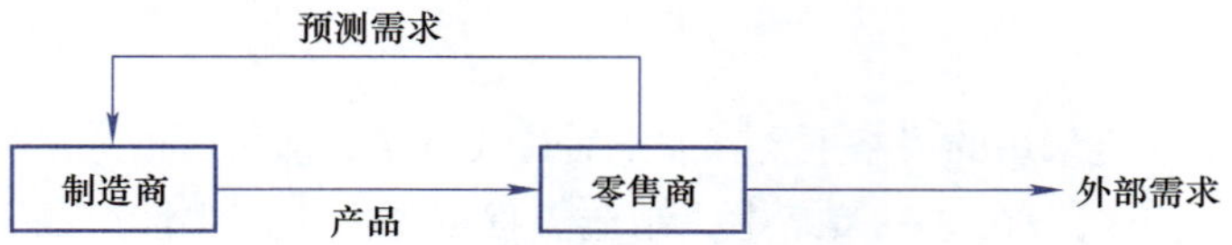

图 2–5　推式供应链

拉式供应链是整个供应链的驱动力产生于最终的客户，产品生产是受需求驱动的。生产是根据实际客户需求而不是预测需求进行协调的。在拉式供应链模式中，需求不确定性程度很高，周期较短，主要的生产战略是按订单生产、按订单组装和按订单配置。整个供应链要求集成度较高，信息交换迅速，可以根据最终客户的需求实现定制化服务，如图 2–6 所示。

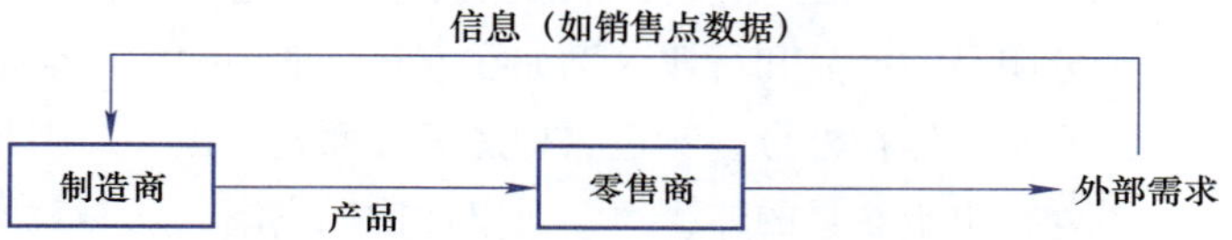

图 2–6　拉式供应链

做一做： 查找资料，绘制一知名公司供应链的推拉结构图。

任务二　供应链的设计

在供应链的设计过程中，应遵循一些基本的原则，以保证供应链的设计和重建能满足供应链管理思想得以实施和贯彻的要求。

学习导入

宜家家居以价值链为导向设计供应链

宜家作为当今世界规模较大的家具和家居用品跨国零售企业之一，以低廉的价格提供了种类繁多的美观实用的家居用品。低廉的价格背后是有效的成本控制，宜家从控制成本入手，构建自己的供应链。宜家家居采用的是全球化采购模式，产品是从各贸易区域采购后运抵全球各分销中心再送货至宜家在全球的商场。

1．产品定价

为了自己可以控制产品的成本、取得最初定价权，并且控制产业链的上游，宜家一直坚持自己设计所有产品并拥有专利。其“低价”策略也体现在“从价格标签开始设计”的独特定价方法上。对于宜家来说，价格是首先被考虑的问题。由全球资深经理人组成的产品战略委员会，根据对顾客消费习惯的监测结果，为宜家的产品开发团队制定开发方向。然后，这个开发方向被传达给产品经理，由他们使用宜家的“价格矩阵”方法，来确认在市场上有竞争力的未来产品线，也就是新产品的价格。在确定价格以后，宜家在全球范围内寻找合适的生产商。在完成上述流程以后，才进入真正的设计阶段。宜家采用内部竞争的方式挑选设计师，为产品找到最终的设计方案。所有设计师在设计新产品时展开激烈的竞争，竞争集中在同样价格的产品“谁的设计成本更低”。所有的产品设计确定之后，最终确定哪些供应商可以在成本最低而又保证质量的情况下生产这些产品，以确保实现低价的工作始于生产车间。

同时，宜家还采用一种“模块”式设计方法（宜家的家具都是拆分的组装货，产品分成不同模块，分块设计。不同的模块可根据成本在不同地区生产；同时，有些模块在不同家具间也可通用）。例如，佳兰特、维卡比斯克等桌面产品从欧洲不同的国家采购，而与这些桌面配套的不同尺寸或材质的桌腿却是在中国生产的。这样不仅使设计成本得以降低，而且产品的总成本也能得到降低。

2．销售预测

宜家的销售预测是组织有效供应链的基础，也有助于完善产品的生产计划。销售预测分为自上而下的全球销售战略和自下而上从各个零售地区而来的销售计划，而销售预测又根据不同的产品组被进一步细分。这些数据每年更新三次。每个地区的销售计划来源于历史销售情况和对市场需求的分析。通过分析过去的销售额，可以发现特定商品的季节性变化规律。因此在预测当季的销售额时，就必须忽略过去销售额特别高和特别低的数据，例如宜家在预测中国市场销售额时，必须确定真正的流行趋势，并且要设法从随机事件中分离出真正的需求变化，如“黄金周”销量就不能被认为是当月或当季真实的需求变化。科学的销售预测是指导有效生产、维护高水平服务、优化库存、降低产品整体成本的前提条件。

销售战略通常是对宜家未来5年销售预期的判断，基于目前市场的销售情况以及对未来全球市场发展的预期和宜家内部的扩张计划。

短期的商场销售计划用于商场的日常补货；而中长期的销售计划用来管理地区供应链的容量。市场的需求分析又受制于地区短期、中期、长期的供应链容量。而市场需求和地区供应链容量发生偏差时，供应链分析人员应该及时注意到。销售计划对供应链的管理表现在用于测算实际生产计划以及为某一个产品寻求最优的产地和最合适的销售市场。同时，现有的供应链容量受到实时监控，应根据实际市场需求尽快做相应调整。新的容量计划一旦制订，就需要寻找最佳的采购市场以保证今后供应链的顺利实施。

3．采购供应

宜家采取全球化的采购模式，在中国的采购量已占到总量的18%，排名第一。中国已成为宜家最大的采购市场和业务增长最重要的空间之一，在宜家的全球战略中具有举足轻重的地位。

宜家还让顾客成为自己的合作伙伴，由顾客自己动手、自己运输和自己组装来换取产品的低价格。因循这个思路，宜家形成了自己特有的风格。在宜家商场，家居用品应有尽有，它把各种商品组合成不同风格的样板间，淋漓尽致地展现每种商品的现场效果，激发人们的灵感和购买欲，鼓励顾客自己去体验一切。“到宜家去DIY”也逐渐成为一股潮流。

4．物流配送

宜家把配送中心和一些中央仓库集中在海陆空的交通要道，以节省时间。所有商品被运送到全球各地的中央仓库和分销中心，宜家通过科学的计算，决定哪些产品在本地制造和销售，哪些产品出口到海外。同时，每家“宜家商店”根据自己的需要向宜家的贸易公司购买这些产品。因此，整个供应链的运转，从每家商店提供的实时销售记录开始，反馈到产品设计研发机构，再到贸易机构、代工生产商、物流公司、仓储中心，直至转回到商店，宜家严格地控制着物流的每一个环节，以保证最低成本。

宜家所采用的独特的成本领先策略，即对整条供应链的成本压缩与质量控制非常严格、精确，设计、生产、渠道、终端，每一个环节都进行成本压缩。但值得注意的是，成本的降低并没有导致产品品质的下降，宜家在压缩成本的同时还保证，甚至不断提高产品的品质，对品牌一点也没有造成负面影响，这就是宜家独到的供应链战略。

思考：

1．宜家供应链设计的主要原则是什么？

2．围绕成本进行的供应链设计需要注意哪些问题？

知识学习

一、供应链设计的原则

1. 自上向下和自下向上相结合的设计原则

系统建模存在两种设计方法，即自上向下和自下向上的方法。自上向下的方法是指从全局走向局部的方法，自下向上的方法是指从局部走向全局的方法。自上向下是系统分解的过程，而自下向上则是一种系统集成的过程。在设计一个供应链系统时，往往是先由高层管理者做出战略规划与决策，规划与决策的依据来自市场需求和企业发展规划，然后由下层部门实施决策，因此供应链的设计是自上向下和自下向上方法的综合。

2. 简洁性原则

简洁性是供应链的一个重要原则，为了能使供应链具有灵活、快速响应市场的能力，供应链上的每个节点都应是简洁的、具有活力的、能实现业务流程的快速组合。例如，供应商的选择应遵循少而精的原则，通过和少数的供应商建立战略伙伴关系，有利于降低采购成本，推动实施准时化采购法和准时制生产。生产系统的设计更应以精益思想为指导，努力实现从精益的制造模式到精益的供应链这一目标。

3．集优原则（互补性原则）

供应链各个节点企业的选择应遵循强强联合的原则，以达到实现资源外用的目的。每个节点企业只集中精力致力于各自核心的业务过程，如同一个独立的制造单元，这些所谓单元化了的企业具有自我组织、自我优化、面向目标、动态运行和充满活力的特点，能够实现供应链业务的快速重组。

4. 协调性原则

供应链效能的好坏取决于供应链的合作伙伴关系是否和谐（和谐是指系统是否形成了充分发挥系统成员和子系统的能动性、创造性的条件及环境，以及系统成员和子系统活动的总体协调性），因此建立战略伙伴关系的合作企业关系模型是实现供应链最佳效能的保证。只有和谐而协调的系统才能发挥最佳的效能。

5. 动态性（不确定性）原则

不确定性在供应链中随处可见，许多学者在研究供应链运作效率时都提到不确定性问题。由于不确定性的存在，导致需求信息的扭曲，因此要预见各种不确定因素对供应链运作的影响，减少信息传递过程中的信息延迟和失真。降低安全库存总是和服务水平的提高相矛盾。增加透明性，减少不必要的中间环节，提高预测的精度和时效性对降低不确定性的影响是极为重要的。

6. 创新性原则

创新设计是系统设计的重要原则，没有创新性思维，就不可能有创新的管理模式，因此在供应链的设计过程中，创新性是很重要的一个原则。要设计一个创新的系统，就要敢于打破各种陈旧的思维框架，用新的角度、新的视野审视原有的管理模式和体系，大胆地进行创新设计。进行创新设计，要注意以下几点：一是创新必须在企业总体目标和战略的指导下进行，并与战略目标保持一致；二是要从市场需求的角度出发，综合运用企业的能力和优势；三是发挥企业各类人员的创造性，并与其他企业共同协作，发挥供应链整体优势；四是建立科学的供应链和项目评价体系及组织管理系统，进行技术经济分析和可行性论证。

7. 战略性原则

供应链的建模应有战略性观点，通过战略性观点考虑减少不确定影响。从供应链战略管理的角度考虑，供应链建模的战略性原则还体现在供应链发展的长远规划和预见性上，供应链的系统结构发展应与企业的战略规划保持一致，并在企业战略的指导下进行。

二、设计供应链体系

设计和运行一个有效的供应链对于每一个制造企业都是至关重要的，因为它可以提高客户服务水平、达到成本和服务之间的有效平衡、提高企业竞争力、提高柔性、渗透新的市场、通过降低库存提高工作效率。但是供应链也可能因为设计不当而导致浪费和失败。

美国学者马歇尔·费舍尔认为，供应链的设计要以产品为中心。供应链的设计首先要明白客户对企业产品的需求是什么？产品的生命周期、需求预测、产品多样性、提前期和服务的市场标准等都是影响供应链设计的重要问题。必须设计出与产品特性一致的供应链，即所谓的基于产品的供应链设计策略（Product Based Supply Chain Design，PBSCD）。

（一）分析产品的类型

不同的产品类型对供应链设计有不同的要求。边际利润高、需求不稳定的创新性产品的供应链设计就不同于边际利润低、需求稳定的功能性产品。基于需求的两种不同类型产品的比较，如表 2–1 所示。

表 2–1　两种不同类型产品的比较（基于需求）

需求特征	功能性产品	创新性产品
产品生命周期（年）	>2	1 ～ 3
边际利润（%）	5 ～ 20	20 ～ 60
产品多样性	低（每一目录 10 ～ 20 个）	高（每一目录上千个）
预测的平均边际错误率（%）	10	40 ～ 100
平均缺货率（%）	1 ～ 2	10 ～ 40
季末降价率（%）	0	10 ～ 25
按订单生产的提前期	6 个月至 1 年	1 天至 2 周

由表 2–1 可以看出，功能性产品一般用于满足用户的基本需求，产品变化很少，具有稳定的、可预测的需求和较长的生命周期，但它们的边际利润较低。为了避免较低的边际利润，许多企业通过在式样或技术上的革新以寻求消费者的购买，从而获得较高的边际利润，这种创新性产品的需求一般不可预测，生命周期也较短。正因为这两种产品的不同，才需要有不同类型的供应链去满足不同的管理需要。

（二）基于产品的供应链设计

供应链主要有两大功能：物理功能和市场中介功能。物理功能是指以最低的成本将原材料加工成零部件、半成品、产品并将它们从供应链的一个节点运送到另一个节点。市场中介功能是指对市场需求做出迅速反应，确保以合适的产品在合适的地点和时间来满足顾客的需求。根据功能可以把供应链划分为两类：有效性供应链和反应性供应链。

有效性供应链也称效率型供应链，主要体现供应链的物理功能，是以最低的成本将原材料转化成零部件、半成品、产品，并以尽可能低的价格有效地实现以供应为基本目标的供应链管理系统，适用于需求和供应都比较稳定的功能性产品。

反应性供应链也称响应型供应链，主要体现供应链的市场中介功能，即把产品分配到满足客户需求的市场，对未预知的需求做出快速反应的供应链管理系统，适用于需求和供应都不确定的创新性和变革性产品。

有效性供应链和反应性供应链存在很大区别，具体如表 2–2 所示。

表 2-2　有效性供应链和反应性供应链的区别

项目	有效性供应链	反应性供应链
基本目标	以最低的成本应对可预测的需求	尽可能对不可预测的需求做出快速反应
管理核心	成本	时间
制造核心	大批量生产，保持高效率和利用率	小批量生产或大批量定制，保持生产的柔性
库存策略	保持最佳经济库存	部署好原料、中间件和半成品的缓冲库存
提前期	在不增加成本的前提下，尽可能缩短提前期	大量投资以缩短提前期
供应商选择因素	质量、成本、效率	质量、速度、柔性
产品设计	标准化设计，以尽可能减小产品差别	平台化策略，将产品的共同要素与独特要素相结合

三、产品供应链设计策略

知道了产品和供应链的特性后，就可以设计出与产品需求一致的供应链。供应链设计与产品类型策略矩阵如图 2-7 所示。

	功能性产品	创新性产品
有效性供应链	匹配	不匹配
反应性供应链	不匹配	匹配

图 2-7　供应链设计与产品类型策略矩阵

策略矩阵的四个元素代表四种可能的产品和供应链的组合，从中可以看出产品和供应的特性，管理者可以根据这个矩阵判断企业的供应链流程设计是否与产品类型一致，这就是基于产品的供应链设计策略。有效性供应链流程适于功能性产品，反应性供应链流程适于创新性产品，匹配不当就会产生问题。

1. 产品与供应链的匹配

（1）创新性产品匹配反应性供应链。创新性产品的需求是提前期短，而反应性供应链的特性是大量投资以缩短提前期；创新性产品的生命周期短，而反应性供应链的特性是能快速地响应市场。因此，二者在特性上是一致的，可以匹配。

（2）功能性产品匹配有效性供应链。功能性产品的需求是成本低，而有效性供应链的特性是低成本运作；功能性产品的生命周期长，而有效性供应链的提前期也较长。因此，二者在特性上是一致的，可以匹配。

产品与供应链的匹配策略

不相匹配的两种组合，则会直接导致供应链的失败和断裂。

2. 产品供应链优化

（1）用有效性供应链提供功能性产品。对于用有效性供应链来提供功能性产品的情况，可采取以下措施：①削减企业内部成本；②不断加强企业与供应商、分销商之间的合作，从而有效地降低整条供应链的成本；③降低销售价格。

（2）用反应性供应链提供创新性产品。对于用反应性供应链来提供创新性产品的情况，可采取以下措施：①通过不同产品拥有尽可能多的通用件来增强某些模块的可预测性，从而减少需求的不确定性；②通过缩短提前期与增加供应链的柔性，及时响应市场需求，在尽可能短的时间内向顾客提供个性化的产品；③当需求的不确定性已被尽可能地降低或避免，可以用安全库存或充足的生产能力来规避剩余的不确定性，从而当市场需求旺盛时尽可能地提供创新性产品，以减少损失。

四、产品供应链设计步骤

产品供应链设计步骤如图 2–8 所示。

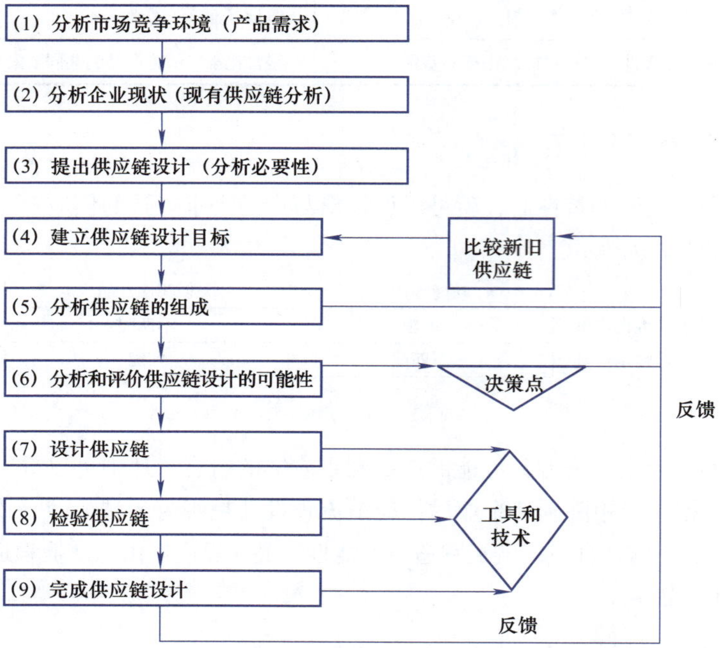

图 2–8 产品供应链设计步骤

（1）分析市场竞争环境。这一步骤的输出是某一产品按重要性排列的市场特征，目的在于找到针对哪些产品市场开发供应链才有效。为此，必须知道现在的产品需求是什么，产品的类型和特征是什么。分析市场特征的过程要向卖主、客户和竞争者进行调查，提出诸如客户想要什么、在市场中的分量有多大之类的问题，以确认客户的需求和因卖主、客户、竞争者产生的压力，同时对于市场的不确定性要有分析和评价。

（2）分析企业现状。这个步骤的目的不在于评价供应链设计策略的重要性和合适性，而是在于着重研究供应链开发的方向，分析、找到、总结企业存在的问题及影响供应链设计的阻力等因素。

（3）提出供应链设计。针对存在的问题提出供应链设计项目，分析其必要性。

（4）建立供应链设计目标。主要目标在于达到高客户服务水平和低库存投资、低单位成本两个目标之间的平衡，同时应包括以下目标：进入新市场、开发新产品、开发新分销渠道、改善售后服务水平、提高客户满意度、降低成本、通过降低库存提高工作效率等。

（5）分析供应链的组成。这一步骤是提出组成供应链的基本框架，分析供应链中的成员组成，主要包括制造工厂、设备、工艺和供应商、制造商、分销商、零售商及用户的选择与定位，以及确定选择与评价的标准。

（6）分析和评价供应链设计的可能性。这一步骤是在可行性分析的基础上，结合本企业的实际情况为开发供应链提出技术选择建议和支持。这也是一个决策的过程，如果认为方案可行，就可进行下面的步骤；如果认为不可行，就要重新设计。

（7）设计供应链。这一步骤主要解决供应链的成员组成、原材料的来源、生产设计、分销任务与能力设计、信息管理系统设计、物流管理系统设计等问题。在设计供应链的过程中，会广泛地应用多种工具和技术，包括归纳法、流程图、模拟和设计软件等。

（8）检验供应链。供应链设计完成以后，应通过一定的方法、技术进行测试、检验或试运行，如不行，返回第（4）步重新设计；如果没有问题，就可实施供应链管理了。

（9）完成供应链设计。

任务实施

伊利集团的冷饮定价方法

1997年以前，北京的冷饮网点几乎被和路雪、雀巢、新大陆等著名品牌垄断。然而在这种情形下，伊利冰激凌却在1997年“杀”进北京市场，并取得了极佳的战绩，这都归功于伊利集团的合理定价和有效性供应链的应用。

一、定价方法

消费者导向定价法。

二、对北京冰激凌市场进行调研

通过调研，伊利集团发现以下一些市场信息：

（1）主要竞争对手有和路雪、雀巢、新大陆等品牌。

（2）上述品牌的产品价格从2元到8元不等，适应了不同档次消费者的需要。

（3）2元以上的产品问的人多、买的人少，6～8元的产品更是少有人问津。

三、经过调研得出结论

对于广大工薪阶层来讲，在选择冰激凌时除了口感以外，价格是主要的决定因素。伊利集团决定采用有效性供应链，寻求优质低价的供应商合作伙伴，选择内蒙古的奶源，组建有效性供应链，其原因主要有以下几个方面：

（1）内蒙古原材料价格比北京低近一半。

（2）内蒙古有较低廉的劳动力。

（3）内蒙古有优质的奶源。

四、有效性供应链运营的结果

1997年，伊利产品借助央视广告及准确定位，迅速打开北京市场，在商业街、旅游景点、胡同、街道等位置设置专卖店，销售渠道以专卖店为主，市场形势骄人。

做一做： 结合上述案例，查找资料，列出有效性供应链和反应性供应链适合的产品特点，并举例说明。

拓展实训

实训一　阳澄湖大闸蟹联合顺丰冷链共建新型生鲜农产品供应链

实训背景

顺丰为阳澄湖大闸蟹提供物流服务 15 年，见证了阳澄湖大闸蟹行业的蓬勃发展。早在 2008 年，顺丰与苏州阳澄湖大闸蟹行业协会达成战略合作，寄出了第一只大闸蟹；2009 年，顺丰首次将“航空”运输应用到大闸蟹寄递领域，为阳澄湖大闸蟹开辟了一条全新的“走出去”道路；2018 年，双方签订深度合作协议，顺丰通过跨国运输让大闸蟹走向世界。

顺丰通过在阳澄湖设立专属中转场地的原产地直发模式，持续加密下沉揽收网点的铺设，并加大人员投入，让蟹农随时随地打包寄件。除此之外，顺丰还为大闸蟹提供“全天恒温、全程冷链”服务，并为大闸蟹包装打造专属标识，以便在各个环节精准识别，实现收－转－运－派全流程的“VIP 优先通道”，护航阳澄湖大闸蟹“全程新鲜”。现在已初步形成“大型有人运输机 + 大型支线无人机 + 末端投送无人机”共同构建的三段式航空运输网络，以实现快件最短时间通达全国或无接触配送。顺丰依托自身强大的供应链能力、专业冷链温控技术以及遍布全国的网络资源优势，以定制化专属物流解决方案，帮助阳澄湖大闸蟹安全、快速、鲜活走向全国各地的餐桌上。

实训目的

了解并掌握反应性供应链的特点。

实训组织

1. 学生自由组合，分成小组
2. 根据给定的材料，结合其他资料，分析“阳澄湖大闸蟹”等生鲜产品的供应链。

（1）画出某一种具体生鲜产品的供应链结构图。

（2）分析生鲜供应链与传统供应链有什么不同之处。

实训评价

从调研报告内容完整性、展示效果、报告规范性、工作态度等方面进行综合评价。

实训二　规划设计能力训练

实训背景

设计产品供应链时，供应链失败的一个原因是缺乏对需求本质的了解，从而导致供应链设计与产品特性不一致。选择身边熟悉的一种产品，如电脑、食品、服装、家用汽车、手机等，探讨这种产品的供应链应设计成哪种类型？设计该类型的供应链时应侧重什么？该类型的供应链应选择什么样的库存策略？

实训目的

了解产品供应链设计的内容和原则，掌握产品与供应链类型的匹配方法，以及产品供应链的优化措施。

实训准备

走访超市，了解各种产品的类型、特点、需求特性；通过知识学习，了解供应链的类型及其特点；掌握产品供应链的设计要领。

实训组织

（1）学生自由组合成小组，每组 3 ～ 4 人。

（2）学生自行选择一种产品，分析其特性。

（3）结合所选产品及其特性，设计产品供应链，明确供应链类型和管理重点。

（4）形成设计方案，全班分享。

实训评价

教师对各组供应链设计方案做出综合评价。

项目测评

一、判断题

1．现代供应链的概念更加注重围绕核心企业的网链关系。（　　）

2．供应链再造的目的在于合理设计供应链，简化物流渠道，使物流更加通畅。（　　）

3．拉式市场的供应链系统比推式市场的供应链系统对需求信息的把握更加准确与及时。（　　）

4．设计和运行一个有效的供应链对于部分制造企业至关重要。（　　）

5．自上而下的设计方法是从局部的功能实现走向全局的功能集成的设计方法。（　　）

6．实施供应链合作关系就意味着新产品 / 技术的共同开发、数据和信息的交换、市场机会共享和风险共担。（　　）

7．有效性供应链更注重时效性。（　　）

8．虚拟企业是在经济交往中，一些独立企业为了共同的利益和目标在一定时间内结成的相互协作的利益共同体。（　　）

9．合作伙伴关系会提高来自合作双方的机会主义行为。（　　）

10．合作伙伴关系有可能受到团队中强势群体的操控，但这并不影响弱势伙伴潜能的发挥。（　　）

二、单选题

1．拉式供应链模式的流程为（　　）。

A．生产商—零售配送中心—零售商店

B．生产商—零售商店—零售配送中心

C．消费者购买商品—零售商店—零售配送中心—生产商

D．消费者购买商品—生产商—零售商店—零售配送中心

2．新型供应链模式生产方式可概括为（　　）。

A．强调大规模生产　　B．大规模定制，为客户定制产品或服务

C．完全为客户量身定做　　D．多批次，小批量生产

3．下列不属于功能性产品特点的是（　　）。

A．一般用于满足用户的基本需求　　B．产品变化很少

C．较长的生命周期　　D．边际利润较高

4．集成化供应链设计是企业模型的设计，它从更广泛的思维空间——企业整体角度去构造企业蓝图，是扩展的企业模型。下面不属于集成化供应链设计的是（　　）。

A．物流系统　　B．信息和组织　　C．价值流　　D．客户体系

5．构建和设计一个供应链，首先要考虑供应链的运行环境。下面不属于供应链考虑的因素是（　　）。

A．政治　　B．文化　　C．经济　　D．人口

三、简答题

1．简述供应链设计的原则。

2．简述供应链设计的相关因素。

3．简述供应链的设计策略。

四、论述题

1．试比较推式供应链和拉式供应链的优缺点。

2．说明功能性产品和创新性产品适合的供应链类型及相关产业。

项目三

供应链的协调与优化

学习目标

知识目标：

1．了解牛鞭效应的概念、危害及成因。
2．理解供应链协调的障碍因素。
3．了解供应链协调的解决办法。
4．了解供应链伙伴关系的含义。
5．理解供应链伙伴关系的特征及作用。
6．了解供应链伙伴关系的种类。
7．理解供应链预测的重要性。
8．了解预测的常用方法及影响因素。
9．理解信息共享的内容及优点。
10．了解约束理论优化供应链的理念。

技能目标：

1．能根据企业实际需求重构合作伙伴的评价指标并通过 AHP 法完成合作伙伴的选择。
2．能正确使用时间序列预测法预测市场需求。

素养目标：

1．认同供应链协调中的协作共赢理念，认同法治与契约精神。
2．养成团队合作、精益求精的职业素养。

项目导学

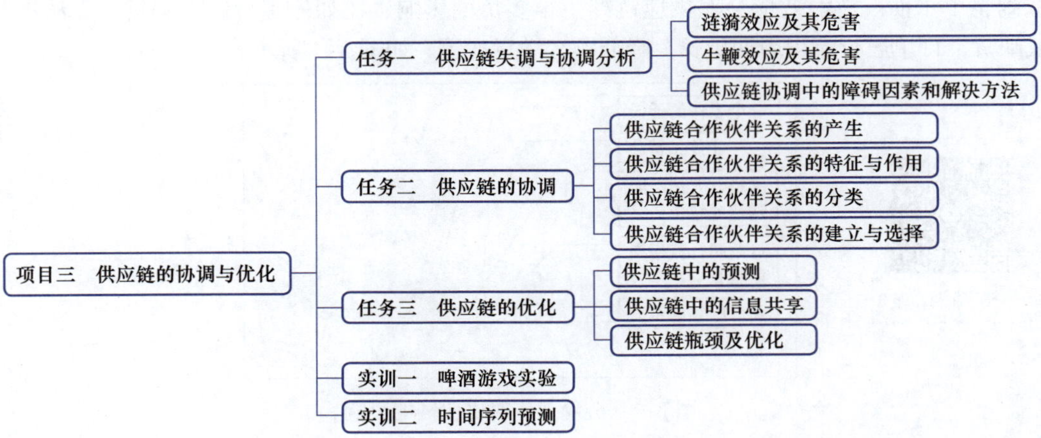

任务一 供应链失调与协调分析

供应链失调造成的牛鞭效应（Bull-whip Effect）会造成供应链节点企业出现缺货与高库存并存的现象，继而给供应链运营造成诸多负面影响，因此，厘清供应链失调的原因及供应链协调的障碍，找出供应链协调的方法，缓解牛鞭效应，是供应链管理要解决的重要问题。

学习导入

“帮宝适”与牛鞭效应

美国宝洁公司开发部经理米勒先生新添了一个可爱的小孙女。在享受天伦之乐之余，米勒先生常常被频繁地换洗尿布所困扰。几番折腾之后，他萌生了一个大胆的念头：与其忙得满头大汗，为什么不发明一种产品，让大家彻底摆脱换洗尿布之苦呢？后来“帮宝适”一次性纸尿裤便诞生了。

20 世纪 90 年代中期，宝洁公司在对“帮宝适”婴儿纸尿裤的销售状况进行调查时发现了一个奇怪的现象：零售商店的纸尿裤销售情况虽然存在着波动，但并不强烈；然而分销商给宝洁的订单却波动得很厉害。宝洁公司进一步调查发现，宝洁向原材料供应商订购原材料的波动情况更加惊人，这就产生了供应链上信息传递的扭曲。实际上，这就是著名的牛鞭效应。

思考：牛鞭效应会给供应链带来什么样的危害？

知识学习

一、涟漪效应及其危害

接单到交货之间的流程由很多活动互相联结和配合才能完成，称为订单履行流程。而其间所经历的订单处理时间、生产前置时间、生产组装时间、配销运送时间等的总和，称为订单履行流程的周期。涟漪效应是指供应链上某一个活动的延误，比如某个零件的缺失，将造成整个供应链订单履行流程周期延长与效率的降低，就像在水面上丢入一颗小石头泛起一圈圈的涟漪，扩散到整个水面。涟漪效应会对供应链产生很多负面影响，比如停工待料，囤货、无法准时送达或缺货，订单履行流程周期延长，降低顾客满意度等，如图 3-1 所示。

涟漪效应

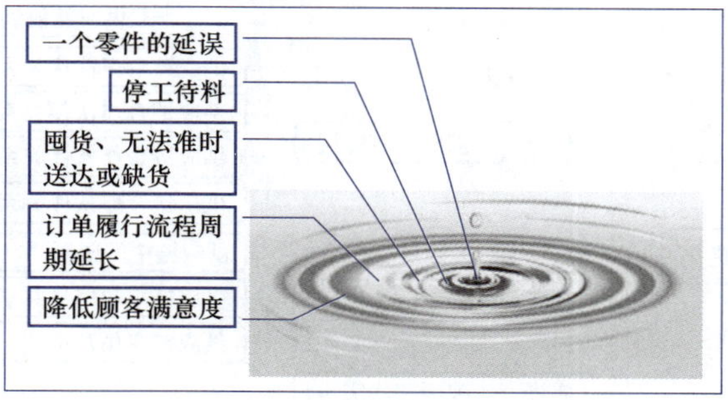

图 3-1 涟漪效应对供应链的影响

二、牛鞭效应及其危害

牛鞭效应是订单波动沿着供应链从下游往上游不断增大的现象。

除了宝洁公司，还有许多企业也都发现了牛鞭效应。例如，惠普公司发现产品需求有一定的波动，但打印机部门和集成电路板部门的订单波动更大。这使得惠普很难按时完成订单，除非增加成本来完成订单。服装和杂货业也有类似的现象，订单的波动沿着供应链向上从零售商到制造商不断增大。某婴幼儿奶粉供应链上的牛鞭效应如图 3–2 所示。

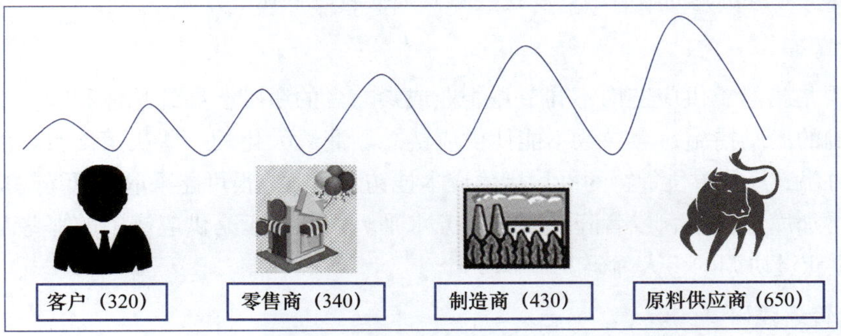

图 3–2　某婴幼儿奶粉供应链上的牛鞭效应

供应链上的需求变异放大现象，是信息流从最终客户端向原料供应商端传递时，出现的需求信息越来越大的波动，这种信息扭曲的放大作用在图形上很像一根甩起的牛鞭，因此被形象地称为牛鞭效应，如图 3–3 所示。我们把处于供应链上游的供应方比作梢部，供应链下游的用户比作根部，一旦根部抖动，传递到末梢端就会出现很大的波动。

牛鞭效应

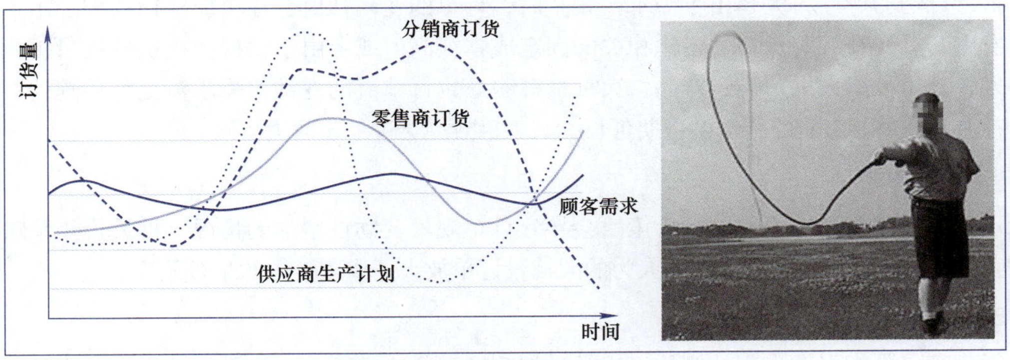

图 3–3　牛鞭效应

牛鞭效应产生的原因可能是订单被夸大、价格变动（如预期市场价格上升而大量订购）、前置时间变化（如订单更改后所需的待料时间变长）、需求预测及批量订购不准确等。由于牛鞭效应，供应链上的企业必须满足比客户需求更大的订单，这显然增加了供应链中的生产成本、库存成本、运输成本以及发货收货的劳动力成本；牛鞭效应延长了供应链中的补货提前期，使供应链上的企业的生产计划比平稳需求时更难安排，甚至生产能力和库存不能满足订单；因牛鞭效应的存在，过大的订单波动使供应链上的企业很难按时满足订单，增大了零售商的缺货率，降低了产品的可获性水平；牛鞭效应对供应链上的每个环节都有负面影响，从而损害了供应链上企业之间的合作，使得供应链的协调更加困难。

三、供应链协调中的障碍因素和解决方法

（一）供应链协调中的障碍因素

任何导致供应链上不同节点企业只注重自身利益的最优化或者信息扭曲和变动性增加的因素，都是实现供应链协调的障碍因素。这些障碍因素有以下几个方面：

1. 激励障碍

激励障碍是指给予供应链内不同节点企业或参与者的激励会导致总体利润下滑的趋势。只注重局部影响的激励措施，会导致不能使供应链总利润最大化的一些决策出台。例如，如果运输部门经理的薪酬只与单位货物的平均运输成本挂钩，那么他很可能采取降低运输成本的措施，但这样做会增加库存成本，或者降低客户服务水平。因此，正是供应链中的那些互不匹配的目标，构成了供应链协调的一大障碍。

2. 信息传递障碍

信息传递障碍是指需求信息在供应链不同节点企业之间的传递过程中发生扭曲，从而导致供应链内订购量的变动性增加。随着订单沿供应链上溯至制造商和供应商，按照接收到的订单进行预测，会使顾客需求的变动性扩大。而且供应链内各节点企业无法共享信息，这也加重了牛鞭效应。

3. 运营障碍

运营障碍是指在发出订单和完成订单的过程中所采取的导致变动性增加的各种行动。当公司大批量订购的产品大大超出了需求扩张量时，订单的变动性就会在供应链内放大。由于与订单的发出、接受及订购货物的运输相关的固定成本很高，或者由于供应商提供的批量折扣的优惠很大，公司可能大批量订购产品。大批量订购导致订单流的变动比需求流更加不规律。如果供应链内节点企业之间的补给供货期延长，则牛鞭效应会进一步放大。

4. 定价障碍

定价障碍是指某一产品的定价策略会导致订单规模变动性增加的情况。批量折扣策略扩大了供应链内订单的批量规模，这种人为的大批量订单放大了供应链内的牛鞭效应。

5. 行为障碍

行为障碍是指引发牛鞭效应的组织内认知问题。这些问题往往与供应链构成方式及不同节点企业之间的沟通方式有关。其中的一些行为障碍是：供应链的每个节点企业只是局部看待自身行为，而未考虑到其行为对其他节点企业所造成的影响；供应链的不同节点企业只对眼前局部形势做出反应，而未能追根溯源；由于缺乏信任，不同节点企业之间不能共享或者忽视得到的信息等。

（二）供应链协调中的解决方法

作为管理者，应采取有效的措施扫除供应链内的障碍，实现供应链的协调。下列管理措施

将有助于缓解牛鞭效应，提高供应链总利润。

（1）使激励措施和目标保持一致。管理者可以通过使激励机制和目标保持一致，来实现供应链的协调，使供应链内的每个参与者的行为都以供应链总利润最大化为目标。公司内部要实现决策协调，必须确保每个部门用以评估决策的目标与公司总体目标相吻合。

（2）提高信息的准确度。管理者可以通过提高供应链内不同节点企业之间可获得信息的准确度，来实现供应链的协调。供应链各节点企业之间共享销售数据，会有助于缓解牛鞭效应。一旦销售量数据得以共享，如果要实现完全的协调，则供应链的不同节点企业必须联合进行预测和规划。

（3）提高运营业绩。管理者可以通过提高运营业绩，设计合适的产品配给方案，以防出现商品短缺，来缓解牛鞭效应。通过缩短补给供货期，能够减少供货期间需求的不确定性，同时，通过缩小批量规模也可以降低需求波动的幅度，从而缓解牛鞭效应。

（4）设计定价策略以稳定订单规模。管理者可以通过设计定价策略，鼓励零售商小批量订购，减少超前购买，来缓解牛鞭效应。在以总量为基础的数量折扣策略下，可消除零售商扩大批量规模的动机，因为这种折扣方式考虑的是某一特定时期的购买总量，而不是某一笔交易的购买量。以总量为基础的数量折扣导致小批量订购，从而降低了供应链订单的变动性。

（5）构建合作伙伴关系和信任机制。一旦在供应链内建立了战略伙伴关系与信任机制，管理者便更容易采取上述措施来缓解牛鞭效应，实现供应链协调。各节点企业之间相互信任，共享准确信息，有助于降低成本，在供应链内实现供需平衡。良好的合作关系往往能降低供应链节点企业之间的交易成本。交易成本的降低及准确信息的共享，有助于缓解牛鞭效应。

任务实施

小吴的苦恼

××科技股份有限公司是一家集科研、设计、生产、销售、服务于一体的高新技术企业，下辖智能晾衣架制造、太空铝卫浴制造、不锈钢五金制造、研发设计中心、电子商务中心、营销中心、国际贸易中心等各大事业部。主营智能晾衣架、卫浴五金、水暖五金、门用五金、厨房收纳、厨房小工具、家居置物架等各类产品。公司涉及的平台有天猫、京东、当当网等。

小吴是应届毕业生，目前在智能晾衣架制造事业部实习，主要负责日常库存监管和采购，与供应商直接沟通，跟踪货品的生产进度，及时反馈给旗舰店和各大分销商。在实习期间，小吴遇到了一系列让她很苦恼的问题。

由于公司采用全渠道战略，线上线下销售渠道众多，线上有在各大平台开设的旗舰店，线下有多个大小不一的经销商。公司经营的锁具种类较多，不同种类的锁具不定期搞促销活动。由于促销活动没有长期的规划，销售部门通知小吴备货的时间较短，而且对促销品促销期间的销量也没有相对准确的把握，加上线下经销商也会因为促销而加大购买量，在线上线下销量均不确定的背景下，小吴为防止促销期间缺货，备货量往往是平时的数倍，而晾衣架原材料的供应商由于不知道该公司的促销计划，在接到小吴高于平时数倍的订单时，往往由于库存不足，并不能按交货期准时交货，因为供应商还有其他客户，且生产计划已于数周前排定，小吴的订单超出了供应商的预期，供应商只能将其作为意外的订单排在后面的生产计划中，最终导致交货期比平时要延迟3～5天，有时甚至延迟达10天左右。平时能够维持两周的库存在促销活动下，往往2～3天就会被消耗殆尽。有时，小吴下单后发现销量超出自己的估计，会向原材料供应商追加订单。由于供应商无法按时交货，在产品脱销的情况下，促销活动往往被迫中止。而往往在促销活动中止后没几天，供应商就会把货送到，有时追加的订单和之前的订单会一起送到仓库门口，面对这么多的存货，小吴又要为安排仓库货位发愁，主管也会因此责怪小吴没有做好采购工作，下了太多的订单。为此，主管要求小吴及时查找原因并提出合理的解决方案。

做一做：假如你是小吴，请提出一个合理的解决方案。

任务二 供应链的协调

供应链伙伴关系是实现供应链协调的基础，通过签订伙伴关系协议，供应链上下游企业可以实现信息共享，在此基础上，各节点企业围绕供应链目标开展不同层次的协作是实现供应链协调的基本范式。

学习导入

本田美国分公司与其供应商的合作伙伴关系

位于俄亥俄州的本田（Honda）美国分公司，强调与供应商之间的长期战略合作伙伴关系。本田美国分公司总成本的80%左右用于向供应商采购。本田美国分公司与供应商之间是一种相互信赖的长期合作关系。如果供应商达到本田美国分公司的业绩标准，就可以成为它的终身供应商。本田美国分公司也在以下几个方面向供应商提供支持与帮助：

（1）派遣2名员工协助供应商改善员工管理。

（2）在采购部门设置40名工程师协助供应商提高生产率和质量。

（3）质量控制部门配备120名工程师，解决进厂产品和供应商的质量问题。

（4）在塑造技术、焊接、模铸等领域为供应商提供技术支持。

（5）成立特殊小组帮助供应商解决特定的难题。

（6）直接与供应商上层沟通，确保供应商的高质量。

（7）定期检查供应商的运作情况，包括财务状况和商业计划等。

（8）外派高层领导人到供应商所在地工作，以加深本田美国分公司与供应商相互之间的了解及沟通。

本田与唐纳利（Donnelly）公司的合作关系就是一个很好的例子。本田美国分公司从1986年开始选择唐纳利为它生产全部的内玻璃，当时唐纳利的核心能力就是生产汽车内玻璃，随着合作的加深，双方的关系越来越密切（部分原因是相同的企业文化和价值观），本田美国分公司开始建议唐纳利生产外玻璃（这不是唐纳利的强项）。在本田美国分公司的帮助下，唐纳利建立了一个新厂生产本田汽车的外玻璃。它们之间的交易额在第一年为500万美元，到1997年则达到6 000万美元。

在一段时间内，美国的消费价格指数上涨了 11 个百分点，而本田美国分公司通过与几家超级供应商的通力合作，实现了 19% 的成本缩减。

思考：什么是供应链伙伴关系？供应链伙伴关系为什么会产生？供应链伙伴关系有哪些特征？

知识学习

一、供应链合作伙伴关系的产生

在供应链管理的研究中，伙伴关系（Partnership）又称供应链合作伙伴关系（Supply Chain Partnership）或战略联盟（Strategic Alliance），是指在供应链内部两个或两个以上独立的成员之间形成的一种协调关系，以保证实现某个特定的目标或效益。美国学者道格拉斯·M. 兰伯特对供应链合作伙伴关系的定义是：合作伙伴关系是一种定制的商业关系，它通过相互信任、公开、共担风险和共享利益使合作企业获得竞争优势，并能够获得比企业各自独立运营时更好的商业绩效。

供应链的合作关系大致经历了三个阶段：传统的企业关系、物流合作关系以及供应链合作伙伴关系。随着市场竞争因素的不断变化，企业之间的集成度也不断增强。企业之间由传统的企业关系经由物流合作关系逐渐发展成了供应链合作伙伴关系，具体如图 3-4 所示。

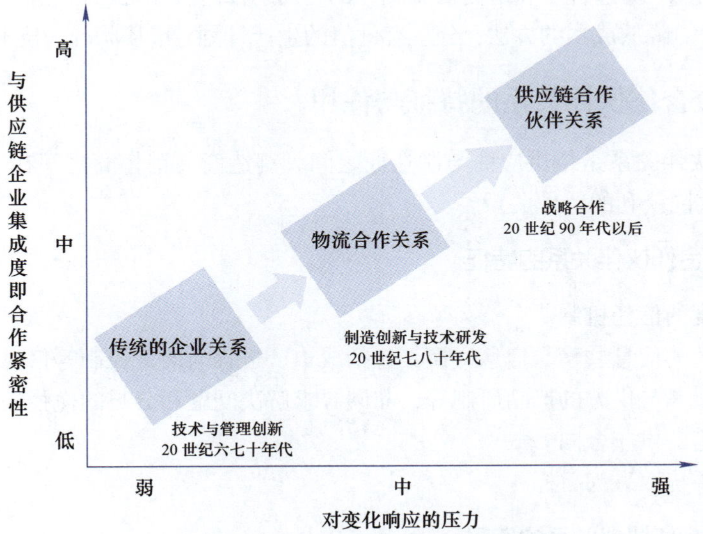

图 3-4 供应链合作关系三个阶段

第一阶段为传统的企业关系阶段，在传统的观念中，企业关系主要是“买—卖”关系，所以企业的管理理念是以生产为中心的，企业间缺乏沟通与合作。第二阶段为物流合作关系。在第一阶段向物流合作关系模式转化方面，准时制生产和全面质量管理等一些先进的管理思想起到了推动作用。企业意识到必须加强部门间、企业间的合作与沟通，才能达到物流同步化的要求。但是，基于简单物流关系的企业合作关系还有一定的局限性，比如在信息共享、协作性、同步性以及柔性等方面都不能很好地适应激烈的市场竞争。企业需要提高合作的层次，企业关系进入第三阶段——供应链合作伙伴关系，产生了基于战略伙伴关系的企业模型。

具有战略伙伴关系的企业，体现了供应链优化的思想。产品从研发到投放市场的周期大大缩短，柔性和敏捷性显著增强，虚拟制造与动态联盟加强了业务外包这种策略的利用。企业间从宏观、中观、微观上都实现了相互作用的集成。在宏观方面，企业之间实现了资源的优化配置，进行业务外包；在中观方面，以信息技术为支持实现信息共享；在微观方面，进行同步化生产，并提供后勤保障，进行服务协作。这是一种最高级别的企业集成模式。

传统的企业交易关系和供应链合作伙伴关系的区别如下：

1. 传统的企业交易关系

这是一种短期的、松散的、互相竞争的关系。在这种基本关系中，买卖双方竞争的核心就是价格。双方的交易如同零和博弈，一方的获利就是另一方的损失。双方都希望能从对方争取到尽可能多的利益和做出最少的让步。关键原因是这是一种短期关系，脆弱易断。在这样的交易中，焦点更多地集中在降低成本并保证供应上，不会考虑合作以创造更大的利润空间。

2. 供应链合作伙伴关系

供应链合作伙伴关系萌芽于20世纪70年代后期的日本汽车业，发展成熟于20世纪80年代中后期。随着质量管理、精益生产和准时制生产的实施，日本汽车制造商通过与供应商发展长期稳定的合作型关系获得了运营的成功。以合作为基础的关系模式强调在合作的供应商和生产商之间共同分享信息，通过合作和协商协调相互的行为。合作伙伴之间相互信任，关系长期稳定，共同寻求改善质量、降低成本的方法；分享有价值的生产计划、市场状况、技术等多方面的信息。

二、供应链合作伙伴关系的特征与作用

供应链合作伙伴关系是指供应商与制造商之间、制造商与销售商之间在一定时期内共享信息、共担风险、共同获利的协作关系。

（一）供应链合作伙伴关系的特征

（1）双方高度的信任机制。

（2）双方有效的信息共享与信息交换，包括成本、进程与质量控制等信息。

（3）需方直接参与供方的产品研制等，共同寻求解决问题和分歧的途径。

（4）长期稳定的供应合同。

（5）以实现系统双赢为目标。

（二）供应链合作伙伴关系的作用

（1）提高预测准确性，控制牛鞭效应。

（2）缩短提前期，提高市场响应速度。

（3）强化企业的核心竞争力，提升供应链竞争力。

（4）增加客户满意度。

可以看出，若供应链合作伙伴关系能够以较低的成本给用户提供同样的服务或产品，或者以同样的成本能够提供更好的服务或产品，此供应链就能在激烈的竞争中取得优势。

实施供应链合作伙伴关系意味着新产品 / 技术的共同开发、数据和信息的交换、市场机会共享和风险共担。在供应链合作关系的环境下，供应链合作伙伴不再只考虑价格，而是更注重选择能在优质服务、技术革新、产品设计等方面提供合作的伙伴。供应链合作伙伴关系的潜在效益，往往在其建立后 3 年左右甚至更长的时间，才能转化成实际利润或效益（见表 3–1）。企业应以战略的眼光看待供应链合作带来的整体竞争优势。建立战略合作伙伴关系是供应链战略管理的重点，也是集成化供应链管理的核心。

表 3–1 供应链战略合作伙伴带来的利益

对象	利益
制造商 / 买方	降低成本（降低合同成本）
	实现数量折扣，稳定而有竞争力的价格
	提高产品质量和降低库存水平
	改善时间管理
	缩短交货提前期和提高可靠性
	提高面向工艺的企业规划
	更好的产品设计和对产品变化更快的反应速度
	强化数据信息的获取和管理控制
供应商 / 卖方	保证有稳定的市场需求
	更好地了解 / 理解用户需求
	提高运作质量
	提高零部件生产质量
	降低生产成本
	提高对买方交货期改变的反应速度和柔性
	获得比非战略合作关系的供应商更高的利润
双方	改善相互之间的交流
	实现共同的期望和目标
	共担风险和共享利益
	共同参与产品和工艺开发，实现相互之间的工艺集成、技术和物理集成
	减少外在因素的影响及其造成的风险
	降低投机思想和投机概率
	增强矛盾冲突解决能力
	在订单、生产、运输方面实现规模效益以降低成本
	减少管理成本
	提高资产利用率

三、供应链合作伙伴关系的分类

供应链合作伙伴可以分为两个层次：重要合作伙伴和次要合作伙伴。如何定义“重要”和“次要”的合作伙伴？需要将合作伙伴进行定位。

（一）基于合作增值性和实力分类

企业与其合作伙伴建立的合作关系不同，合作增值性有强弱之分。

合作伙伴与其他同类企业相比，在产品和工艺的设计能力、特殊工艺能力、生产柔性、项目管理能力等方面的竞争力存在差别，竞争实力有高低之别。

因此，以合作增值性为纵轴，以合作伙伴的市场竞争实力为横轴，根据合作伙伴的合作增值性和竞争实力进行分类，分类矩阵如图 3-5 所示。

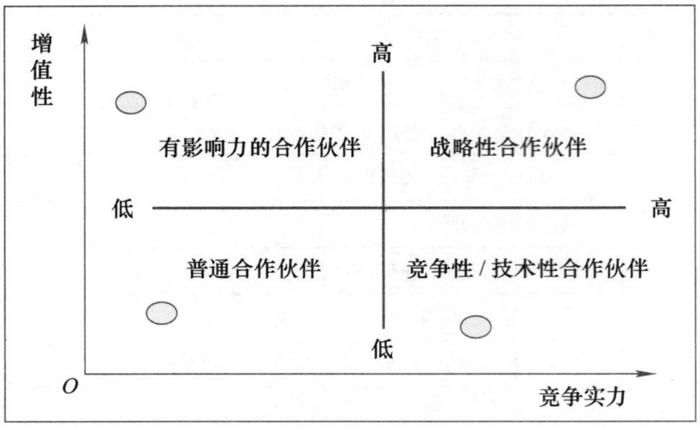

图 3-5　分类矩阵

1. 战略性合作伙伴

图 3-5 中的右上矩阵，合作的增值性大且合作伙伴的市场竞争实力也强，这类合作是“强—强”联合，属于最理想的合作伙伴，需要考虑合作的持久性，建立战略性合作伙伴关系。

2. 有影响力的合作伙伴

图 3-5 中的左上矩阵，合作的增值性大，但合作伙伴在其专业领域中实力较弱，其市场竞争实力不足。这类合作是“强—弱”联合，也属于理想的合作伙伴。“强—弱”联合关系比较稳定，称为有影响力的合作伙伴。

3. 竞争性 / 技术性合作伙伴

图 3-5 中的右下矩阵，合作伙伴自身的市场竞争实力较强，但合作的增值性并不大，这类合作是“弱—强”联合。合作的对方实力较强，组织管理能力和技术水平高，可能是理想的合作伙伴，也可能成为竞争对手。如果对方没有纵向一体化扩张的野心，由于他们的管理和技术都很好，在合作过程中，可以从他们那里学到很多有益的技术和经验，获得技术支持服务，也属于理想的合作伙伴，称为技术性合作伙伴关系；如果对方倾向于纵向一体化扩张，更多体现为竞争性关系，属于合作性竞争，称为竞争性合作伙伴关系，合作关系的紧密程度应该降低，尤其要注意合作风险。

4. 普通合作伙伴

图 3-5 中的左下矩阵，合作的增值性较小，而且合作伙伴自身的市场竞争实力也不强，这类合作是“弱—弱”联合，不属于理想的合作伙伴关系，称为普通伙伴关系。对于普通合作伙伴，

企业只需与他们保持供货交易关系，基于物流作业层面的低层次往来，不必列为企业发展的合作伙伴，而是希望更多的此类伙伴参与投标，从而选择价位上最有利的一家保持交易关系。

落实到决策层面，上述四种合作伙伴该如何选择呢？通常有两种思路：一是只选择战略性合作伙伴作为合作伙伴。二是根据需求不同做出合理的选择，对于长期需求而言，要求合作伙伴能保持较高的竞争力和增值率，因此最好选择战略性合作伙伴；对于短期或某一短暂市场需求而言，只需选择普通合作伙伴满足需求即可，以保证成本最小化；对于中期需求而言，可根据竞争力和增值率对供应链的重要程度的不同，相应地选择有影响力的或竞争性 / 技术性的合作伙伴。现实中的供应链伙伴关系大多指的是战略性伙伴关系。

供应链合作伙伴关系的类型

（二）基于合作关系紧密程度分类

在现实的经济活动中，每个企业都会与许多客户和供应商进行业务往来，有众多合作伙伴。事实上，并非所有的客户对企业的边际贡献都是同等的，也并非所有的供应商都是同样重要的，一家公司不可能与其所有的客户和供应商保持同样的关系。企业之间的关系从疏远到亲密的过渡如图 3-6 所示。

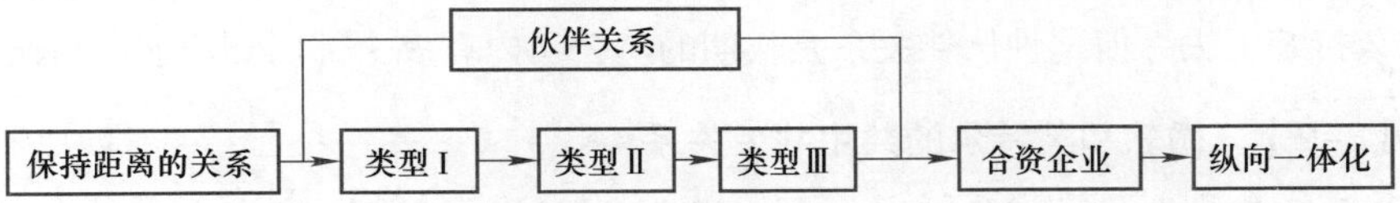

图 3-6　紧密程度划分

图 3-6 最左端是保持距离的关系。买卖双方是一种较为疏远的交易关系，交易结束时，关系也就随之结束。这是企业间普遍存在的关系类型。

接着就过渡到伙伴关系，根据伙伴关系的持久程度、范围、强度和紧密性情况，伙伴关系可以分为以下三种类型：合作、协调、协作（也称为战略联盟，Strategy Collaboration），如表 3-2 所示。

表 3-2　伙伴关系三种类型的比较

伙伴关系类型	活动	时间范围	活动范围
合作 Cooperation	少量供应商 长期合同	短期	少量功能领域
协调 Coordination	信息共享 在制品相互关联 数据交换	长期	多个功能领域
协作 Collaboration	供应链 整合 联合计划 技术共享	通常不存在到期日	每一方把另一方看作是自己公司的一个拓展

（1）类型 I（合作关系）：处于这种关系中的组织互相将对方看作是合作伙伴，在有限的基础上协调活动和计划。这种伙伴关系通常有一个短期的目标，只涉及双方组织中的一个职能领域。

【案例 3–1】 中国电信襄阳分公司和中国邮政集团襄阳分公司合作关系

2018 年 8 月，中国电信襄阳分公司和中国邮政集团襄阳分公司签署战略合作协议，在渠道共建、市场开发方面展开合作，构建“资源共享、优势互补、合作共赢、共同发展”的合作新格局。

根据合作协议，双方共同探索线上、线下渠道资源联合运营，将双方有条件的所有网点和加盟店进行互助的业务叠加，扩大渠道经营范围，增加网点服务功能。

襄阳邮政的现有营业网点和邮乐购门店增加翼支付的支付方式，成为翼支付联盟商家。襄阳电信渠道站点增加金融类业务协办、邮务类业务代办和包裹代投代取等服务功能，襄阳邮政站点可提供代收电信话费，天翼手机终端 / 号卡销售以及客户实名等业务办理。双方选择有条件的乡镇自有网点联合开展邮政、电信合作营业厅建设。此外，双方在重大活动中相互支持。在校园市场、商贸市场、大型社区等各类客户群的宣传营销活动中，双方努力将现有营销人员、投递人员整合共建成为双方共同的营销及维护队伍，积极创新联合营销模式。合作实现了双方在客户、渠道、营销等领域的共享，实现了共赢的目标。

（2）类型Ⅱ（协调关系）：参与超越了活动的协调，达到了活动的集成。虽然并不期望伙伴关系会永久持续下去，但这种伙伴关系是长期的。公司内有多个部门和职能参与伙伴关系。

【案例 3–2】 微软和英特尔的共生共荣关系

微软和英特尔共生共荣关系的建立是在 20 世纪 80 年代后期。微软和英特尔曾联手统治了个人计算机市场。以前个人计算机产业完全是在两家公司的掌控之下，因此业界称英特尔和微软的组合为“Wintel”，甚至被看作是垄断的代名词。

在 Windows 7 操作系统的发布过程中，双方进行了比以往更为密切的合作。英特尔的一些工程师过去数年中进驻微软总部工作，他们的任务是确保 Windows 7 操作系统能较好地在英特尔芯片上运行。通过合作，英特尔的芯片和微软的软件都得到优化。Windows 7 的成功，主要归功于微软与其硬件合作伙伴英特尔的协调伙伴关系。然而时代变迁，如今的个人计算机已不再局限于放在桌上、膝上，还能持于手上。微软和英特尔的关系也发生了变化。

（3）类型Ⅲ（协作关系）：组织共享高水平的集成。每一方把另一方看作是自己公司的一个拓展。通常，这种伙伴关系不存在到期日。

【案例 3–3】 可口可乐和麦当劳的合作伙伴

可口可乐和麦当劳之间的关系被认为是第三种合作伙伴关系。虽然可口可乐公司也向其他餐馆供应饮料，但它与麦当劳的关系却不仅仅是简单的卖方与买方的关系，它们之间的紧密合作可以追溯到麦当劳 20 世纪 50 年代刚刚诞生之时。几十年来，为了顺应全球化和核心竞争的需要，可口可乐公司与麦当劳结成了营销战略联盟，充分利用联盟伙伴的优势，来捍卫各自的王者地位。在联盟的过程中，可口可乐和麦当劳不断更新业务运行的结构和模式，扩大品牌和产品的范围，拓展分销渠道，探索新的市场机会和进入高增长的市场。两者的战略联盟让各自的业绩光彩耀人。

企业间关系进一步亲密，就过渡到合资关系。合资企业是由两个或多个企业共同组建并拥有的一个单独实体，涉及双方共同所有权。出于产品或服务供应上的考虑而成立合资企业的理由与合作伙伴关系的理由相似。但合作伙伴关系是通过独立企业之间的合作来实现这些目标的，而合资企业则通过所有权提供更直接的影响。以特斯拉为例，特斯拉的电池是松下提供的，它与松下的合作方式是单独合资建厂，生产要求由特斯拉说了算，控制程度可见一斑。

供应链合作伙伴关系最后过渡到纵向一体化（内部供应）。由企业自身提供某些产品或服务，而不是从供应市场上采购。内部供应能给企业对于某一产品或服务的最大控制力。

四、供应链合作伙伴关系的建立与选择

（一）建立供应链合作伙伴关系的步骤

建立供应链上的合作伙伴关系有以下几个关键步骤：

第一步，评估合作关系的价值。这是指供应链上的企业要能够清楚地确认合作能给双方带来的利益。如果供应链上的企业不相信供应链总利润的增长会公平分享，它们就不会采取有利于合作的行动，所以公平是一个比较重要的标准。除此之外，供应链上的企业还要能够确认每个企业的贡献和它们能够获得的利益。比如在实行延迟策略时，要明确参与此措施的制造商和供应商各自的角色和增加的利润如何在双方之间分配。当然，这种机制可以是柔性的，允许调整各自的贡献和利润的分配。

第二步，确定标准，选择供应商，选择合作伙伴。

第三步，正式建立合作关系。此时要注意确认供应链上企业的运作角色和决策权力，并建立有效的冲突解决机制。在确认供应链上企业的运作角色和决策权力时，要考虑因合作伙伴关系所带来的依赖性。例如，宝洁公司和沃尔玛公司努力通过协作预测和补货团队来实现相互依赖，这个团队由两家公司的员工共同组成，实现信息共享，进行生产和补货决策。互相依赖要求加大管理力度，如果不能很好地管理，可能会增加交易成本。在任何关系中都会出现冲突，冲突的解决方案对合作关系的影响是巨大的，有效的冲突解决机制能显著加强供应链关系。

中国传统文化中的和合精神

第四步，实施和加强合作关系。这个步骤包括实施和加强合作关系，或者解除无益的合作关系。

（二）供应链合作伙伴关系选择的指标体系

供应链合作伙伴关系选择指标体系是选择合作伙伴时的依据。指标选择是否合适、标准设置是否合理，关系到企业是否能选择到最佳的合作伙伴。供应链合作伙伴关系选择指标体系的构建和企业选择合作伙伴的目标、所处行业等因素有关，具有问题依赖性。表 3–3 给出一个较为典型的供应链合作伙伴关系选择指标体系，具体应用时可根据需要适当增减。

表 3–3 供应链合作伙伴关系选择指标体系

目标	准则		指标
供应链合作伙伴评价体系	合作伙伴的基本条件	外部环境	自然地理环境
			社会文化环境
			政治法律环境
		行业排名	行业排名
		产品范围	产品范围
	合作伙伴的业务能力	质量	质量体系
			产品合格率
			返修退货率
		成本	产品价格
			劳动力成本
			技术成本
		服务	顾客满意度
			顾客投诉解决能力
		交货能力	订货提前期
			准时交货率
			订货满意率
		财务状况	固定资金周转率
			库存周转率
			现金比率
			流动比率
		企业信誉	合同执行率
			行业口碑
			用户知名度
	企业外部合作能力	信息能力	信息传递的准确性
			信息传递及时性
			信息传递先进性
		兼容性	战略一致性
			企业文化兼容性
			信息平台兼容性
		企业发展能力	资产投入增长率
			利润增长率
			市场占有率

（三）供应链合作伙伴关系选择的方法

选择合作伙伴要考虑很多因素，选择的方法也很多，下面简单介绍几种目前国内外较常用的方法。

1. 直观判断法

直观判断法主要是通过倾听和采纳有经验的采购人员的意见，或者直接由采购人员凭经验做出判断。这种方法常用于选择非主要原材料的合作伙伴。

2. 协商选择法

协商选择法是指企业在众多供应商中选出几个供应条件对自己较为有利的合作伙伴，同他们分别进行协商，再确定适当的合作伙伴。这种方法适于采购时间紧迫、投标单位少、竞争程度小、订购物资规格和技术条件复杂的情况。

3. 招标法

招标法是指由企业提出招标条件，各招标合作伙伴进行竞标，然后由企业决标，最后和提出最有利条件的合作伙伴签订合同或协议。这种方法一般在订购数量大、竞争激烈的情况下采用。

4. 采购成本比较法

采购成本比较法是指对于供货质量和交货期都能满足要求的合作伙伴，通过计算采购成本来进行比较分析，选择采购成本较低的合作伙伴。采购成本一般包括售价、采购费用、运输费用等支出。

5. 层次分析法

层次分析法是 20 世纪 70 年代由著名运筹学家托马斯·L. 萨蒂提出的。它的基本原理是根据具有递阶结构的目标、子目标（准则）、约束条件、部门等来评价方案，采用两两比较的方法确定判断矩阵，然后把判断矩阵的最大特征相对应的特征向量的分量作为相应的系数，最后综合给出各方案的权重（优先程度）。由于该方法让评价者对照相对重要性函数表，给出因素两两比较的重要性等级，因而可靠性高、误差小；不足之处是遇到因素众多、规模较大的问题时，该方法容易出现问题，如判断矩阵难以满足一致性要求，往往难于进一步对其分组。层次分析法作为一种定性和定量相结合的工具，目前已在许多领域得到了广泛的应用。

美国破坏芯片
全球供应链

（四）建立供应链合作伙伴关系的影响因素

1. 高层态度

良好的供应链关系首先必须得到最高管理层的支持和协商。只有最高层负责人赞同合作伙伴，企业之间才能保持良好的沟通，建立相互信任的关系。

2. 企业战略和文化

消除企业结构和文化中社会、文化和态度之间的障碍，并适当地改变企业的结构和文化。在合作伙伴之间建立统一的运作模式或体制，消除业务流程和结构中存在的障碍。

3. 合作伙伴的能力和兼容性

总成本和利润的分配、文化兼容性、财务稳定性、合作伙伴的能力和定位、自然地理位置分布、管理的兼容性等。

4. 信任

在供应链战略合作关系建立的实质阶段，需要进行期望和需求分析，相互之间需要紧密合作，加强信息共享，相互进行技术交流和提供设计支持。在供应链合作伙伴关系的实施阶段，相互之间的信任最为重要。

任务实施

从“宝洁—沃尔玛协同商务模式”看合作策略

沃尔玛与宝洁合作构建了“宝洁—沃尔玛协同商务模式”，实现了双赢，充分体现了供应链管理的合作策略。

制造商和零售巨头是否永远只能成为硬币的正反面，永远都不可能有真正的利益交汇点？答案是否定的。世界500强企业宝洁和沃尔玛的“协同商务模式”证明：只要厂商双方放弃短期的利益追逐，克服相互之间的“控制欲”和“占有欲”，全面实施供应链全过程的商务协同运作，就能够真正满足双方的利益，并把整个产业的蛋糕做大，实现“双赢”。

宝洁是全球知名日用品制造企业，沃尔玛是全球知名商业零售企业。它们之间的合作并非一帆风顺。曾几何时，宝洁与沃尔玛经历过长时间的“冷战”，宝洁总是企图控制沃尔玛对其产品的销售价格和销售条件，而沃尔玛也不甘示弱，针锋相对，威胁要终止宝洁产品的销售，并把最差的货架留给它。

1987年，为了寻求更好的手段以保证沃尔玛分店销售“帮宝适”婴儿纸尿裤，宝洁的首席执行官戴耶和沃尔玛的老板沃尔顿终于坐到了一起。那个时刻，被认为是协同商务流程革命的开始。

“宝洁—沃尔玛协同商务模式”的形成其实并不复杂。首先，宝洁开发并给沃尔玛安装了一套“持续补货系统”，该系统使得宝洁可以通过电脑监视其产品在沃尔玛各分店的销售及存货情况，然后据此来调整自己的生产和补货计划。此项措施很快在客户服务水平的提升和双方库存的下降方面取得了明显的效果，并迅速恢复了双方的信任关系。

在持续补货的基础上，宝洁又和沃尔玛合力启动了协同计划、预测与补货流程。这个流程共有9个步骤，从双方共同的商业计划开始，到市场推广、销售预测、订单预测，再到对市场活动的评估总结，构成了一个可持续提高的循环。流程实施的结果是双方的经营成本和库存水平都大大降低，沃尔玛分店中的宝洁产品利润增长了48%，存货接近于零。而宝洁在沃尔玛的销售收入和利润也增长了50%以上。

基于以上成功的尝试，宝洁和沃尔玛接下来在信息管理系统、物流仓储体系、客户关系管理、供应链预测与合作体系、零售商联系平台以及人员培训等方面进行了全面、持续、深入而有效的合作，宝洁公司甚至设置了专门的客户业务发展部，以项目管理的方式密切与沃尔玛等合作伙伴保持联系，以求最大限度地降低成本、提高效率。

“宝洁—沃尔玛协同商务模式”的形成和实施，最终给双方带来了巨大的收益，并极大地提升了双方的市场竞争能力，巩固和增强了双方的战略联盟关系。

做一做：

1. 围绕双方合作的紧密程度，分析“宝洁—沃尔玛协同商务模式”经历的过程。
2. 总结双方合作关系带来的好处和双方战略联盟成功实施的关键因素。

任务三 供应链的优化

预测是供应链管理的重点和难点，是供应链管理的第一步，预测的准确性直接影响供应链的运行效率。提高供应链预测的准确性和实施供应链上的信息共享是缓解牛鞭效应、优化供应链运营的常用方法。

学习导入

高校食堂的原料采购

某高校食堂的采购策略是：对大米和面粉等保质期长、每天都食用的主食原料每周补货一次；对保质期较短的蔬菜、肉蛋及其他生鲜类产品每天采购第二天的用量。

思考：假如你是该高校食堂的采购经理，你会如何确定各类原料的采购量？要考虑哪些因素？

知识学习

一、供应链中的预测

（一）供应链预测的意义

预测是对事物的演化预先做出的科学推测，是供应链中所有计划的基础。回顾在项目二中学习的推—拉观点，供应链中所有的推动流程都是以对客户需求进行预测为基础进行的；而拉动流程则是根据对市场需求的响应来进行的。就推动流程来说，供应链管理者必须规划活动的水平，包括生产、运输、采购及定价等活动的水平；而对于拉动流程，供应链管理者必须计划可用产能及库存的水平。无论是推动流程还是拉动流程，供应链上的管理者要做的第一步都是预测，预测客户的需求是多少。上游的供应商也必须进行预测，以为下游企业提供原料。

但是，当供应链上的每个企业都独立进行预测的时候，预测过程常常是困难的，会造成需求与供给相脱离。而当整条供应链上的企业合作起来进行预测的时候，结果就准确得多，这样可以提高整条供应链上的绩效水平，很多供应链上企业的领导者通过合作预测来提高供给与需求匹配的能力。

有稳定需求的成熟产品最容易预测，如食盐与纸巾这样的日常用品。但是当原材料供应量和成品需求量都难以预料时，进行预测就困难了。例如，高档服饰就属于难以预测的商品，它们销售季节比较短，一旦这类商品产量过大或不足，损失就很难弥补。因此，对这些商品如何进行准确的预测就很重要，因为预测能够提供科学依据，能够避免一些决策的失误。

（二）预测的方法

预测通常是困难的，但是这并不能阻止人们进行预测的步伐。供应链中的管理者在做出预测之前需要对众多因素进行了解，如过去的需求及销售量、产品的提前期、计划价格折扣以及企业的竞争者采取的行动。例如，某饼干品牌计划在 10 月份进行打折销售，那么未来需求就有可能向 10 月份转移，公司在预测的时候必须要考虑这个因素。

预测方法可以分为定性法和定量法。定性预测是依靠预测者的知识和经验等做出的预测，而定量预测则是通过对数据的分析而进行的预测。预测方法主要有以下四种模式：

1. 定性预测法

定性预测法主要依赖于人的主观判断。在缺乏足够的统计数据或原始资料的条件下以及对某些影响因素难以量化的情况下或者专家的见解十分重要的时候，采用这种方法是合适的。常见的定性预测法包括一般预测法、市场调研法、小组讨论法、历史类比法、德尔菲法等。

这里介绍一下德尔菲法。德尔菲法又名专家意见法，是依据系统的程序，专家匿名发表意见，（即团队成员之间不得互相讨论，不产生横向联系，只能与调查人员产生联系）再对专家意见反复进行征询、归纳、修改，最后汇总成基本一致的看法，并以此作为预测结果的方法。这种方法具有广泛的代表性，较为可靠。

2. 时间序列分析法

当时间序列的数值由于受周期变动和随机波动的影响，起伏较大，不易显示出事件的发展趋势时，使用移动平均法可以消除这些因素的影响，显示出事件的发展方向与趋势（即趋势线），然后依趋势线分析预测序列的长期趋势。当产品需求既不快速增长也不快速下降，且不存在季节性因素时，移动平均法能有效地消除预测中的随机波动，是非常有用的。

（1）简单移动平均法。

移动平均法是根据时间序列资料逐渐推移，依次计算包含一定项数的时序平均数，以反映长期趋势的方法。

设一组时间序列为 $\{y_t\}$，$t=1$，2，…，T，取移动平均项数 $N<T$。当预测目标的基本趋势是在某一水平上下波动时，可用一次简单移动平均方法建立预测模型：

$$M_t^{(1)}=\frac{1}{N}(x_t+x_{t-1}+\cdots+x_{t-N+1})$$

$M_t^{(1)}$ 作为 t 期之后各期的预测结果。一般 N 的取值范围为 $3 \leqslant N \leqslant 200$。当历史序列的基本趋势变化不大且序列中随机变动成分较多时，N 的取值应较大一些，否则 N 的取值应小一些。在有确定的季节变动周期的资料中，移动平均的项数应取周期长度。选择最佳 N 值的一个有效方法是，比较若干模型的预测误差。预测标准误差小者为好。

简单移动平均法只适合做近期预测，且预测目标的发展趋势变化不大的情况。如果目标的发展趋势变化明显，采用简单移动平均法就会产生较大的预测偏差和滞后。显然，水平趋势的时间序列较少出现，简单移动平均法的局限性还是比较明显的。

某时间序列选取跨期 $N=4$ 的一次移动平均结果如表 3–4 所示。

表 3-4　移动平均结果（N=4）

时序	实际观察值	$M_t^{(1)}$（N=4）
1	38	—
2	45	—
3	35	—
4	49	41.75
5	70	49.75
6	43	49.25
7	46	52.00
8	55	53.50
9	45	47.25
10	65	52.75
11	64	57.25
12	43	54.25

（2）二次移动平均法。

简单移动平均法在时间序列没有明显的趋势变动时，能够准确反映实际情况。但是当时间序列出现直线增加或减少的变动趋势时，用简单移动平均法来预测就会出现滞后偏差。因此，需要进行修正，修正的方法是做二次移动平均，利用移动平均滞后偏差的规律来建立直线趋势的预测模型。这就是二次移动平均法。一次移动的平均数为

$$M_t^{(1)}=\frac{1}{N}(y_t+y_{t-1}+\cdots+y_{t-N+1})$$

在一次移动平均的基础上再进行一次移动平均就是二次移动平均，其计算公式为

$$M_t^{(2)}=\frac{1}{N}(M_t^{(1)}+\cdots+M_{t-N+1}^{(1)})$$

设时间序列（y）从某时期开始具有直线趋势，且认为未来时期也按此直线趋势变化，则可设此直线趋势预测模型为

$$\hat{y}_{t+T}=a_t+b_tT$$

其中，t 为当前时期数；T 为由 t 至预测期的时期数；a_t 为截距；b_t 为斜率。a_t、b_t 两者又称为平滑系数，$a_t=2M_t^{(1)}-M_t^{(2)}$；$b_t=\frac{2}{N-1}(M_t^{(1)}-M_t^{(2)})$。

【例 3-1】某地区 2003—2023 年的发电量如表 3-5 所示，试预测 2024 年和 2025 年的发电量。

表 3-5　某地区 2003—2023 年的发电量　　（单位：亿千瓦时）

年份	t	发电量（y_t）	一次移动平均（N=6）	二次移动平均（N=6）
2003	1	676	—	—
2004	2	825	—	—

（续）

年份	t	发电量（y_t）	一次移动平均（N=6）	二次移动平均（N=6）
2005	3	774	—	—
2006	4	716	—	—
2007	5	940	—	—
2008	6	1 159	848.3	—
2009	7	1 384	966.3	—
2010	8	1 524	1 082.8	—
2011	9	1 668	1 231.8	—
2012	10	1 688	1 393.8	—
2013	11	1 958	1 563.5	1 181.1
2014	12	2 031	1 708.8	1 324.5
2015	13	2 234	1 850.5	1 471.9
2016	14	2 566	2 024.2	1 628.8
2017	15	2 820	2 216.2	1 792.8
2018	16	3 006	2 435.8	1 966.5
2019	17	3 093	2 625	2 143.4
2020	18	3 277	2 832.7	2 330.7
2021	19	3 514	3 046	2 530
2022	20	3 770	3 246.7	2 733.7
2023	21	4 107	3 461.2	2 941.2

由表 3-5 可以看出，该地区发电量基本呈直线上升趋势，可用二次移动平均法来预测：

$$M_{21}^{(1)}=3\,461.2，M_{21}^{(2)}=2\,941.2$$

$$a_{21}=2M_{21}^{(1)}-M_{21}^{(2)}=3\,981.2$$

$$b_{21}=\frac{2}{6-1}\left(M_{21}^{(1)}-M_{21}^{(2)}\right)=208$$

于是，得 t=21 时直线趋势预测模型为

$$\hat{y}_{21+T}=3\,981.2+208T$$

预测 2024 年和 2025 年的发电量为

$$\hat{y}_{2024}=\hat{y}_{22}=\hat{y}_{21+1}=4\,189.2（亿千瓦时）$$

$$\hat{y}_{2025}=\hat{y}_{23}=\hat{y}_{21+2}=4\,397.2（亿千瓦时）$$

（3）指数平滑法。

指数平滑法最早是由美国统计学家查尔斯·霍尔特于 1958 年提出的，后来经更多统计学

家深入研究使得指数平滑法非常丰富，应用也相当广泛，一般有简单指数平滑法、霍尔特双参数线性指数平滑法、温特斯线性和季节性指数平滑法。这里介绍的指数平滑法是单参数指数平滑。

指数平滑法是一种特殊的加权平均法，是对本期观察值和本期预测值赋予不同的权重，求得下一期预测值的方法。根据平滑次数不同，指数平滑法分为一次指数平滑法、二次指数平滑和三次指数平滑法等。

1）一次指数平滑法。一次指数平滑法的计算公式为

$$S_t^{(1)}=\alpha y_t+(1-\alpha)S_{t-1}^{(1)}$$

其中，S_t 是时间 t 的平滑值；y_t 是时间 t 的实际值；S_{t-1} 是时间 $t-1$ 的平滑值；α 是平滑常数，其取值范围为 [0，1]。

以这种平滑值进行预测，就是一次指数平滑法。预测模型为

$$\hat{y}_{t+1}=S_t^{(1)}$$

即

$$\hat{y}_{t+1}=\alpha y_t+(1-\alpha)\hat{y}_t$$

也就是以第 1 期的指数平滑值作为 $t+1$ 期的预测值。

在进行指数平滑时，平滑系数的选择是很重要的。α 的大小规定了在新预测值中新数据和原预测值所占的比重。α 值越大，新数据所占的比重就越大，原预测值所占的比重就越小；反之亦然。具体如何选择一般可遵循下列原则：当时间序列呈稳定的水平趋势时，α 应取较小值，如 0.1 ～ 0.3；当时间序列波动较大，长期趋势变化的幅度较大时，α 应取中间值，如 0.3 ～ 0.5；当时间序列具有明显的上升或下降趋势时，α 应取较大值，如 0.6 ～ 0.8；在实际运用中，可取若干个 α 值进行试算比较，选择预测误差最小的 α 值。

用一次指数平滑法进行预测，除了选择合适的 α 外，还要确定初始值 S_0。初始值是由预测者估计或指定的。当时间序列的数据较多，比如在 15 个以上时，初始值对以后的预测值影响很小，可选用第一期数据作为初始值。如果时间序列的数据较少，比如在 15 个以下时，初始值对以后的预测值影响很大，这时，就必须认真研究如何正确确定初始值。一般以最初几期实际值的平均值作为初始值。

【例 3–2】某 12 期的时间序列如表 3–6 所示，平滑系数 α 取 0.5，初始平滑值 $S_0^{(1)}$ 取前三项的平均值，一次指数平滑结果如下。

表 3–6　某 12 期的时间序列

时间序列	1	2	3	4	5	6	7	8	9	10	11	12	13
销量	10	15	8	20	10	16	18	20	22	24	20	26	
$S_t^{(1)}$	11	10.5	12.8	10.4	15.2	12.6	14.3	16.1	18.1	20.0	22.0	21.0	23.5

2）二次指数平滑法。一次指数平滑法虽然克服了移动平均法的缺点，但当时间序列的变动出现直线趋势时，用一次指数平滑法进行预测仍存在明显的滞后偏差，因此，必须加以修正。

修正的方法与趋势移动平均法相同，即再做二次指数平滑，利用滞后偏差的规律建立直线趋势模型。这就是二次指数平滑法。其计算公式为

$$S_t^{(1)}=\alpha y_t+(1-\alpha)S_{t-1}^{(1)}$$

$$S_t^{(2)}=\alpha S_t^{(1)}+(1-\alpha)S_{t-1}^{(2)}$$

类似二次移动平均法，在二次指数平滑的基础上构建直线趋势模型进行预测，模型如下：

$$\hat{y}_{t+T}=a_t+b_tT,\ T=1,\ 2,\ \cdots$$

$$a_t=2S_t^{(1)}-S_t^{(2)}$$

$$b_t=\frac{\alpha}{1-\alpha}(S_t^{(1)}-S_t^{(2)})$$

【例 3-3】仍以某地区 2003—2023 年的发电量资料为例，试用二次指数平滑法预测 2024 年和 2025 年的发电量。

取 α=0.3，初始值$S_0^{(1)}$和$S_0^{(2)}$都取序列的首项数值 676，计算结果列于表 3-7 中。

表 3-7 二次指数平滑法计算结果 （单位：亿千瓦时）

年份	t	发电量（y_t）	一次平滑值	二次平滑值	y_{t+1} 的估计值
2003	1	676	676	676	—
2004	2	825	720.7	689.4	676
2005	3	774	736.7	703.6	765.4
2006	4	716	730.5	711.7	784.0
2007	5	940	793.3	736.2	757.4
2008	6	1 159	903.0	786.2	875.0
2009	7	1 384	1 047.3	864.6	1 069.9
2010	8	1 524	1 190.3	962.3	1 308.4
2011	9	1 668	1 333.6	1 073.7	1 516.1
2012	10	1 688	1 439.9	1 183.6	1 705.0
2013	11	1 958	1 595.4	1 307.1	1 806.1
2014	12	2 031	1 726.1	1 432.8	2 007.2
2015	13	2 234	1 878.4	1 566.5	2 145.0
2016	14	2 566	2 084.7	1 722.0	2 324.1
2017	15	2 820	2 305.3	1 897.0	2 602.9
2018	16	3 006	2 515.5	2 082.5	2 888.6
2019	17	3 093	2 688.8	2 264.4	3 134.1
2020	18	3 277	2 865.2	2 444.6	3 295.0
2021	19	3 514	3 059.9	2 629.2	3 466.1
2022	20	3 770	3 272.9	2 822.3	3 675.1
2023	21	4 107	3 523.1	3 032.6	3 916.6

于是，得 t=21 时直线趋势方程为

$$S_{21}^{(1)}=3\,523.1，S_{21}^{(2)}=3\,032.6$$

$$\hat{y}_{21+T}=4\,013.7+210.24T$$

预测 2024 年和 2025 年的发电量为

$$\hat{y}_{2024}=\hat{y}_{22}=\hat{y}_{21+1}=4\,223.95（亿千瓦时）$$

$$\hat{y}_{2025}=\hat{y}_{23}=\hat{y}_{21+2}=4\,434.19（亿千瓦时）$$

3. 因果联系法

因果联系是假定需求与某些内在因素或周围环境的外部因素有联系，通过预测这些外界因素的变化来预测未来的结果。常见的因果联系法有回归分析、经济模型、投入产出模型等。

4. 仿真法

仿真法通过模拟消费者选择来预测需求。通过这种方法，企业可以结合时间序列法和因果关系法来回答一些问题，如某家具提高价格将会带来什么样的影响？竞争者降价会带来什么样的影响？

（三）预测的基本步骤

一般来说，供应链的预测有六个基本步骤。

第一步，明确预测目标。所有预测目标都是用来支持以预测为基础的相关决策的，所以明确这些决策非常重要。例如，生产商品的数量、库存量和订购数量等。而且供应链上受此影响的各方要能意识到决策与预测之间的关系。例如，销售某饼干的商场准备在 10 月份打折，那么生产商、承运商等各方必须知道这个信息，达成一个共同的预测，并在此基础上制订行动方案，否则可能会出现运输及仓储环节的混乱。例如，郑州的饼干销售商在“十一”假日期间打折销售，销售量大涨，如果承运商事先不知道这个信息，就与可能出现饼干售罄而没有库存及时补充货架的情况，从而影响商场的信誉度，也会影响相关企业的经济利益。

第二步，整合供应链的需求计划和预测。企业应该将预测与供应链中所有使用预测或影响需求的计划活动联系起来，如产能计划、生产计划、促销计划等。它们之间的联系建立在信息系统及人力资源管理的基础上。企业应该建立一个来自不同部门或者来自不同公司的人员所组成的团队，这样可以做出更有效的预测。

第三步，分析顾客群。企业应该对供应链上的顾客群进行市场细分，不同的细分市场有不同的特点，这样可以使预测更准确、更容易。

第四步，识别影响预测的主要因素。在第四步，企业必须识别影响预测的主要因素，并对这些因素做出正确的分析，这是做出合理预测的关键步骤。影响需求预测的主要因素包括需求、供给、可替代产品的价格与质量等。在需求方面，企业要确定是呈上升趋势还是下降趋势，或者是季节性的波动。要注意的是，这些预测都必须基于需求数据而不是销售数据。

第五步，选择预测方法。在选择预测方法时，公司需要明确与预测有关的维度，包括产品

组、顾客群等。企业应该知道在每一个维度内需求的区别。对于不同的维度，可用不同的预测方法，当然将上面提到的四种方法结合起来运用效果是最有效的。

第六步，设定预测绩效和误差测度。企业要确定明确的绩效评估方法，以评价预测的准确性和时效性。例如，一家超市利用预测值从供应商那里订购月饼。供应商用一个月的时间完成月饼的供货任务，针对供应商一个月的补给时间，超市必须保证在销售季节开始一个月前完成预测。在销售季节过去之后，超市要把实际销售量和之前的预测值进行比较来评估预测的准确度，然后做出新的计划，以降低预测误差。

需要注意的是，供应链的管理者应该明确预测的特点，比如，预测方法即使再科学，预测也难免和实际有差距，所以要兼顾考虑预测结果和预测误差；长期预测的准确性通常比短期预测的准确性要低，而综合预测比分解预测要准确，如把误差范围控制在 3% 以内来预测我国来年的国内生产总值并不困难，但是把误差范围控制在 3% 以内来预测某煤电公司的年收入就困难了。供应链管理者可以利用预测的这些特点来优化供应链。

二、供应链中的信息共享

现代的信息交流技术日新月异，极大地改变了人类交流的世界观，通过电子信息技术，企业不仅可以和其他企业进行信息共享，还可以直接与消费者进行紧密互动，缩短了企业和顾客的距离，也便于企业掌握消费者最新的需求变化，所以企业能够做出更加准确的预测，并对下游企业的订单进行更准确的评估，这种方式被认为是抑制牛鞭效应最有效的方法。

（一）信息共享的内容

（1）库存信息。共享库存信息是供应链成员间最常用的协作方式之一。通过获得库存信息可以降低供应链整体的库存水平，避免不必要的生产，使库存保持在合理的水平。协同计划、预测与补给是面向供应链的新型合作伙伴管理模式，是实施库存信息共享的主要途径。

（2）销售信息。销售信息一般来源于零售商，通过该信息，供应链节点企业可以分析销售趋势、消费者个性化变化和顾客分布等情况，以此来提升供应链客户管理水平，最大限度地满足顾客的个性化和差异化需求。一般情况下，越靠近市场的供应链节点企业越了解需求变化，并能做出准确的预测。

（3）订单状态信息。通常情况下，下游企业向上游企业发出订单后，很难也很少了解供应商的生产状态，只是单纯地关心货物能否及时送达。这样就会产生一些问题，如下游企业一般是到了交货期才能知道能不能按时交货、货物的数量够不够、货物的质量是否达标。因此，及时了解订单的生产状态可以对供应链中出现的问题做出快速反应，提高决策效率。

（4）生产计划信息。有时供应商和零售商会根据生产商的生产计划信息来制订自己的库存和销售方案。生产计划信息的共享可以使供应链节点企业的物流得以顺利进行，避免生产的盲目性和无计划性，降低了供应链的成本。

（5）需求预测信息。需求预测信息与订单信息互为对应，订单信息向供应链上游流动，而需求预测信息则向供应链下游流动，供应链中的上游企业会根据下游企业的库存信息或订单信息，再结合自身的生产状况而制定出需求预测信息，而该信息的制定时间又早于订单信息。所以，如果可以共享需求预测信息，对于降低库存水平、弱化牛鞭效应具有一定的作用。

（二）阻碍供应链信息共享的原因分析

由于每一个节点企业都是一个独立的个体，都有自己的核心利益，都想在供应链上占据主导地位，因此，信息共享在实施中面临许多障碍，主要表现如下：

（1）客户需求变化。这是下一级企业对应于上一级企业而言的。在供应链中，下一级企业永远是最接近市场的，它们最了解消费者的需求。所以，下一级企业会根据市场变化而编制订单计划，上一级企业根据订单要求而制订生产计划和库存配送计划，因此，能否积极快速地响应市场的各种变化，是下一级企业影响上一级企业甚至是供应链整体信息传递能力的重要因素之一。显然，共享滞后的市场信息不仅不会对供应链系统有任何帮助，反而会使上一级企业做出错误的判断。为了实现对市场需求的快速响应，在商品设计和生产上要与客户进行密切而积极的交流，那么此时，下一级企业不再仅仅是信息的提供者，而是产品生产活动的参与者，信息共享程度自然就会提高。

（2）柔性生产能力。这一点是上一级企业对下一级企业而言的。从20世纪80年代起，计算机集成制造和柔性制造系统被引进生产企业，这些先进方法在一定程度上缓解了下一级企业产品需求多样化和个性化的问题，但是企业的柔性生产能力，同样需要快速响应的信息系统，只有利用不断更新的先进技术，才能不断满足客户对产品的个性化需求。

（3）信息共享增加了企业的额外成本。信息共享的成本很容易被非管理者忽视，这是因为获取信息的成本并不属于常规成本，如材料成本、水电费、人工费、运输成本，甚至是预算成本，在常规的生产部门或是销售部门均没有此项案例。但是对于企业管理者而言，本身为了获取信息要支付额外的费用，这些费用大多数情况下要归类于其他名目，并且为了和上下级企业共享信息，需要购置先进的信息管理系统或是其他的硬件通信设备等，还有人员的培训等，而这些都要消耗节点企业大量的人力、物力和财力。所以，作为企业的管理者，必须在信息共享的投资方面和将会获得的效益之间进行对比，从而决定是否进行信息共享。

（4）信息共享造成的利益冲突。在不同企业之间，包括企业的不同部门之间都会因为各种各样的原因发生利益摩擦。在企业内部，由于信息共享产生的利润在不同部门之间不好分配，那些得益较少部门，在下一次信息共享的时候就会产生抵制行为；在不同的企业之间，利益也不是均衡分配的，也会产生相同的问题，甚至有些企业为了利益会有意识地保留一些重要的信息或是编造虚假信息等阻碍信息共享系统建立。在一定程度上，利益分配不均和利益摩擦是实现信息共享的较大障碍。

（5）信息共享会调整组织结构。要想实现良好的信息共享，则企业内部就需要配备先进的信息管理系统，而大量的信息系统会在一定程度上取代人工作业，或是将原本分而治之的部门或业务整合为一个整体，使得原本由多人完成的业务，现在只需一个人甚至不需要工作人员，这样的结果就是企业裁员，影响企业的稳定，也会影响员工对企业的忠诚度，这都是管理者重点考虑的问题。

（6）企业员工和管理人员的素质。对于管理人员而言，对内要有威信，保证信息流通畅，促进员工团结；对外要有自信，既要保证企业的商业机密不被泄露出去，又要维护信息在供应链的共享。企业员工由于受教育程度不同和在企业中所处的地位不同，在关键时刻不能很好地区分重要的信息。一方面，有些员工会想当然地认为某些信息并不重要，弃之不理，造成关键信息没有传递出去而产生损失；另一方面，有些员工为了升职或是获得奖金等，夸大一些不重要的信息，造成资源浪费。同时，还有些员工存在不良心理，对企业没有归属感，有意泄露或是贩卖企业的商业秘密等重要信息，对企业造成严重危害。

（7）信息共享会造成本企业利益受损。有一个很常见的现象，就是下游企业在向上游企业提供信息时，无形中会加强上游企业在供应链中的威信和地位，使下游企业在谈判过程中处于不利地位。那么上游企业必然拥有较大的优势，提高批发价格或是压低原材料采购价格等，导致下游企业利益受损。还有一点就是供应链是动态的，当供应链的动态关系发生变化时，原来的上游企业变为下游企业，或是同一家企业分为两家企业等，企业内部的重要信息就会泄露，若其他企业将这些信息为己所用，本企业就有可能遭受损失。

上述七种因素较大地制约了信息在供应链中的共享，需要管理人员制定一定的激励机制消除这些因素，更好地促进供应链信息共享。

三、供应链瓶颈及优化

供应链的瓶颈，就是供应链上的最薄弱环节。这个环节就像瓶子的颈部一样是一个关口，再往上便是出口，但是如果没有找到正确的方向，就有可能一直被困在瓶颈处。供应链的整体绩效优化取决于供应链的最薄弱环节，这就是供应链物流上的“瓶颈”。优化供应链物流的绩效必须从最薄弱的环节入手，这样才能显著改善供应链。因此，要提高整个供应链的物流绩效水平，必须找出供应链物流上的瓶颈、分析成因、评价瓶颈、消除瓶颈，并形成一种不断循环的持续改进状态。

（一）约束理论

艾利·高德拉特博士在《目标》一书中提出了有关瓶颈管理的理论与方法，在该书的英文版中，作者并没有使用瓶颈管理（Bottleneck Management）这个概念，而是针对瓶颈问题的解决，提出了约束理论（Theory of Constraint）。“约束”可以与中文的“瓶颈”相对应。

约束理论是一套管理理念和管理工具的集合。“瓶颈”或“约束”是指企业在实现目标的过程中现存的或潜伏的制约因素。在进行供应链优化时，应该逐个识别和消除这些“瓶颈”，使企业的改进方向与改进政策明确化，以提高供应链的绩效水平。

约束理论应用于供应链优化，高德拉特提出的约束理论在供应链运行中也同样适用，主要体现在以下几个方面：要追求供应链中需求与供应的动态平衡，而不是静态平衡，动态平衡是供应链各个环节同步运行的结果；要使资源的利用充满活力，从平衡物流的角度出发，应该允许在非关键资源上安排适当的闲置时间或者增强供应链运行的柔性；瓶颈上 10 分钟的损失会扩散为整个供应链的损失，因为会导致下游环节因为不能得到及时的供给而造成生产中断、交付延迟、质量问题等严重影响；企业在优化供应链的基础上，可以通过一些优化方法实现供应链的协同，如库存与运输的整合，同时考虑系统资源约束。

（二）消除供应链瓶颈的步骤

任何一条供应链都存在瓶颈，供应链越复杂，瓶颈越多。供应链优化就是要不断寻找这些瓶颈，从这些瓶颈入手进行改善。

第一步，发现“瓶颈”。研究整个供应链，搜集相关信息，发现供应链运行中存在的问题，即“瓶颈”。

第二步，分析“瓶颈”形成的原因。对整个供应链进行诊断和分析，分析有哪些原因可能导致供应链的“瓶颈”。由于内部和外部环境的不确定性，供应链物流瓶颈是客观存在的。供应链产生物流瓶颈的原因很多，按照影响因素是否存在于供应链内部，可以分为内生原因和外生原因。内生原因有企业利益博弈、信息的不对称。所谓外生原因，即外界的不确定性因素，存在于供应链外部。这些因素常常具有不可预测性和抗拒性，通常会导致供应链节点企业之间物流的不平衡，产生瓶颈，主要包括外界的突发事件、市场的不确定性等。分析这些产生瓶颈的原因，可以为解决问题创造条件。

第三步，提出解决方案。抓住主要矛盾或者矛盾的主要方面，针对问题逐个突破，化解“瓶颈”，提出解决方案。

第四步，对解决方案进行试运行。经过运行后，如果情况良好，就形成机制，作为规范，在供应链中进行推广，作为供应链的运行准则。

第五步，循环解决新问题。旧的问题解决了，又会出现新的问题。新的问题出现后，依据上述步骤，循环解决出现的问题。

任务实施

某平板玻璃制造商为制订月生产计划，需要对未来市场需求情况进行预测，过去10个月的市场需求情况如表3-8所示。请用时间序列预测法预测下个月的市场需求，为该企业制订生产计划提供参考。

表3-8 过去10个月的市场需求情况 （单位：吨）

期数	1	2	3	4	5	6	7	8	9	10
平板玻璃（重量）	3 693 071	3 474 726	3 441 712	3 473 090	3 717 914	3 806 886	3 772 131	3 853 051	3 673 765	3 875 837

拓展实训

实训一 啤酒游戏实验

实训背景

啤酒游戏是20世纪60年代美国麻省理工学院斯隆管理学院开发的一种策略游戏。

该游戏有以下规则：

（1）游戏是对啤酒这种商品的产销进行模拟，将现实生活中的供应链简化，只由零售商、批发商、分销商、制造商四个企业实体组成供应链。

（2）当下游企业出现需求时，上游企业应尽量满足需求，库存不够就记作缺货，产生缺货损失，但下游企业仍能收到自己订购的所有货物，不受上游企业缺货影响。

（3）每个企业在发货后可以立即下订单，整个游戏只需要做一个决策：订单中采购数量的决

啤酒游戏

策。一轮游戏的时间为一天，订货提前期为两天，也就是订单下达后货物需要经过两天才能到达自己的仓库。因为下游企业不受上游缺货影响，所以在填写记录表格时可以在填完订货量后直接在下一轮的入库量中填写相同的数量。

（4）每个企业实体均可自由做出决策，其唯一的目的是追求利润最大化，游戏的最后结果是整组总成本最低者为优胜。

实训目的

通过啤酒游戏认识供应链失调产生的原因及危害。

实训组织

1. 角色设置

每班分成 3 个队。利润最大的一队获胜。每个队四个角色：零售商 3 人、批发商 3 人、分销商 3 人、制造商 3 人，共 12 人。消费者、信息发布者由教师担任。

2. 时间安排

游戏介绍：15 分钟。

角色分工：5 分钟。

分发道具：5 分钟。

明确角色任务：10 分钟。

游戏进行：50 分钟（进行 50 回合）。

利润统计：15 分钟。

分析探讨：15 分钟。

合计：115 分钟。

3. 道具准备

零售商：零售商记录表格 1 张，零售商订货单 1 张。

批发商：批发商记录表格 1 张，批发商订货单 1 张。

分销商：分销商记录表格 1 张，分销商订货单 1 张。

制造商：制造商记录表格 1 张，制造商订货单 1 张。

4. 游戏流程

（1）市场发布需求信息。

（2）零售商衡量一下库存情况，然后发货（将发货量填入零售商订货单中“到货量”一栏）。

（3）零售商核算所剩库存总量。

（4）零售商统计本次缺货量和累计缺货量。

（5）零售商进行决策，向批发商下订单（将采购数量填入记录表格和零售商与批发商之间的订货单中“订货量”一栏），同时在下一轮的入库量中填上相同的数量。

（6）批发商收到订单后，衡量库存信息，发货（将发货量填入零售商与批发商之间的订货单中“发货量”一栏）。

（7）批发商核算所剩库存总量。

（8）批发商统计本次缺货量和累计缺货量。

（9）批发商进行决策，向分销商下订单（将采购数量填入记录表格和批发商与分销商之间的订货单中“订货量”一栏），同时在下一轮的入库量中填上相同的数量。

（10）分销商收到订单后，衡量库存信息，发货（将发货量填入分销商与批发商之间的订货单中“发货量”一栏）。

（11）分销商核算所剩库存总量。

（12）分销商统计本次缺货量和累计缺货量。

（13）分销商进行决策，向制造商下订单（将采购数量填入记录表格和制造商与分销商之间的订货单中“订货量”一栏），同时在下一轮的入库量中填上相同的数量。

（14）制造商收到订单后，衡量库存信息，发货（将发货量填入分销商与制造商之间的订货单中“发货量”一栏）。

（15）制造商核算所剩库存总量。

（16）制造商统计本次缺货量和累计缺货量。

（17）制造商进行决策，确定生产数量（填入记录表格的“订单量”一栏中），同时在下一轮的“入库量”中填上相同的数量。

到此为止，一轮结束，市场接着发布新一轮的需求信息，如此循环，共进行50轮。

5. 游戏数据处理

将所得游戏数据录入Excel表格中，对订货量、库存量、累计缺货量、利润进行分析，画出这几个变量的折线图，分析它们的走势、波动性等。最后画一张所有组的利润折线图，横轴为轮数，纵轴为利润额，进行比较。

各小组围绕下述问题完成PPT的制作（各角色扮演者分别完成），并在课堂分享：

（1）小组经营成果怎样？

（2）经营过程中存在哪些问题和困难？

（3）游戏过程中你是怎样下单的？哪些因素影响了你的利润？

（4）有哪些经验教训？

实训评价

教师结合各队游戏任务的完成情况、分析总结的质量及讲解情况综合评分。

实训二 时间序列预测

实训背景

预测是供应链管理的重点和难点，是供应链管理的第一步，预测的准确性直接影响供应链的运行效率。时间序列预测是需求预测中较常用也是相对简单的一种定量预测方法，正确使用时间序列模型预测需求是供应链管理工作中的重要技能。

实训目的

掌握时间序列预测法在需求预测中的具体应用。

实训组织

借助网络查询某种工业产品全年月度产量数据，可以是历年数据，也可以是本年数据。并用指数平滑法预测第二年1月份的产量，要求在比较三组平滑系数0.3、0.5、0.7预测误差的基础上，选择平均误差最小的平滑系数来预测。

实训评价

教师结合以下几方面对学生实训任务的完成情况进行综合评分。

1. 根据历史数据的特征选择合适的时间序列模型（30%）。
2. 预测的步骤详细，结果准确（50%）。
3. 格式清晰规范（20%）。

项目测评

一、判断题

1. 供应链管理的缺陷是可以完全避免的。（　　）

2. 一般来说，零售商和供应商建立伙伴关系的巨大优势在于，零售商掌握订货量的情况，这意味着对牛鞭效应的控制能力。（　　）

3. 建立供应链合作伙伴关系的第一步是确立标准，选择供应商。（　　）

4. 供应链合作伙伴关系是指供应商与制造商之间、制造商与销售商之间一定时期内共享信息、共担风险、共同获利的协作关系。（　　）

5. 建立供应链合作伙伴关系可以提高预测的准确性，进而控制牛鞭效应。（　　）

6. 缩短供货提前期可以有效提高需求预测精准度，从而可以缓解牛鞭效应带来的负面影响。（　　）

7. 建立供应链合作伙伴关系可以缩短提前期，提高市场响应速度。（　　）

二、单选题

1. 牛鞭效应是（　　）波动沿着供应链从下游往上游不断增大的现象。

A. 需求　　B. 订单　　C. 信息　　D. 资金

2. 在实际运作中，企业要根据不同的目标选择不同类型的合作伙伴，对于长期需求而言，最好选择（　　）。

A. 有影响力的合作伙伴　　B. 战略合作伙伴

C. 竞争性合作伙伴和技术性合作伙伴　　D. 普通合作伙伴

3. 对短期或短暂市场需求，只要选择（　　）来满足需求，以保证成本最小化。

A. 有影响力的合作伙伴　　B. 战略合作伙伴

C. 竞争性合作伙伴和技术性合作伙伴　　D. 普通合作伙伴

4. （　　）不是造成牛鞭效应的因素。

A. 需求预测不准确　　B. 订货提前期较长

C．市场需求波动　　D．批量订购

三、多选题

1．供应链的缺陷表现在（　　）。

A．物流冰山效应　　B．涟漪效应

C．牛鞭效应　　D．信息不对称效应

E．效益背反效应

2．供应链战略合作伙伴关系的特征有（　　）。

A．双方高度的信任机制

B．有效的信息共享

C．长期稳定的供应合同

D．需方直接参加供方的产品研发和质量控制等活动

E．以实现系统双赢为目标

3．下列能缓解牛鞭效应的措施有（　　）。

A．提高预测精准度　　B．实现信息共享

C．降低产品价格　　D．缩短供货提前期

E．建立伙伴关系

4．牛鞭效应给供应链带来的负面影响包括（　　）。

A．库存成本升高　　B．运输成本升高

C．供货提前期不稳定　　D．供应链成员关系紧张

E．客户服务水平下降

5．供应链合作伙伴关系的作用包括（　　）。

A．提高预测准确性，控制牛鞭效应

B．缩短提前期，提高市场响应速度

C．强化企业的核心竞争力，提升供应链竞争力

D．降低供应链运作风险

四、简答题

1．简述牛鞭效应产生的原因及缓解方法。

2．建立供应链合作伙伴关系有哪几个关键步骤？

3．供应链预测有哪几个基本步骤？

4．选择合作伙伴的常用方法有哪些？

项目四

供应链绩效评价与激励

学习目标

知识目标：

1. 掌握供应链绩效评价的概念。
2. 掌握供应链绩效评价的作用。
3. 掌握供应链绩效评价的指标。
4. 掌握供应链绩效评价模型。
5. 熟悉供应链企业激励方式及措施。

技能目标：

1. 能运用科学指标体系对具体企业的供应链绩效进行评价。
2. 能根据具体情况选择合理的供应链激励机制。

素养目标：

1. 理解并认同供应链管理中的合作精神和创新精神，树立协同管理和协作创新的合作意识。
2. 养成精益求精和持续优化的职业素养，具备分析、沟通、预测等综合能力。

项目导学

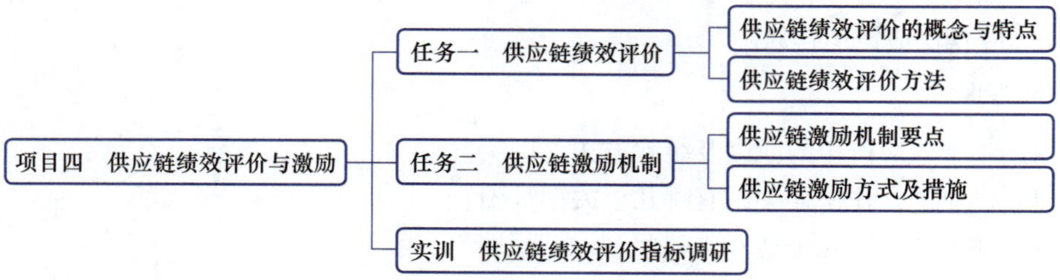

任务一　供应链绩效评价

供应链管理（Supply Chain Management，SCM）是从供应链整体目标出发，对供应链中采购、生产、销售各环节的商流、物流、信息流及资金流进行统一计划、组织、协调、控制的活动和过程，而供应链管理的有效性往往通过绩效进行体现。然而，如何全面、科学、客观地评价供应链绩效是一个非常重要的问题。

学习导入

麦当劳的供应链绩效评价分析

麦当劳是一家大型跨国连锁餐饮集团，1955年创立于美国芝加哥，主要售卖汉堡包、薯条、炸鸡、汽水等快餐食品。在很多国家，麦当劳代表着一种美式生活方式，给人一种“卫生和方便”的感觉。

麦当劳的绩效评价可以表现在交付绩效、反应能力、资产与库存、成本利润四个方面。

（1）交付绩效。1990年，麦当劳进入中国内地市场。2009年，麦当劳在全国范围主力推广24小时送餐服务——麦乐送。麦乐送高度集约及无缝衔接的服务系统能够追踪每一份订单的进程，掌握从接到消费者的订餐电话直至食品送达消费者手中的每一步情况。除了承诺24小时全天候送餐之外，麦当劳还做出了即使在营业高峰时段也能实现30分钟内送达的承诺。麦当劳的订单履行率、准时交货率因此得到了认可。

（2）反应能力。麦当劳从原料到粗加工再到物流配送都是由其供应商完成的。虽然大部分事情由供应商完成，但麦当劳对供应商的影响和渗透却胜过企业自身。因为麦当劳有一套全球统一的产品品质规范和要求，供应商的每个生产和运输环节都必须按照麦当劳的要求完成。麦当劳与其全球供应商合作伙伴的良好关系使其所在的供应链反应能力很强，可以很好地应对需求的变动。

（3）资产与库存。麦当劳通过简化订购流程，降低库存水平，减少存储和运输，加快库存周转率，使公司保持一定的利润率。因为麦当劳只有通过与供应商建立合作伙伴关系，将原材料的库存交由供应商管理，才能尽可能减少库存管理成本和费用。

（4）成本利润。麦当劳公司的收入主要包括房地产运营收入、加盟费和直营店的盈余三部分。麦当劳收入的1/3来自直营店，其余则来自加盟店。其中，麦当劳向加盟商收取的费用包括两部分，即房租和加盟费。虽然麦当劳的营业收入和销售收入都比较高，但是净利润却比较低，所以提高净利润无疑是麦当劳重点关注的环节。而导致麦当劳净利润较低的原因之一则是其成本较高。如果成本很高的话，即使有很高的销售收入，净利润也不会太高。

思考：

1．什么是供应链绩效评价？

2．为什么要进行供应链绩效评价？

知识学习

一、供应链绩效评价的概念与特点

（一）绩效

1．绩效的概念

绩效（Performance）一词来源于管理学。管理学将其定义为，“绩效是组织中个人（群体）在特定时间内的可描述的工作行为和可衡量的工作结果，以及组织结合个人（群体）在过去工作中的素质和能力，指导其改进完善，从而预计该个人（群体）在未来特定时间内所能取得的工作成效的总和”，它包括个人绩效和组织绩效。因本项目涉及的绩效是从活动开始至最终用户整个链条上所有相关企业的成果，故在此将其定义为“正在进行的某种活动或者已经完成的某种活动取得的成绩”。

2. 绩效的特点

供应链管理的绩效并不是一成不变的，它具有多因性、多维性和动态性的特点。

（1）多因性。绩效受到多方面因素的影响，包括政治环境、经济条件、政策因素、企业合作的有效性等。

（2）多维性。对绩效的衡量要多角度、多方面、全方位地分析。

（3）动态性。绩效会随着时间、要素的影响而变化。

（二）供应链绩效评价

1. 供应链绩效评价的概念

供应链绩效评价是指围绕供应链整体目标，对供应链整体、各环节（尤其是核心企业运营状况以及各环节之间的运营关系等）所进行的事前、事中和事后分析评价。

评价供应链的绩效，是对整个供应链的整体运行绩效、供应链节点企业、供应链上的节点企业之间的合作关系所做出的评价。因此，供应链绩效评价指标是基于业务流程的绩效评价指标，而不仅仅表现为单个企业的绩效评价指标。

2. 供应链绩效评价的特点

供应链管理更多地强调供应链上各节点企业之间的协调性，更加注重充分发挥供应链的整体优势，所以供应链绩效评价不能只针对某个节点企业，要充分评价整条供应链的绩效。例如，供应链上的某零售商为更好地销售某种商品，采取“薄利多销”的营销策略，故意把商品价格压得很低。单从这个零售商的绩效来看，其经营绩效肯定优于其他零售商。然而，这样恶意降价的行为会促使其他零售商纷纷模仿降价，最终倒逼制造商和供应商降价，削减供应链上其他节点企业的利润空间，最终影响整个供应链的绩效。因此，供应链管理的绩效评价，不仅要考虑供应链上各节点企业的绩效，还要综合考虑各节点企业对上下游节点企业及整个供应链的影响。

现行的企业绩效评价指标主要是基于功能的绩效评价指标，而供应链绩效评价指标是基于业务流程的绩效评价指标。基于功能的绩效评价指标和基于供应链业务流程的绩效评价指标分别如图 4–1 和图 4–2 所示。

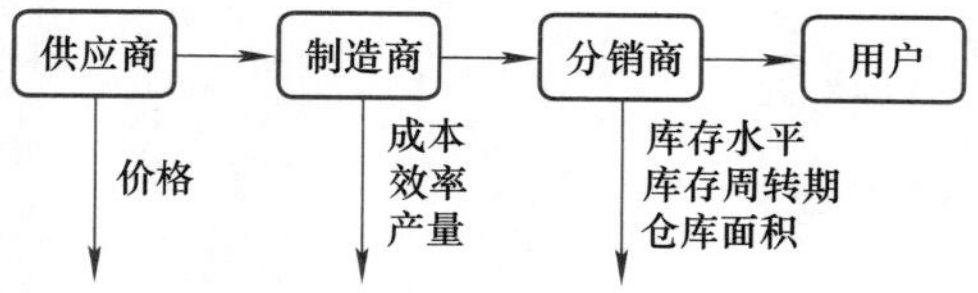

图 4–1 基于功能的绩效评价指标

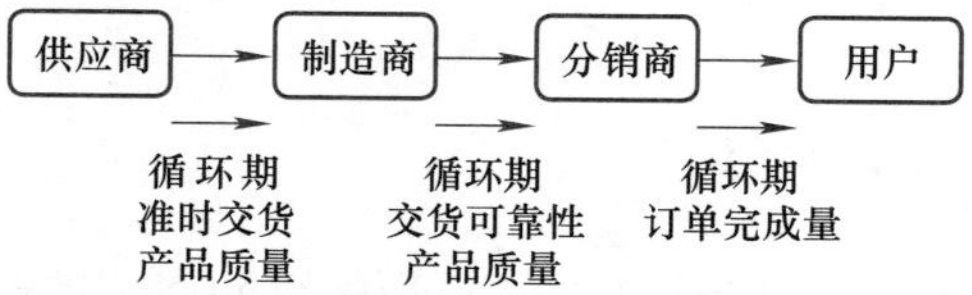

图 4–2 基于供应链业务流程的绩效评价指标

从图 4–1 和图 4–2 中可以看出，基于供应链业务流程的绩效评价包括更广的评价范围和更深的评价层次。与现行企业绩效评价相比，基于供应链业务流程的绩效评价有以下特点：

（1）全面性。现行企业绩效评价更侧重于对单个企业的考核，而忽视了对整个供应链的评价，这样容易导致各节点企业只从自身利益出发，不顾全整体的利益，而基于业务流程的绩效评价从整体角度出发，更为全面。

（2）时效性。现行企业绩效评价主要是对企业财务指标的评价，时间上存在一定的滞后性，不能及时反映整个供应链动态运营状况，容易错失市场机会。同时，因为现行企业绩效评价不能对供应链的业务流程进行实时评价和分析，而是侧重于事后分析，所以，当发现偏差时，其危害和损失已成既定事实，往往很难弥补。因此，为了把握瞬息万变的市场信息，及时调整供应链上各节点企业内部的运营状况和快速协调各节点企业之间的有效合作，这就要求供应链管理的绩效评价必须具备时效性。

（3）科学性。企业绩效评价主要针对企业职能部门的工作完成情况，不能对企业业务流程进行评价，也不能客观准确地反映企业经营成果，而基于业务流程的绩效评价能更科学、客观地评价整个供应链的运行情况。

3. 供应链绩效评价的作用

（1）能对整个供应链的运行效果做出评价。供应链绩效评价主要考虑供应链与供应链之间的竞争，为供应链在市场中的存在（生存）、组建、运行和撤销的决策提供必要的客观依据。通过绩效评价，能够了解整个供应链的运行状况，找出供应链运作方面的不足，及时采取措施予以纠正，进而调整和改进供应链的结构、业务流程和运行状态。

（2）能对供应链上各节点企业做出评价。通过评价，让供应链成员明确自身对供应链所做的贡献，对其采取激励措施，从而更好地协调供应链战略目标和企业自身战略目标的关系。同时，也有利于吸引适合供应链的企业加盟，剔除不适应供应链的企业，保证供应链的整体发展。

（3）能对供应链上企业与企业之间的合作关系做出评价。供应链绩效评价主要考察供应链的上游企业（如供应商）对下游企业（如制造商）提供的产品和服务的质量，从用户满意度的角度评价上、下游企业间合作伙伴关系的好坏。

（4）能对各节点企业起到激励的作用。激励既包括核心企业对非核心企业的激励，也包括供应商、制造商和零售商之间的相互激励，这些正能量因素有利于各节点企业朝着“共赢”的方向努力，使供应链运行更加顺畅，增加供应链的整体利益。

（5）通过建立供应链绩效评价指标体系，使供应链管理过程形成一个闭环系统。建立供应链绩效评价体系，不仅能有效协调供应链中的各种矛盾，而且能使供应链管理过程形成一个闭环系统，优化供应链。如图 4-3 所示，在这个闭环系统中，一方面基于供应链战略与目标确定绩效评价目标，绩效评价将进一步引导供应链的每个成员朝着整体目标努力，最终形成有效管理；另一方面，绩效评价（对执行和结果进行评价）作为一种反馈信息，有利于对计划与决策乃至供应链的战略目标进行调整。如此不断循环，不断加强目标管理和过程管理。

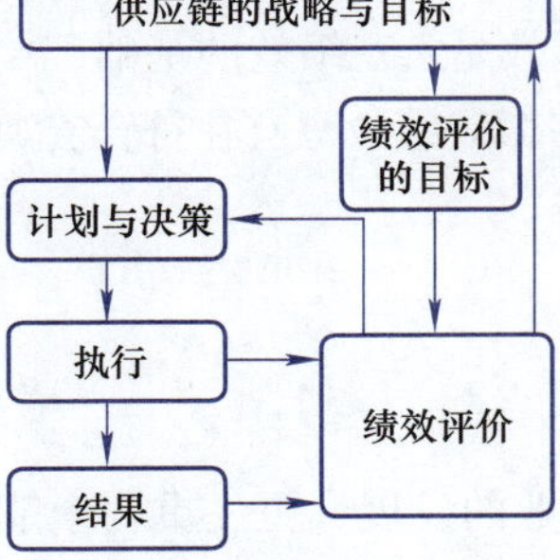

图 4-3　供应链管理闭环系统

供应链绩效评价概述

4. 供应链绩效评价的原则

为有效、科学、合理地评价供应链绩效，在进行供应链绩效评价时要遵循以下原则：

（1）整体性原则。当今企业之间的竞争已转变为供应链之间的竞争，供应链绩效评价必然代替企业绩效评价。供应链企业综合绩效的评价不应只局限于对局部成本的考察和控制，除了对企业内部运作的基本评价外，还要把注意力放在外部供应链的监控上，以保证供应链内部和外部在绩效上达成一致。通过从整体上对供应链管理效率进行评价，反映整个供应链的运营状况。

（2）多层次、多渠道和全方位评价原则。多方搜集信息，进行多层次、多渠道和全方位评价，有助于全面和有重点地反映供应链绩效，同时也有助于增强绩效评价的准确性。实践中，经常综合运用上级考核、专家评价、同级评价、下级评价、职员评价、客户评价等多种形式进行全方位、多角度、多层次的评价，以确定供应链在市场中的竞争优势。

（3）短期绩效与长期绩效、近期绩效与远期绩效相结合原则。短期绩效与长期绩效、近期绩效与远期绩效是分别就供应链绩效涉及的时间长短、远近而言的，其间均存在辩证统一的关系。在进行绩效评价时，不仅要考虑短期、近期的绩效，而且要重视长期、远期的绩效。在物流与供应链管理中，某些行为从短期或近期的角度看，可能绩效甚微或无绩效可言，但从长期或远期的角度考虑，它对规范供应链上下游企业的行为，促进企业间的资源共享和“共赢”，推动供应链的协调发展无疑具有重大意义。在物流与供应链绩效评价中，将短期绩效与长期绩效、近期绩效与远期绩效正确地结合起来，关注供应链的有效组合，实现两个目标之间的有效衔接，供应链绩效评价注重长期发展和短期利润的平衡，有助于供应链企业提高自觉性，减少盲目性。

（4）静态评价与动态评价相结合原则。在绩效评价过程中，不仅要对影响供应链绩效的各种内部因素进行静态考察和分析评价，而且要动态地研究这些因素之间以及这些因素与外部因素之间相互影响的关系。作为一种新兴的管理模式，在供应链管理过程中，肯定会不断遇到前所未有的新情况和新问题，在进行绩效评价时应重视对供应链业务流程的动态评价，要能够随时跟踪供应链流程运作，及时做出调整和动态优化。应尽可能采用实时分析评价的方法，把绩效度量范围扩大到能反映供应链实时运营状况的信息，因为这比仅做事后分析有价值得多，因此在进行绩效评价时，一定要在相对稳定的基础上应用动态和发展的观念，才能解决所面临的难题。

（5）宏观绩效与微观绩效相结合原则。从所涉及的范围看，供应链绩效可分为宏观绩效和微观绩效两种。宏观绩效是供应链管理活动从全社会角度考察时的总绩效；微观绩效是指供应链管理活动从企业与供应链系统本身角度考察时的绩效，两者既相互矛盾又彼此统一。从矛盾性看，微观绩效为了显示自己的基础性作用，必然会努力突出个体，包括要求减少来自宏观层面的控制和干预；而宏观绩效为了发挥自己的主导作用，也必然会对微观层面施加种种限制，以抑制其个性化发展。从统一性看，微观绩效是宏观绩效的基础，离开了微观绩效，宏观绩效就要落空；宏观绩效又对微观绩效起导向作用，微观绩效只有在符合宏观绩效的前提下，才能得到有效发挥。

二、供应链绩效评价方法

（一）供应链绩效评价指标体系

供应链管理不仅注重各节点企业的发展，更注重各个节点企业之间甚至整个供应链的运营水平。所以，在衡量供应链绩效评价指标时要注意节点企业绩效评价、供应链企业之间的绩效评价和基于业务流程的绩效评价。本书主要围绕上述三点建立相应的供应链绩效评价指标体系。

1. 节点企业绩效评价指标

节点企业绩效评价指标以面对最终客户的批发商、零售商为例。因为批发商和零售商往往直接面对最终客户，而供应链整体运营情况的好坏取决于生产的产品是否被广大消费者接受。批发商和零售商可以向上游企业反馈其所搜集到的信息，以便于及时调整供应链运营方向。因此，这里提到的节点企业绩效评价指标还应该包括客户的反馈信息，具体包括获利能力指标、竞争优势指标、客户满意度指标和创新能力指标。

（1）获利能力指标。

1）利润总额，指企业在一定时期内通过生产经营活动所实现的最终财务成果。它是衡量企业经营成果的一项重要指标。

2）净利润，指企业当期利润总额减去所得税后的金额，即企业的税后利润。该指标是一个企业经营的最终成果，净利润越多，企业的经营效益越好。

3）成本费用利润率，指在一定时期内企业的利润总额与成本费用总额的比率。其中，成本费用总额可以理解为广义上的总成本。具体公式为

$$\text{成本费用利润率}=\frac{\text{利润总额}}{\text{成本费用总额}}$$

该指标可以用来衡量企业盈利能力的高低，也可以用来评价企业对成本费用的控制能力和经营管理水平。指标值越大，说明企业为获取利润而付出的代价越小，企业的盈利能力越强。

4）总资产报酬率，指企业一定时期内获得的报酬总额与资产平均总额的比率。该指标全面反映了企业的获利能力和投入产出状况。指标值越高，表明企业投入产出水平越好，企业的资产运营越有效。

（2）竞争优势指标。

1）市场占有率，也称“市场份额”，指供应链上某产品（或品类）的销售量（或销售额）在市场同类产品（或品类）中所占的比重。一般来说，市场占有率越高，供应链上所生产的这款产品（或品类）的竞争力越强。

2）价格竞争力，指供应链上某产品的价格和市场上同类产品价格的比较。它可以表示为企业产品价格与同类产品价格的比值。该值大于 1，表明该产品价格高于市场上同类产品的价格；如果小于 1，则表明该产品价格低于市场上同类产品的价格，最终影响该产品的市场占有率。

（3）客户满意度指标。

1）客户满意率，指在一定数量的目标客户中表示满意的客户所占的百分比，是用来测评客户满意程度的一种方法。

2）客户保有率，该指标反映供应链客户的忠诚程度，供应链的利益主要是核心客户创造的。

（4）创新能力指标。

1）新产品产值率，指一定时间内新产品产值占企业产品总产值的比率。

2）新产品销售率，指一定时间内新产品的销售额与全部产品销售额的比率。

以上两个指标主要用于衡量供应链产品的创新能力。生产出来的产品需要随着最终用户的反馈有所变化，而变化后的产品是否能满足客户的需求亦是一个重要的考虑因素。

2. 供应链企业之间的绩效评价指标（内部和外部绩效评价指标）

为了能综合反映供应链上、下游节点企业之间的关系，可以用满意度进行衡量。满意度是衡量供应链企业之间绩效的评价指标，即在一定时期内上游供应商对与其相邻的下游供应商的综合满意程度。具体包括以下三个指标：

（1）准时交货率，指下游供应商在一定时间内准时交货的次数占其总交货次数的百分比。供应商准时交货率低，说明其协作配套的生产能力达不到要求，或者是对生产过程的组织管理跟不上供应链运行的要求；供应商准时交货率高，说明其生产能力强，生产管理水平高。

（2）成本利润率，指单位产品净利润占单位产品总成本的百分比。在市场经济条件下，产品价格是由市场决定的，因此，在市场供需关系基本平衡的情况下，供应商生产的产品价格可以看成是一个不变的量。按成本加成定价的基本思想，产品价格等于成本加利润，因此产品成本利润率越高，说明供应商的盈利能力越强，企业的综合管理水平越高。在这种情况下，由于供应商在市场价格水平下能获得较大利润，其合作积极性必然增强，必然对企业的有关设施或设备进行投资和改造，以提高生产效率。

（3）产品质量合格率，指质量合格的产品数量占产品总产量的百分比，它反映了供应商提供货物的质量水平。质量不合格的产品数量越多，则产品质量合格率就越低，说明供应商提供的产品质量不稳定或质量差，供应商必须承担对不合格的产品进行返修或报废的损失，这样就增加了供应商的总成本，降低了其成本利润率。因此，产品质量合格率指标与产品成本利润率指标密切相关。同样，产品质量合格率指标也与准时交货率密切相关，因为产品质量合格率越低，就会使得产品的返修工作量加大，必然会延长产品的交货期，使得准时交货率降低。

3. 基于业务流程绩效的评价指标

（1）产销率指标，指在一定时间内生产的已销售出去的产品数量与已生产的产品数量的比值。具体公式为

$$产销率=\frac{一定时间内生产的已销售出去的产品数量}{一定时间内已生产的产品数量}$$

产销率反映了供应链在一定时间内的经营状况，因为已销售出去的产品数量肯定小于或等于已生产的产品数量，所以产销率的值肯定小于或等于1。该指标也反映了供应链资源（包括人、财、物、信息等）的有效利用程度，产销率越接近1，说明人、财、物、信息等资源的利用程度越高。同时，该指标也反映了供应链库存水平和产品质量，其值越接近1，说明供应链成本库存量越小，即代表生产出来的产品都能销售出去。

产销率可具体分为以下三个指标：

1）供应链节点企业的产销率指标，反映供应链节点企业在一定时间内的经营状况。

2）供应链核心企业的产销率指标，反映供应链核心企业在一定时间内的经营状况。

3）供应链产销率指标，表示一定时间内供应链各节点企业已销售产品数量之和与一定时间内供应链各节点企业已生产产品数量之和的比值。

（2）平均产销绝对偏差指标，指在一定时间内，供应链上所有节点企业已生产产品的数量与其已销售产品数量之差的绝对值之和的平均值。该指标反映在一定时间内供应链总体库存水

平，其值越大，说明供应链成品库存量越大，库存费用越高。

（3）产需率指标，指在一定时间内，节点企业已生产的产品数量与其上游节点企业（或用户）对该产品的需求量的比值。它具体分为以下两个指标：

1）供应链节点企业产需率，计算公式为

$$\text{供应链节点企业产需率}=\frac{\text{一定时间内节点企业已生产产品数量}}{\text{一定时间内上游节点企业对该产品的需求量}}$$

该指标反映了上、下游节点企业之间的供需关系。节点企业产需率越接近 1，说明上、下游节点企业之间的供需关系越协调，准时交货率高；反之，说明下游节点企业准时交货率低或生产管理水平低下。

2）供应链核心企业产需率，计算公式为

$$\text{供应链核心企业产需率}=\frac{\text{一定时间内核心企业已生产产品数量}}{\text{一定时间内用户对该产品的需求量}}$$

该指标反映供应链整体生产能力和快速响应市场能力。若该指标数值大于或等于 1，说明供应链整体生产能力较强，能快速响应市场需求，满足用户需求，具有较强的竞争力；若该指标数值小于 1，则说明供应链生产能力不强，不能快速响应市场需求。

（4）供应链产品出产（或投产）循环期指标。当供应链节点企业生产的产品为单一品种的产品时，供应链产品出产循环期是指产品的出产节拍；当供应链节点企业生产的产品品种较多时，供应链产品出产循环期是指混流生产线上同一种产品的出产间隔期。供应链管理是在市场需求多样化环境中产生的一种管理模式，其节点企业（包括核心企业）生产的产品品种较多，因此，供应链产品出产循环期一般是指节点企业混流生产线上同一种产品的出产间隔期。

供应链产品出产循环期具体分为以下两个指标：

1）供应链节点企业（或供应商）零部件出产循环期。该指标反映了节点企业库存水平及对其上游节点企业需求的响应程度。该循环期越短，说明该节点企业对其上游节点企业需求的快速响应性越好。

2）供应链核心企业产品出产循环期。该指标反映了整个供应链在制品库存水平和成品库存水平，同时也反映了整个供应链对市场或用户需求的快速响应能力。该指标决定着各节点企业产品出产循环期，即各节点企业产品出产循环期必须与核心企业产品出产循环期合拍。该循环期越短，说明整个供应链在制品库存量和成品库存量都比较少，总的库存费用都比较低；同时，也说明供应链管理水平较高，能快速响应市场需求，具有较强的市场竞争力。

（5）供应链总运营成本指标。供应链总运营成本包括供应链通信成本、供应链库存费及各节点企业外部运输总费用。该指标反映了供应链的运营效率。

（6）供应链核心产品成本指标。供应链核心产品的价格是由市场决定的，根据核心产品市场的价格才能确定核心产品目标成本，并且只有当目标成本小于或等于市场价格时，核心企业才能获得利润，供应链才能生存并发展。所以，供应链核心产品成本实际上是供应链管理水平的综合体现。

（7）供应链产品质量指标，指供应链各节点企业（包括核心企业）生产的产品或零部件的质量，主要包括合格率、废品率、退货率、破损率和破损物价值等指标。

（二）供应链绩效评价模型

建立一套供应链绩效评价的指标体系及其评价方法，对于正确度量供应链绩效并找出其存在的问题，具有十分重要的现实意义。在供应链管理中常见的绩效评价模型有供应链运作参考（Supply Chain Operations Reference-model，SCOR）模型、平衡计分卡（Balanced Scorecard，BSC）模型、物流计分卡（The Logistics Scorecard，LS）模型、经济增加值（Economic Value Added，EVA）模型、作业成本（Activity-Based Costing，ABC）模型等，这里主要选取两种评价模型进行分析。

1. SCOR 模型

SCOR 模型是由国际供应链协会（Supply Chain Council，SCC）开发支持，适合于不同工业领域的供应链运作参考模型。1996 年春，两家位于美国波士顿的咨询公司 Pittiglio Rabin Todd & McGrath （PRTM）和 ARM Research（ARM）为了帮助企业更好地实施有效的供应链，实现从基于职能管理到基于流程管理的转变，牵头成立了国际供应链协会，并于当年年底发布了 SCOR 模型。

SCOR 模型是第一个标准的供应链流程参考模型，是供应链的诊断工具，它涵盖了所有行业。同时，它将业务流程重组、标杆比较及流程测评等概念集成到一个跨功能的框架之中，致力于帮助企业间准确交流供应链问题，客观地评测其性能，确定性能改进的目标。

SCOR 模型按流程定义可分为三个层次：最高层、配置层、流程元素层。每一层都可用于分析企业供应链的运作。在第三层以下还可以有第四、五、六层等更详细的属于各企业所特有的流程描述层，这些层次中的流程定义不包括在 SCOR 模型中。

SCOR 模型的第一层描述了五个基本流程：计划、采购、制造、配送和退货。它定义了 SCOR 模型的范围和内容，并确定了企业竞争性能目标的基础。企业可以通过对第一层的分析来做出基本的决策战略。

（1）计划。计划是供应链管理的策略部分，需要依照生产活动来协调企业的需求，建立整体的供应链计划，完成采购、制造、配送和退货的流程规划。

（2）采购。采购是指寻找能满足企业生产所需的产品或服务的供应商。同时，还要全面管理上游供应商运送来的产品与服务的库存，然后批准供应商款项。

（3）制造。制造是指根据时间安排表进行生产运作，包括申请物料、产品制造和测试、包装出货等流程。

（4）配送。配送是指进行订单管理流程，包括接受和履行客户订单、部署分发网络、挑选分发商、发送产品到客户手中等。

（5）退货。退货包括原料退回和产品退回。除了建立产品或服务从上游到下游的流程，也应建立逆向业务流程。例如，客户把不合格或不满意的产品退回至上一节点企业，或下游供应链企业把过剩的材料返回至上游节点企业。

SCOR 模型的第二层是配置层。该层由 26 种核心流程类型组成。企业可选用该层中定义的标准流程单元构建它们的供应链。每一种产品或产品型号都可以有它自己的供应链。这个层次确认了企业的基本流程，并将每一个流程都按 SCOR 模型的基本流程分类规则进行定义，这样就可以直观地体现企业的每个具体过程。

SCOR 模型的第三层是流程元素层。它指出了第二层中流程分类的具体元素有哪些，即每一个第二层流程都由多个相应的第三层流程组成。该层能为企业的业务活动提供计划设置和完善供应链目标所需的相关信息，较为直观地描述了供应链的整体表现。

2. BSC 模型

BSC 模型最早于 1992 年由哈佛教授罗伯特·卡普兰与诺顿研究所最高行政长官大卫·诺顿共同提出，并在随后得到进一步发展，现如今该模型在绩效评价中的研究与应用已经非常普遍。

平衡计分卡由财务、客户、内部业务流程以及学习与成长这四个相互影响的角度组成（见图 4–4）。

（1）财务角度。（我们应向股东展示什么？）

（2）客户角度。（我们应向客户展示什么？）

（3）内部业务流程角度。（我们擅长哪些业务？）

（4）学习与成长角度。（我们能否继续改善和创造价值？）

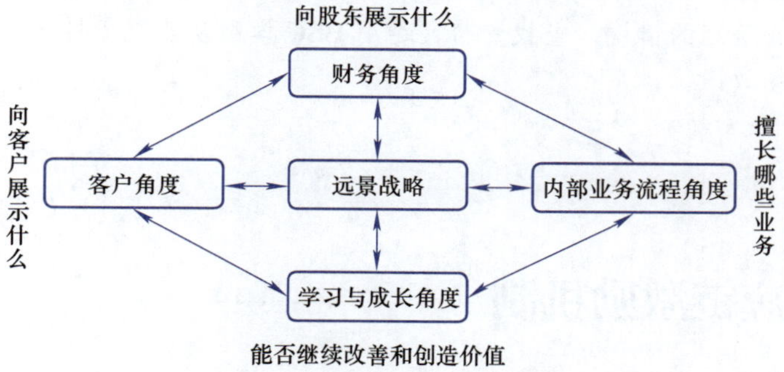

图 4–4　平衡计分卡框架

平衡计分卡不仅提供过去成果的财务性指标，同时兼顾以客户角度、内部业务流程角度以及学习与成长角度为基础的非财务性绩效指标，来弥补财务性绩效指标的不足。它从整体上对企业进行衡量，既有整体思想，又有局部概念，是平衡长期与短期、内部与外部、财务指标与非财务指标等绩效之间的工具。

平衡计分卡实施流程一般包括以下步骤：

（1）组织战略和远景。让供应链上所有成员在战略和远景上达成共识，以一套集成的目标和相应绩效指标来实现供应链的长期发展。

（2）沟通与联结。利用不同渠道使供应链所有企业能及时进行有效沟通，并将供应链的整体目标和节点企业的目标联结起来。

（3）规划与设计。通过平衡计分卡设定指标来确定每年、每季、每月的绩效衡量指标的具体规划以实现供应链长期战略目标。

（4）反馈与学习。首先，要科学考察平衡计分卡是否能真正反映企业的实际情况；其次，要关注使用平衡计分卡后对绩效评价的不足之处，要不断进行完善；最后，要关注是否存在不合理的指标，进行反复研究，以便更好地为供应链服务。

任务实施

A 公司基于 BSC 模型的供应链绩效评价体系构建

A 公司在亚太地区的业务模式总体上可以概括为两类，即直接进口销售模式和本地库存销售模式。

直接进口销售模式下，市场部门寻找合适的客户，在洽谈成功后和客户签署销售合同，并在计算机系统中制作销售订单；根据不同的付款条件，销售订单会由计算机系统自动审核放行或由财务部进行审核后放行；然后，市场部向集团供应商发出采购订单，由供应商直接向客户发运货物。在客户收到货物后，整个流程完成。

本地库存销售模式下，市场部门先通过计算机系统向集团供应商发出采购订单，货物到达本地后由物流部安排清关、进仓储存。同时市场部门寻找合适的客户，在洽谈成功后与客户签署销售合同，并在计算机系统中制作销售订单；根据不同的付款条件，销售订单会由计算机系统自动放行或由财务部进行审核后放行；物流部在看到放行的销售订单后，制作出货单，根据交货条款交由客户自己去仓库提货或安排送货。在客户收到货物后，整个流程完成。

A 公司在管理中已经使用了平衡计分卡模型，但主要指标结构仍局限于财务角度，客户角度和内部业务流程角度的指标较少，所以新的绩效评价指标的设计将侧重于这两个方面的指标。

做一做：请结合给定的情境，查找资料，运用 BSC 模型从非财务性绩效指标角度进一步优化 A 公司的供应链绩效评价体系。

任务二 供应链激励机制

实现共赢是整个供应链管理的目的。供应链并不是由单一企业构成的，而是由多种不同的利益实体组成的风险共担的有机集合，它们之间的合作关系十分脆弱，为使供应链中的所有企业都能受益、共同发展，就必须建立一个科学有效的供应链管理激励机制。

学习导入

汽车企业的激励措施

某大型汽车制造商为了促进其生产的汽车在市场上的销售，向分销商提出了一个促销激励措施。该制造商规定，只要经销商的销售额达到一定数额，年底时制造商将付给经销商一笔奖励资金。同时，为了帮助经销商，制造商出面与银行签订了分期付款协议。此举推行下去之后，曾出现一阵销售热潮，库存量明显下降。但是，到年底结算的时候制造商才发现有问题。原来，经销商为了扩大销售业绩，纷纷下调价格出售汽车。结果，汽车卖出去不少，经销商也得到了实惠，但是制造商则损失惨重。制造商不得不承受低价销售的损失，使本来就步履艰难的生产经营活动更加雪上加霜。于是，制造商不得不检讨该项措施的失误，第二年重新制定销售战略。

思考：

1．什么是激励措施？

2．为什么此激励措施没有发挥积极效用，反而给该汽车制造商带来了损失？

知识学习

一、供应链激励机制要点

（一）相关概念

1. 激励

激励是一种主动的管理行为，是激发、鼓励的动作，是组织通过设计适当的外部奖酬形式和工作环境，以一定的行为规范和惩罚性措施，借助信息沟通，来激发、引导、保持和规范组织成员的行为，以有效地实现组织及其个人目标的过程。

激励的含义可以被理解为：

（1）激励是一个具有被激励对象的心理行为过程。

（2）激励要有主体、客体和目标，即谁是激励者、谁是被激励的对象、要达到什么样的目标。

（3）激励的各种行为和方法都有一定的目的性。

（4）激励者的各种激励行为如何引导、维持和发展，并实现最终的激励目标。

2. 激励机制

激励机制是指系统中激励者为达成激励目标运用各种激励手段或激励方式对被激励对象进行的各种激励行为和激励作用关系之和，是一种系统性行为机制。激励机制是企业将远景目标转化为具体事实的连接手段。

3. 供应链激励机制

供应链管理中的激励机制是指激励主体对供应链中的各种激励对象使用的各种为达到供应链激励目标的激励方式，是内在作用关系、激励运作原理和激励行为发展机理的总和。

在供应链管理中，必须有相应的激励者，即激励主体，是激励行动和激励方式的施行者；有一定的被激励对象，即客体，包括各节点企业或节点企业的内部员工等；还有选择的激励目标，即由激励的主体制定的，适合整体供应链的质量管理期望目标，包括各节点企业的积极性，兼顾各节点企业利益，消除供应链风险，提高供应链的运作效率，实现供应链企业共赢等目标。

供应链管理中的激励主要涉及以下内容：

（1）核心企业对其他企业的激励。

（2）各节点企业之间的激励。

（3）上游企业对下游企业的激励。

（4）下游企业对上游企业的激励。

（5）各节点企业对整个供应链的激励。

（6）整个供应链的共赢目标对各节点企业的激励。

供应链激励机制的相关概念

（二）供应链激励机制的重要性及作用

科学有效的激励机制可以调动供应链各节点企业的积极性，减少利益冲突和摩擦，使各节点企业之间的合作更加顺畅，保证供应链的长期稳定性，增强整个供应链的市场竞争力。

二、供应链激励方式及措施

（一）供应链激励方式

不同的激励方式会对供应链管理产生不同的运营效果。在供应链管理环境下，主要的激励方式有以下三类：

1. 物质激励、精神激励和感情激励

（1）物质激励就是对供应链节点企业进行金钱、物品等物质的奖励。在供应链管理中，既要保证供应链节点企业的经济利益，又要根据其对供应链的贡献进行相应的物质肯定。

（2）精神激励主要是指激发供应链节点企业的上进心、责任心和荣誉感等精神因素。精神激励通常采用赞扬、认可、承诺等奖励手段或是批评、斥责、处罚等惩罚手段，来刺激节点企业的责任感和荣誉感，进而激发其积极性，提高供应链整体水平。

（3）感情激励主要是指供应链节点企业之间以情感联系作为手段的激励方式，表现为交流沟通、互相帮助、信息共享等行为，可以有效协调各企业之间的合作关系，减少冲突。

2. 正激励和负激励

正激励体现在激励效果上是促进激励对象向激励目标努力，属于正向性的强化，是对供应链节点企业符合供应链目标的行为进行奖励，从而提高供应链企业的积极性；而负激励体现在激励效果上是通过各种约束、惩罚措施阻止这类行为的发生，是对供应链节点企业违背供应链目标的行为进行惩罚，避免此类行为的再次发生。正激励和负激励一般同时使用，通过树立正面的榜样和反面的典型，来促使供应链节点企业朝着共赢的目标前进。

中国传统文化中的契约精神

3. 内激励和外激励

内激励主要是指由供应链节点企业自身引发的激励。各节点企业在供应链运营过程中获得满足感，并意识到自己与供应链同发展、共进步。外激励是指由供应链节点企业外部因素产生的激励。例如，本任务“学习导入”中汽车制造商对汽车经销商的奖励资金，这是节点企业的外部因素引发的激励行为。

（二）供应链激励措施

在供应链管理中，通常并不局限于一种激励措施，往往是多种激励措施结合使用。常见的激励措施有以下几种：

1. 发挥信任

供应链的稳定在一定程度上以各节点企业间的协作和信任为基础，良好的合作关系可以有效减少各节点企业间的文化冲突和利益摩擦，确保整个供应链的有效运营。因此，建立一种互相信任的供应链战略合作伙伴关系是解决供应链管理激励问题必不可少的关键一环。要建立一个科学有效的供应链管理激励机制，信任激励不可或缺，各节点企业之间的信任关系十分关键，而有效的信任激励将是维护供应链长期稳定发展的有力保证。

2. 利用价格

价格对企业的作用是十分明显的。供应链各节点企业间的利益分配主要是通过价格实现的。

价格有高低之分，高价和低价带来的影响也不一样。例如，处于上游的供应链企业，其生产产品的目的是追求高额利润，而这时制造商的高定价对其就是一个明显的正向激励，能有效激发供应商生产产品的积极性，会为了未来的期望收益努力提升产品质量。但要注意，如果制造商定价过高，最终承担价格的用户是否会继续坚持购买该产品？这也是一个值得思考的问题。相反地，如果制造商的定价过低，则会挫伤供应商的生产积极性，降低产品质量。所以，价格激励具有一定的风险，即由于过分强调低价，制造商在挑选供应商企业时选择那些报价较低但产品质量不佳的企业，而放弃了那些报价较高但产品质量较好的企业，其结果往往会造成产品质量不佳、交货期延迟、最终用户满意度低等问题。因此，在供应链管理中采取价格激励时，要从长远角度考虑，不宜过高定价，亦不宜过低定价，要多方面考虑。

3. 提高声誉

声誉又可称为商誉，是企业的一种无形资产，可以反映出企业在行业中的地位、诚信和影响力，是企业社会地位的重要体现。在供应链管理中，声誉包括制造商、供应商以及其他各节点企业的声誉。声誉是一种隐性激励形式，核心制造企业可以利用声誉来激发供应商对提高产品质量的积极性，来维持其在供应链中的声誉，以获得更好的收益。例如，某企业为某大型汽车品牌制造商生产汽车零部件，为继续保持该汽车品牌的声誉，企业会更加投入地生产高质量的零件，最终该款车型深受用户欢迎，而汽车的畅销也会给该企业带来丰厚的收入。

4. 构建良好的组织结构

供应链管理涉及多方利益企业，其内部各节点企业间的协调合作和整个供应链的有效运营都需要一个良好的组织环境。在优化供应链结构上，可以减少供应链内供应商数量，增强供应链对市场反应的敏感度，或是加强供应链企业间的信息传递速度，提高供应链运作效率等。这些良好的组织结构形式都能对供应链管理起到正向激励的效果。

5. 调整订单

调整订单可以作为下游企业对上游企业的激励措施。在供应链管理环境下，制造商可能面临多个同质产品的供应商。如果多个供应商在产品质量、交货期和提供的各种服务上表现优秀，制造商除了采取其他激励方式外，还可利用增加订单的方式进行激励。从供应商角度考虑，如若能获得更多订单，这就意味着更多的利润，同时也能体现出自己的地位。

6. 建立处罚或淘汰机制

优胜劣汰的竞争手段能够减少道德风险和机会主义行为的发生，这在供应链管理环境下同样适用。为保持整体供应链的高效运营，供应链必须对节点企业建立合理的处罚或淘汰机制。对于节点企业偶然的、一般性失误，可以采用处罚的方式，并限期改正，但如果整改后还是达不到供应链的整体要求，则可以采取淘汰机制。

7. 新产品的共同研发

共同研发或投资新产品也是一种激励措施，可以使节点企业共同掌握新产品相关信息。这样不仅有利于新产品在供应链节点企业间的推广，也有利于各节点企业的有效合作，增强供应链的整体竞争力。

任务实施

B公司是一家食品生产企业，为了完成销售指标，B公司对零售商进行了一次大规模促销，规定零售商每购进一件商品就奖励50元，最后零售商们纷纷大量进货。但一个月之后，市场反馈的促销结果并不理想：B公司商品在市场上一直平稳的价格大幅下降，各零售商竞相降价甩货，导致B公司商品的零售价一片混乱，损害了该企业的良好形象。归结原因发现，虽然B公司的库存减少，商品也已被销售出去，但都积压在了零售商手中。为了减少库存积压、回笼资金，加上之前从B公司拿到的奖励资金，各零售商纷纷降价售卖，且售卖价格不一，这才导致B公司商品的市场价格大幅下降。

做一做：请结合给定的情境，查找资料，为B公司设计在供应链管理中适用的激励方案。

拓展实训

实训　供应链绩效评价指标调研

实训背景

进入21世纪以来，我国众多服装制造企业开始转变运营模式，渐渐从粗放型向精细化转变，在注重产品质量的同时亦兼顾产品的多样性和创新性。C公司是一家经营运动服饰、装备及各种创意类运动品的零售企业，在全球19个国家设立了生产供应中心。近年来，C公司生产采购业务不断向我国内陆城市及东南亚国家转移，其1995年成立于上海的生产供应中心逐步丧失了绝对优势地位。有研究团队通过建立包括可靠性水平、响应能力、信息化水平、柔性、成本等指标在内的服装生产供应链绩效评价指标体系，并借助供应链绩效诊断帮助C公司确定了优化方向，提出了供应商协同管理、缩短面辅料供应周期、保证供货等建议和措施，最终实现了服装翻单7天供货的目标。

供应链绩效评价指标体系能对供应链上各节点企业做出评价并起到诊断、激励等多重作用，其中，供应链绩效评价指标是重要组成部分。请选取某一具体节点企业，参照上述C公司的绩效指标，结合所学知识分析选取企业涉及的绩效评价指标，并形成调研报告。

实训目的

通过建立各节点企业的绩效评价指标体系，加深学生对供应链绩效评价指标的认识和理解，知晓绩效评价的重要性。

实训组织

（1）学生自由组合，组成小组。

（2）各小组选择一个节点企业（供应商、制造商、分销商、零售商、最终用户）。

（3）设计调研提纲。

（4）运用所学知识评价该企业的绩效评价指标，并分析指标选取的合理性。

（5）形成调研报告并以小组为单位进行展示。

实训评价

教师从小组调研过程，以及调研结果展示内容的完整性、指标的可行性、报告规范性等方面进行综合评价。

项目测评

一、判断题

1. 传统的供应链绩效评价体系能够完全适应供应链管理的需要。（ ）

2. 供应链节点企业产需率指标越接近 1，说明上、下游节点企业之间的供需关系越不协调，准时交货率低。（ ）

3. 供应链管理绩效评价主要是针对节点企业内部的人员考核评价。（ ）

4. SCOR 模型的第一层描述了五个基本流程，包括计划、采购、制造、配送和退货。（ ）

5. 精神激励主要是指供应链节点企业之间以情感联系作为手段的激励方式。（ ）

二、单选题

1. 传统评价体系（ ）适应供应链管理的需要。

A．完全能　B．不能　C．不能完全　D．完全不能

2. 供应链绩效评价体系应该随着组织结构的改变而（ ）。

A．不变　B．改变

C．可变也可不变　D．不确定

3. 目前比较流行使用的绩效评价指标主要是（ ）分析。

A．事前　B．事后　C．事中　D．不能确定

4. 在供应链管理体系中，为确保供应链管理健康、可持续地发展，建立科学、全面的供应链（ ）体系成为迫切需要解决的问题。

A．绩效评价　B．人员评价

C．成本考核　D．合作关系评价

5. 目前使用的企业绩效评价指标是基于（ ）的绩效评价指标。

A．业务流程　B．部门职能

C．员工考核　D．物流功能

三、多选题

1. 基于供应链业务流程的绩效评价具有（ ）特点。

A．全面性　B．时效性　C．科学性　D．单一性

2. 供应链管理中常见的绩效评价模型有（ ）。

A．供应链运作参考模型　B．平衡计分卡模型

C．物流计分卡模型　D．经济增加值模型

3．平均产销绝对偏差反映在一定时间内供应链总体库存水平，其值越大，说明（　　）。

A．供应链成品库存量越小　　B．库存费用越低

C．供应链成品库存量越大　　D．库存费用越高

4．满意度是衡量供应链企业之间绩效的评价指标，具体包括（　　）三个指标。

A．准时交货率　　B．成本利润率

C．产品质量合格率　　D．产需率

5．供应链管理中激励包括（　　）。

A．核心企业对其他企业的激励　　B．各节点企业之间的激励

C．上游企业对下游企业的激励　　D．下游企业对上游企业的激励

四、简答题

1．什么是供应链绩效评价？

2．绩效评价的作用有哪些？

3．简述供应链运作参考模型的层次。

4．供应链管理的激励方式有哪些？

5．简述供应链管理激励的具体措施。

五、论述题

试论述基于供应链业务流程的绩效评价和现行企业绩效评价的区别。

Module two

模块二

供应链管理实战

项目五

制造商的供应链管理

学习目标

知识目标：

1．了解制造商的供应链管理流程、特征。

2．掌握面向供应链的生产组织计划模式。

3．掌握精益生产的概念和主要特点。

4．掌握大规模定制的特点和核心策略。

5．掌握延迟策略的内容和延迟策略下的供应链管理特点。

技能目标：

1．能够根据企业情况制订供应链环境下的生产计划。

2．能够根据企业情况合理运用大规模定制生产模式。

3．能够根据企业情况合理运用延迟策略进行优化。

素养目标：

1．学习我国制造强国的国家战略，培养国家意识和民族自豪感。

2．学会运用供应链管理中的整体观、系统观、矛盾对立统一观等思维方式。

3．养成分工协作、精益求精的职业素养。

项目导学

- 项目五　制造商的供应链管理
  - 任务一　制造商供应链运营管理认知
    - 制造商主导的供应链概述
    - 制造商主导的供应链特征
    - 制造商的供应链管理流程
  - 任务二　供应链管理环境下的生产计划与控制
    - 供应链管理环境下生产计划的特点
    - 生产计划系统
    - 面向供应链的生产计划实施
  - 任务三　供应链管理环境下的生产组织
    - 精益生产
    - 大规模定制
  - 实训一　大规模定制现状调研
  - 实训二　供应链环境下制造商内部岗位模拟实训

任务一　制造商供应链运营管理认知

供应链跨越了采购、制造、仓储、分销等诸多环节，将原材料供应商、制造商、分销商、零售商和消费者衔接在一起。供应链管理就是要通过优化供应链关系和流程，整合相关业务，提高企业竞争力。完善的供应链管理可以让企业以最低的成本来获得最大的利益，同时可以提高企业的生产效率和工作效率。在企业众多的管理环节中，供应链管理是维系整个企业正常运转的重要环节。对于典型的制造企业而言，整个供应链可以分为两个部分：前端的销售供应链（或称分销供应链）和后端的采购供应链（或称制造供应链）。

学习导入

小米手机的供应链管理

小米科技有限责任公司成立于2010年3月3日，是专注于智能手机、智能电动汽车、互联网电视、智能硬件和电子产品研发及智能家居生态链建设的全球化移动互联网企业、创新型科技企业。

以小米手机为例，小米通过电商渠道采用预售和直销的模式，产品从小米的分销仓库直接向最终用户发货，还有部分产品通过线下渠道向用户发货。C2B（Customer to Business，即消费者到企业）预售模式使得小米在供应链的资金流上得到保障，订单信息拉动生产，以需求信息集约化来组织供应链运营，而供应链企业在2～3周内快速响应来满足订单生产，对小米而言实现的几乎是“零库存”，每一动态的库存都属于客户。

小米科技在供应链中属于核心企业，是原始设备制造商（Original Equipment Manufacturer，OEM）的角色，小米主要的原始设计制造商（Original Design Manufacturer，ODM）是南京英华达和廊坊富士康，而小米则专注于设计研发、客户体验和销售上。小米手机有800个左右的零部件，大多是采用Buy&Sell采购模式，即由小米集中向供应商采购再直接分发提供给ODM，把握住采购权。

小米实行的是非核心业务外包的运营模式，专注于研发和市场营销等核心业务，普路通供应链管理股份有限公司向小米指定的超过100个境外供应商采购商品，并提供分拣、贴标、VMI管理、添加GPS定位模块等服务后，按照最经济的原则向境内超过10家海关进行申报通关，货物运输价值较大较多且需快速响应，采取包括零担、空运、专车、快递等形式，向其境内为数众多的代工厂及其指定的地点运送货物，并随时根据各代工厂生产进度的不同进行快速调拨以满足“零库存”生产的要求。

思考：小米手机的供应链有哪些特征？

知识学习

一、制造商主导的供应链概述

制造商主导的供应链是指制造商在其所处的供应链中拥有该供应链的“瓶颈”约束资源（技

术、市场、原始资源、信息等），决定供应链的运行节拍与效率，在物料流、信息流、资金流等资源配置方面胜任组织协调工作，能够实现并提升整体供应链核心竞争优势。

制造商主导的供应链结构如图 5-1 所示。

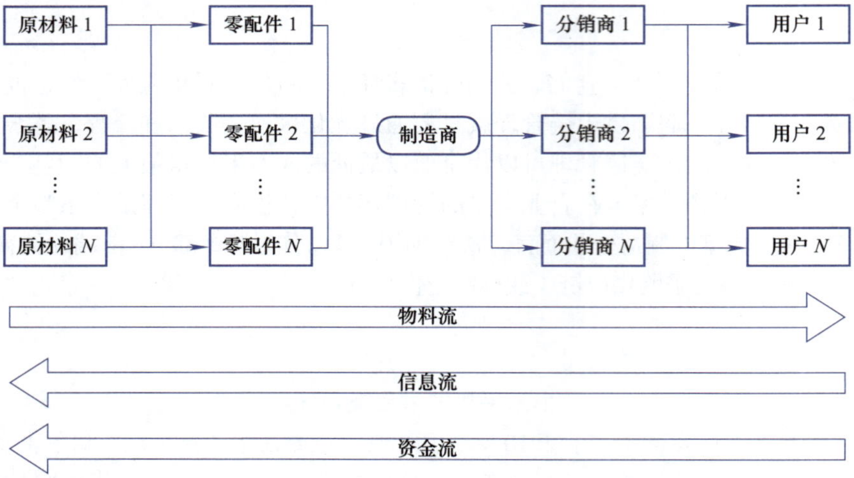

图 5-1　制造商主导的供应链结构

二、制造商主导的供应链特征

1. 制造商处于供应链信息交换中心的地位

中游的制造商通过不同渠道和不同层次的分销商收到来自下游（如最终用户）的需求信息，在经过处理之后，再将分解后的需求信息（如对某种原材料的需要量和需要日期）发送给上游供应商。一批订单完成后，再依相反的方向，制造商从上游企业（原材料供应商）得到反馈的信息，经制造商处理（如将与某种原材料有关的信息转变为产品信息）后，再反馈给下游企业（最终产品零售商）。显而易见，制造商就成了供应链上的信息交换中心。供需信息在此处交融后，经处理生成各类信息传送到供应链的各个节点。由于供应链的运作效果在很大程度上依赖于网链上的信息交换质量，因此，要想通过信息共享达到物流顺畅、产品增值的目的，就必须提高供应链上的信息传递质量，在这方面，制造商起着至关重要的作用。

2. 制造商扮演供应链上物流集散的“调度”角色

从产品制造的过程看，首先要有提供原材料和配套件的供应商，这类物流由众多供应商从不同渠道流向制造商，经制造商加工装配成整机产品后，再流向分销商，最后到达最终用户，形成了以制造商为集散中心的物料流。在这里，制造商扮演了对物流集散、配送进行“调度”的角色：向供应商适时发出物料需求指令，向分销商适时发出供货指令，以保证各个节点都能在正确的时间、得到正确品种和正确数量的零部件（或产品），既不造成缺货，又不造成库存积压，把对供应链总成本的影响减至最低限度。因此，供应链上产品能否增值，与主导企业对物料流的“调度”水平有很大关系。

3. 制造商成为供应链的资金周转中心

制造商在供应链的资金周转中也处于核心地位。供应链不仅是一条连接供应商到最终用户的物流链、信息链、资金链，还是一条增值链。物料在供应链上因加工、包装、运输等过程而增值给相关企业都带来了收益，但是供应链节点企业必须同步协调才有可能使链上的所有企业都能受益，而所有企业的收益都要通过供应链产品销售才能实现。整个资金链都是由制造商从用户回笼再分别拨给上下游企业，在这里，制造商作为结算中心的地位能够保障资金在供应链的各个节点中通畅流动，进而推动物资的流动。如果资金周转不顺畅，会影响供应链的正常运行，甚至可能导致供应链瘫痪。

4. 制造商协调供应链的运作

供应链运作的好坏以及整个供应链竞争力的大小在很大程度上取决于制造商的协调能力。供应链包含一个由建立、运行、解散构成的完整的生命周期历程。在供应链的构建过程中，制造商充当供应链的核心，从建立时的发起工作、运行过程中的协调工作直到解体后的善后处理工作，制造商都起着连接和协调的作用。制造商作为主导企业，是整个供应链的链主，它必须协调各个方面的利益关系，以保证整条供应链的效益最大化。当然，制造商这种领导者在追求整条供应链效益最大化的过程中也有可能会损害某些个体企业的利益，作为链主的制造商必须将利润在整条供应链中进行合理分配，以维护供应链的公平性和公正性，并能有效激励供应链合作伙伴关系进一步发展下去。

5. 制造商掌握产品开发的主导能力

在供应链管理的条件下，制造商生产的产品在市场上的命运直接关系着整条供应链各节点企业的命运，一旦其产品被淘汰，其他节点企业的资源都会不同程度地被闲置，造成资源的浪费。随着市场竞争的日益激烈，产品的生命周期越来越短，企业为了在市场上立足，就只能不断推陈出新，利用产品的上市给企业开辟新的市场，带来新的利润增长点。因此，制造商的产品开发能力大小直接关系着节点企业的群体命运。制造商的产品开发能力强，就能够不断推出新的产品，不断引导用户产生新的消费热点，即始终有一种不断延续其在市场上发展的能力，不致因一种产品被市场淘汰而导致全线崩溃。这样的制造商自然就会产生一种吸引力，把供应商、分销商等上下游企业凝聚在自己周围，形成一种长期稳定的合作关系。

6. 制造商拥有高市场占有率的产品

市场占有率高，说明该企业在市场上所拥有的市场份额高，不论是生产过程的稳定性还是获利的可能性，高市场份额都意味着会给企业带来竞争优势，因此产品市场占有率高会对其他供应商企业和分销商企业产生巨大的吸引力。作为配套件的供应商企业，总是希望能找到一家市场占有率高的实力雄厚的制造商作为合作伙伴。一方面，这样的企业实力雄厚，能够在一定程度上影响用户的市场行为，在市场竞争中容易占据主动地位；另一方面，由于其市场份额大，从这样的企业获得的订单的数量往往也是很大的，供应商企业容易获得规模效益。规模效益直接影响供应商企业投资改造自身设备以提升配套件质量、降低成本的积极性，而对于分销商来说，也可以获得更大的销售量，从而获利更丰，整个供应链的规模生产、规模销售对供应链群体效益的影响很大，有助于供应链不断走向良性循环。

7. 制造商的产品结构具有特殊性

除少数零售企业供应链外，大部分供应链是以产品制造过程为纽带形成的。供应链管理的关键在于企业把精力放在其具有核心竞争力的部分，充分发挥优势，同时与全球范围内的合适企业建立合作伙伴关系，把非核心业务外包由其他合作企业来完成。但是如果制造商的产品结构不易分解成能在不同时间和地域加工的零部件，就不容易为其他企业提供参与供应链的可能性，或者只能形成很短的供应链。在现有条件下，产品供应链模式多由加工—装配式企业构成，因为它的产品可分解为不同的零部件，可为其他企业成为某种零部件的供应商提供机会。另外，如果企业生产的产品本身是其他产品的附属零部件，尽管产品结构可以分解，也很难成为主导企业。

三、制造商的供应链管理流程

制造商的供应链管理流程如图 5-2 所示，主要包含四个流程。

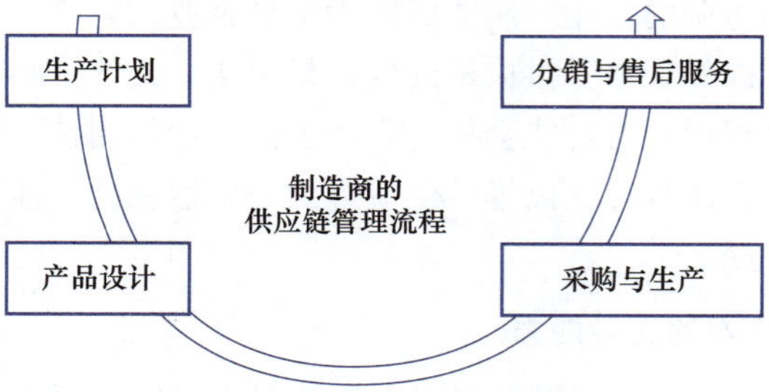

图 5-2　制造商的供应链管理流程

（一）生产计划

市场预测，就是运用科学的方法，对影响市场供求变化的诸因素进行调查研究，分析和预测其发展趋势，掌握市场供求变化的规律，为经营决策提供可靠的依据。预测主要包括以下内容：市场容量及变化、市场价格的变化和生产发展及其变化趋势。通过对市场中商品供给量及其变化趋势进行科学的预测，形成编制生产计划的基础。

生产计划是对企业在计划期内应达到的产品品种、质量、产量和产值等生产活动指标、生产进度及相应安排的管理。它是指导企业计划期生产活动的纲领性方案，是企业生产管理的主要依据。首先是制订主生产计划，其次根据主生产计划制订生产作业计划。企业在编制生产计划时一般遵循以下步骤：

（1）调查研究，收集资料。

（2）统筹安排，初步提出生产计划指标。

（3）综合平衡，确定生产计划指标。

（二）产品设计

面向供应链的产品设计，目的在于设计产品和工艺以使供应链相关的成本和业务能得到有效的管理，使产品生命周期内供应链总成本最小化。面向供应链管理的产品设计主要包括以下几个方面：

（1）简化设计。简化设计是指减少设计方案中使用的零部件种类，使用通用件和标准件是为了减少相似零部件的种类，通过合并库存减少采购成本。

（2）采取模块化设计。可以用少量的部件模块提供大量可选配置，各个模块可以并行制造，从而缩短产品的提前期，在减少库存成本的同时提高客户服务水平。

（3）优化物流和包装。产品包装得越紧凑，运费越便宜，特别是空间原因而不是重量原因限制了运输设施的运输能力，那么产品包装带来的经济性就格外重要。通常可以大批量运送货物并且直到仓库甚至零售商处才进行包装。

（4）组建跨部门的新产品开发团队。让供应商参与产品的设计，加强设计人员和供应人员之间的协同，建立企业统一的零部件库，可以实现产品信息的共享，提高产品开发效率，减少由于消息流通不畅而造成的重复和返工。参与新产品开发的采购人员和供应商能在缩短时间和削减成本方面提出建议，更适时地开始采购，从而加快产品开发速度，降低供应链的总成本。

（三）采购与生产

1. 采购

采购是指企业根据采购任务制订采购计划，根据计划联系供应商、洽谈和签订订货合同、订单跟踪和催货、验货入库、支付付款的过程。采购的作用如图 5-3 所示。

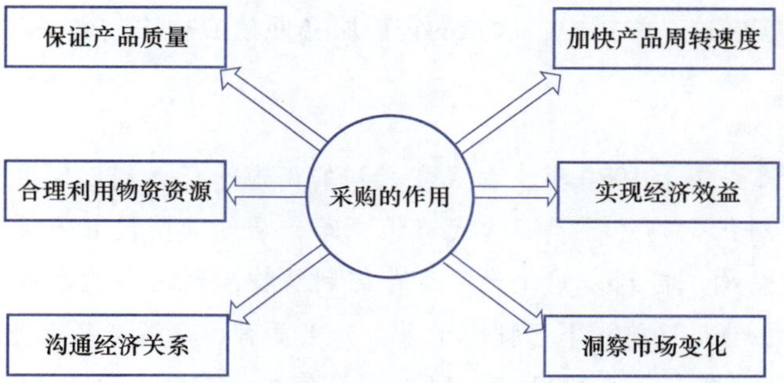

图 5-3 采购的作用

2. 生产

在生产方面，制造商可以采取柔性化生产方式快速适应外部环境变化，灵活达成生产任务。生产的柔性包括两个方面的含义：一是“质”的柔性，即生产系统能适应不同的产品或零件的加工要求。生产系统能加工的品种（种类）越多，则生产制造的柔性越好。二是“时间”上的柔性，即生产系统在不同零件之间的转换时间越短，生产系统的柔性则越强。制造商可以推行“三化”，即产品系列化、零件通用化、标准化，实现多品种生产条件下的高效率与低成本。

（四）分销与售后服务

1. 分销

当产品制造商的目标市场购买者众多、分布面相当广的时候，产品制造商需要借助分销商的分销渠道来销售产品。分销商销售渠道的优劣、市场能力的强弱等因素直接影响制造商的盈利能力，同时也会影响消费者对产品的满意度以及产品的市场定位。因此，对产品制造商来说，分销渠道管理非常重要。分销渠道管理包括加强分销渠道的创新、加强对经销商的有效管理以及加强对渠道的有效控制。在线上和线下相结合的营销模式中，线上营销、线上购买带动线下经营和线下消费，分销商通过线上打折、提供信息、服务预订等方式，把线下商店的消息推送给互联网用户，从而将他们转换为自己的线下客户。这种模式适合必须到店消费的商品和服务。

2. 售后服务

售后服务是企业对客户在购买产品后提供多种形式的服务的总称，其目的在于提高客户满意度，建立客户忠诚。现代理念下的售后服务不仅包括产品运送、安装调试、维修保养、提供零配件、业务咨询、客户投诉处理、问题产品召回、人员培训以及调换退赔等内容，还包括对现有客户的关系营销，传播企业文化，如建立客户资料库、宣传企业服务理念、加强客户接触、对客户满意度进行调查、信息反馈等。客户对产品利益的追求包括功能性和非功能性两个方面，前者更多地体现了客户在物质方面的需要，后者则更多地体现在精神、情感等方面的需要，如宽松、优雅的环境，和谐、完善的过程，及时、周到的服务等。随着社会经济的发展和人民收入水平的提高，客户对产品非功能性利益越来越重视，在很多情况下甚至超越了对功能性利益的关注。在现代社会，企业要想长期盈利，走向强盛，就要赢得永久客户，保持客户忠诚度，提高客户满意度。企业在实施这一举措中，满意的售后服务便是成功法宝之一。

任务实施

【材料一】M公司创立于1980年，由成立之初的街道小厂，到以家电业为主的大型综合性现代化企业集团，其组织架构经历了四次战略性变革，从创业阶段并不完善的组织结构，到单一业务时的直线管理结构，再到多元化产品事业部制结构，到后期的事业部制再度改造，M公司始终以技术领先为主导，目前旗下已拥有十余个知名品牌，众多产品事业部，产品种类齐全。自2014年进行事业部制改造，至2024年，M公司已突破全年销售额1 000亿元人民币的大关，实现了10年增长10倍的奇迹。

【材料二】F集团作为制造型领军企业，是全球最大的电子专业制造商，始终以制造为导向，以“两地研发、三区设计制造、全球组装交货”的全球布局策略为指导，进行组织架构设计，以达到批量生产、快速化、高品质、工程化服务、成本控制的目的，目前旗下已拥有众多制造基地，在国内华南、华东、华北等地创建了八大主力科技工业园区，为各大中型企业提供各种零部件批量化生产加工。

【材料三】在制造型企业中，大部分产品的成本中，材料成本占了60%以上，尤其在机械、五金制造等行业中，材料成本占了绝大部分，这也让我们意识到降低材料成本对企业利润的重要性，特别是在产品同质化严重的情况下，企业尤其重视采购中心的设置，这其中包括了采购成本的控制、库存成本的控制、采购材料质量的控制等核心部门的管理与配备。

做一做：结合上述资料，调查三家以上国内制造企业，总结制造企业有哪些核心部门，并分析这些部门在制造商的供应链管理流程中发挥了什么作用。

任务二　供应链管理环境下的生产计划与控制

目前一些企业的生产和物料管理仍然处于粗放管理阶段，存在数据反馈不及时、生产流程的中间数据难以掌握、材料损耗率难以控制、财务监督难以实施、生产周期难以精确控制、供应链和采购难以管理、计划难以监控、订单难以跟踪等诸多方面的难点问题，急需重新整理业务流程和生产规范，对生产和物料配置进行科学计划。

学习导入

戴尔公司有一套较完善的管理体系，包括供应商管理、供应链管理、客户关系管理几个特殊的应用模块，而供应链管理模块中的工厂生产计划更是发挥了很大的作用，它使戴尔公司的市场反应速度很快，能够每三天就做出一个计划，并能实现自身基于直销方式的准时制生产。

戴尔公司在进行供应链管理时体现了协调合作的思想，它几乎每天都要与上游的主要供应商分别交互一次或多次。在生产运营中，当客户的需求有所变动时，戴尔公司也能很快做出反应，通过与供应商的协调合作进行调整。由于戴尔公司与供应商之间没有中间商的阻隔，所有来自客户的最新消息都被以最快的速度及时反馈给供应商，以便供应商据此调整自己的生产计划。从接到订单开始，戴尔公司就快速反应，根据订单制订生产进度计划，将物料需求信息传达给自己的供应商或者后勤供应中心，并给工厂下达根据供应商的供货情况制订的生产进度计划表，而供应商和后勤供应中心在指定的时间准时将材料运送到工厂，从而实现自己的实时生产。

戴尔公司的生产计划信息模块在最初就集成了五个方面的应用，并体现了公司对信息的实时跟踪与反馈。该模块可跟踪公司的小批量订单，并将信息导入企业的运行数据仓库，实时地支持生产决策。这主要是因为运行数据仓库中汇集了各种数据，并集成了历史数据可用于预测分析。同时，戴尔公司的订单管理系统将订单信息发送给加工工厂后，加工进度跟踪编码系统会据此创建一个唯一的标签号，用以对订单的完成情况进行实时追踪。运行数据仓库与加工进度跟踪系统之间也不断进行信息数据的交换，两者也将生产报告传至工厂管理部，同时会将调整后的生产计划传回加工进度跟踪系统中。整个订单管理系统能够实现对订单的实时跟踪反馈，使公司的生产更符合最终客户的需要，从而使生产更加有效。生产流程的规范性与信息技术的有效使用，使得戴尔公司的生产计划更贴近市场的需求，从而减少库存，提高了公司的竞争力。

思考：戴尔公司是如何进行生产计划与控制的？

知识学习

一、供应链管理环境下生产计划的特点

供应链是一个跨越多厂家、多部门的网络化组织。一个有效的供应链企业计划系统必须

保证企业能快速地对市场需求做出反应。有效的供应链计划系统集成企业所有的计划和决策业务，包括需求预测、库存计划、资源配置、设备管理、渠道优化、生产作业计划、物料需求与采购计划等。供应链是由不同的企业组成的企业网络，有紧密型的联合体成员，有协作型的伙伴企业，有动态联盟型的战略伙伴。供应链以主导企业为龙头，把各个参与供应链的企业有效地组织起来，优化整个供应链的资源，以最低的成本和最快的速度生产最好的产品，最快地满足用户需求，以达到快速响应市场和用户需求的目的，这是供应链企业计划最根本的目的和要求。

传统的企业生产计划是以某个企业的物料需求为中心展开的，缺乏与供应商及分销商、零售商的协调，企业在制订生产计划时没有考虑供应商以及下游企业的实际情况，不确定性对库存和服务影响较大，库存控制策略也难以发挥作用。实践证明，供应链上任何企业的生产和库存决策都会影响供应链上其他企业的运作管理行为，因此，一个企业的生产计划与库存优化控制不仅要考虑本企业内部的业务流程，更要从供应链的整体出发，进行全面的优化控制。

供应链管理环境下企业生产计划具有以下特点：

（1）开放性。经济全球化使企业进入全球开放市场，不管是基于虚拟企业的供应链还是基于供应链的虚拟企业，开放性是当今企业组织发展的趋势。供应链是一种网络化组织，供应链管理环境下的企业生产计划信息已跨越了组织的界限，形成开放性的信息系统。决策的信息资源来自企业的内部与外部，并与其他组织进行共享。

（2）动态性。供应链环境下的生产计划信息具有动态的特性，是市场经济发展的必然。为了适应不断变化的客户需求，使企业具有敏捷性和柔性，生产计划的信息随市场需求的更新而变化，模糊的提前期和模糊的需求量，要求生产计划具有更多的柔性和敏捷性。

（3）集成性。供应链是集成的企业，是扩展的企业模型，因此供应链环境下的企业生产计划信息是不同信息源的信息集成，集成了供应商、分销商的信息，甚至消费者和竞争对手的信息。

（4）群体性。供应链环境下的生产计划决策过程具有群体特征，是因为供应链是分布式的网络化组织，具有网络化管理的特征。供应链企业的生产计划决策过程是一种群体协商过程，企业在制订生产计划时不仅要考虑企业本身的能力和利益，还要考虑合作企业的需求与利益。

传统生产计划与控制模式和供应链管理思想的差距

（5）分布性。供应链企业的信息来源在地理上是分散的，信息资源跨越部门和企业，甚至全球化，通过互联网—内部网、电子数据交换（Electronic Data Interchange，EDI）等通信和交流工具，企业能够把分布在不同区域和不同组织的信息进行有机集成与协调，使供应链活动同步进行。

二、生产计划系统

（一）物料需求计划

物料需求计划（Material Requirement Planning，MRP）即根据产品结构各层次物品的从属和数量关系，以每个物品为计划对象，以完工时期为时间基准倒排计划，按提前期长短区别各个物品下达计划时间的先后顺序，是一种工业制造企业内物资计划管理模式。MRP 是根据市场需求预测和客户订单制订产品的生产计划，然后基于产品生成进度计划，组成产品的材料结构表和库存状况，通过计算机计算所需物料的需求量和需求时间，从而确定材料的加工进度和订货日程的一种实用技术。MRP 的逻辑流程如图 5-4 所示。

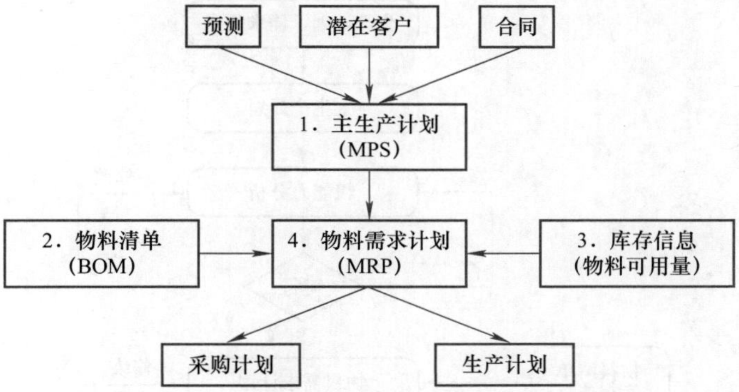

图 5-4　MRP 的逻辑流程

其中，主生产计划（Master Production Schedule，MPS）是计划系统中的关键环节。主生产计划是关于“将要生产什么”的一种描述，它根据客户合同和预测，把销售与运作规划中的产品系列具体化，确定出厂产品，使之成为展开 MRP 等运算的主要依据，它起着承上启下，从宏观计划向微观过渡的作用。

物料清单（Bill of Materials，BOM）是产品结构的技术性描述文件，它不仅列出最终产品的所有构成项目，同时还表明这些项目之间的结构关系，即从原材料到零件、组件，直到最终产品的层次隶属关系，以及它们之间的数量关系。BOM 是制造企业的核心文件，各个不同的部门和系统都要用到 BOM，从 BOM 中获取特定的数据。BOM 是将用图表示的产品组成改用结构树的形式表示出来，如图 5-5 所示，它是 MRP 计算过程中的重要控制文件。

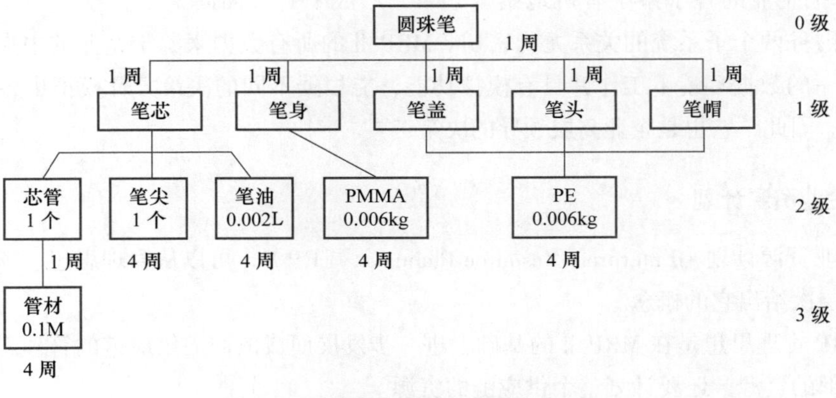

图 5-5　某型号圆珠笔产品的 BOM

（二）制造资源计划

MRP 虽然是一个完整的计划与控制系统，但是它并未清楚地说明执行计划以后将给企业带来什么效益。这就要求财务会计系统同步地从生产系统获得资金信息，随时控制和指导生产经营活动，使之符合企业的整体战略目标。因此，制造资源计划应运而生，其英文全称为 Manufacturing Resource Planning，为了区别于 MRP，制造资源计划的英文缩写是 MRP Ⅱ。MRP Ⅱ的基础流程如图 5-6 所示。

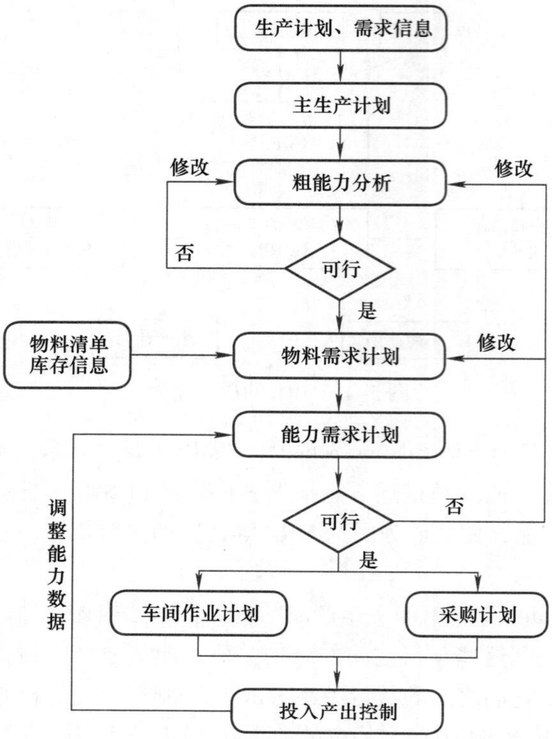

图 5-6 MRP Ⅱ的基础流程

MRP Ⅱ把企业的各子系统有机地结合起来，形成了一个面向整个企业的一体化系统。其中，生产和财务两个子系统的关系尤为密切。MRP Ⅱ的所有数据来源于企业的中央数据库，各子系统在统一的数据环境下工作并具有模拟功能，能根据不同的决策方针模拟出各种未来将会产生的结果。因此，它也是企业高层领导的决策工具。

（三）企业资源计划

对于企业资源计划（Enterprise Resource Planning，ERP），可以从管理思想、软件产品、管理系统三个层次给出它的概念。

（1）ERP 管理思想是在 MRP Ⅱ的基础上进一步发展而成的面向供应链的管理思想，不仅要计划企业内部的资源，还要计划整个供应链的资源。

（2）ERP 软件产品是以 ERP 的管理思想为灵魂的软件产品。

（3）ERP 管理系统是集企业管理理念、业务流程、基础数据、人力物力、计算机硬件和软件于一体的企业资源管理系统。

因此，对应于管理界、信息界、企业界不同的表述要求，ERP 分别有其特定的内涵和外延，相应地采用ERP管理思想、ERP软件产品、ERP管理系统的表述方式。一般而言，ERP软件产品具有销售、制造、财务、人力资源、知识管理等业务功能。具体来说，ERP软件产品具有下列功能模块：预测、订单管理、销售分析、采购管理、仓库管理、运输管理、资产管理、库存控制、主生产计划（MPS）、产品数据管理（Product Data Management，PDM）、物料需求计划（MRP）、能力需求计划（Capacity Requirement Planning，CRP）、分销需求计划（Distribution Requirement Planning，DRP）、车间控制、产品配置管理、流程作业管理、重复制造、质量管理、总账、应收账、应付款、工资、固定资产、现金管理、成本、人力资源管理等。

三、面向供应链的生产计划实施

面向供应链的生产计划的实施可分为计划制订、计划执行、计划控制和计划考核四个主要阶段。

（一）计划制订

1. 以销定产，制订主生产计划

主生产计划（MPS）是联结企业销售计划和生产日程计划的纽带。主生产计划要将销售计划具体化，是以产品数量和日期表示的生产计划，它把产品的市场需求转化为对企业生产的实际需求，实现销售计划与生产计划的同步，做到以销定产。主生产计划的对象是最终销售产品和相关需求的产品。根据销售计划计算出主生产计划数量以后，需要根据主生产计划历史数据和销售统计数据来判断该计划是否合理，并提出初步意见，然后根据供应链分厂资源情况进行粗能力平衡，同时对供应链配套厂家的配套系统进行相应平衡和协调，以避免出现盲目生产的现象。

企业进行粗能力平衡后，要进行外包决策，并制订外包工程计划，在执行过程中对外包生产进度要进行分析和控制。企业在编制主生产计划时所面临的订单，在两种情况下可能转向外包：一是企业本身或其上游企业的生产能力无法承受需求波动所带来的负荷；二是所承接的订单通过外包所获得的利润大于企业自己进行生产的利润。无论在何种情况下，都要获得承接外包的企业的基本数据来支持企业的获利分析，以确定是否外包。

2. 编制日装配计划，将生产任务细化到日

日装配计划主要是用来保证企业每月均衡生产、零部件按日配套而设立的。日装配计划是根据装配线生产能力将主生产计划分解到日。在编制日装配计划时除了需要考虑装配线的生产能力及配套件生产的衔接，还要考虑上游配套企业承接订单的能力及生产进度，并进行生产进度分析，然后将上、下游企业的生产进度信息一起作为滚动编制计划的依据，以保证产品装配之前有所需的零部件、配套件。

3. 制订物料需求计划，保证零部件配套

企业根据产品装配计划和物料库存，进行企业能力需求分析，生成物料需求计划（MRP），即零部件配套计划，并以订单的形式向各分厂及配套厂家下达。另外，为了保证零部件按优先级供应、配套及时到位、装配供应协调，可以在各分厂仓库设立监控点，控制上游分厂、零部

件供应部门和配套厂家按物料需求，按时、按量向下游分厂仓库送料。这样既保证了整个供应链网络的正常生产，又保证了供应链各分厂、配套厂家适时、适量按需生产。

物料需求计划的作用是给各个分厂和采购部门提出具体需求的时间和数量，各分厂根据物料需求计划生成分厂生产计划。

4. 计划修正

物料需求计划是在经过企业能力平衡的前提下制订的，在生成物料需求计划后，需要将供应链订单下发到各个分厂、采购部门和配套厂家征求意见，计划部门根据各个分厂、采购部门和配套厂家的反馈意见对主生产计划、装配计划、物流需求计划进行调整。在各个分厂、采购部门和配套厂家根据自己的能力都能保证按时按量交货后，计划就正式开始实行。

（二）计划执行

1. 依靠计算机网络，全面了解生产信息

企业的各种生产决策都离不开准确的信息。为了实现生产信息共享，需要建立一个不仅能覆盖企业各部门、分厂，而且能与各配套生产厂家、外部销售人员进行信息交流的整个供应链的计算机网络。可以采用内联网技术来建立企业内部网络。采用内联网的优点是：它既具备传统局域网的特点，又具备互联网的开放性和灵活性，可以与互联网无缝衔接，在提供企业内部应用服务的同时，又能对外部进行信息发布。

通过建立互联网 / 内联网电子看板，可以使供应链网络上的每一个企业都能通过互联网访问上游企业电子看板上的生产指令信息，从而制订自己分厂的详细进度计划。

2. 建立在线分析处理系统，实现生产异常预报

在线分析处理系统可以通过企业内联网和数据复制技术来达到企业内部各部门之间的数据同步，利用内联网提供的电子邮件、文件传输协议等服务来为各配套生产厂家、远程用户提供各种生产信息，了解配套件生产情况和市场信息。在了解各方面生产信息的基础上，建立基于企业内联网的在线分析处理系统，可以分析企业的生产状况、物流使用情况和库存情况，及时报告生产异常，预防生产问题的出现，从而保证生产的顺利进行。

3. 制定信息录入制度，确保信息的准确性

信息管理系统所有工作的出发点是信息准确无误、及时。为了防止系统出现信息“垃圾进、垃圾出”的现象，企业必须制定一套完善的信息录入制度。信息管理系统还提供了多方位的审计功能，对部门之间信息不一致的现象和可能出现的生产问题能够及时发出警报。

（三）计划控制

供应链环境下的企业生产计划控制和传统的企业生产计划控制模式不同，它需要更多的协调机制（企业内部和企业之间的协调），体现了供应链的战略伙伴关系原则。供应链环境下的计划控制包括以下内容：

1. 生产异常控制

企业的生产是一个闭环系统，生产计划人员需要在预测生产异常和确定现有生产问题的基

础上，对这些生产异常和生产问题进行分析，找出问题产生的原因。在确定问题产生的原因后，计划人员需要向有关责任单位提出建议，变事后补救为事前控制。针对无法克服的生产问题，计划人员需要在考虑各方因素后重新修订生产计划。

2. 生产进度控制

生产进度控制的目的在于依据生产作业计划，检查零部件的投入和产出数量、时间及配套性，保证产品能准时装配出厂。在供应链环境下，因为许多产品是协助生产和转包的业务，其进度控制的难度较大，必须建立一种有效的跟踪机制进行生产进度信息的跟踪和反馈。供应链管理在生产进度控制中具有重要作用，依靠建立的供应链互联网 / 内联网网络平台和制定的信息录入制度，通过供应链管理系统实现供应链企业之间的信息跟踪机制和快速反应机制。

3. 供应链的生产节奏控制

供应链的同步化计划需要解决供应链企业之间的生产同步化问题，只有各供应链企业之间及企业内部各分厂、部门之间保持步调一致，供应链的同步化才能实现。供应链形成的准时生产系统，要求上游企业准时为下游企业提供生产必需的零部件，供应链中任何一个企业不能准时交货，都会导致供应链不稳定或中断，进而导致供应链对用户的响应性下降。因此，严格控制供应链的生产节奏对提高供应链的敏捷性是十分重要的。

（四）计划考核

计划执行只有监控而没有考核，监控将会流于形式。企业计划主管部门必须制定严格的计划考核制度，计划考核必须与责任人员直接利益挂钩，即可以根据实际情况奖励计划执行情况好的单位和个人，对于计划执行情况差、严重影响企业生产进度的单位和个人必须给予处理。

任务实施

MPS 初步计划编制实训

已知某汽车切削式轮毂（物料编号：QX17#）MPS 项目的计划期为 10 周，需求时界为第 3 周，计划时界为第 7 周，提前期为 1 周，期初库存为 40 只，安全库存为 50 只，批量规则为固定批量 80 只。预测量和订单量如表 5-1 所示。

表 5-1　预测量和订单量信息　（单位：只）

计划期	1 周	2 周	3 周	4 周	5 周	6 周	7 周	8 周	9 周	10 周
预测量	100	70	60	60	60	60	110	70	70	60
订单量	110	70	50	70	50	80	110	60	70	30
计划接收量	50									

做一做：假设你是该轮毂公司的生产计划员，试根据以上条件，编制出可行的主生产计划，将结果填入下列 MPS 横式报表（见表 5-2）。

表 5–2 MPS 报表（横式）

物料编号：									计划日期：	年 月 日	
物料名称：				安全库存量：					计划员：		
提前期：				批量：					需求时界：		
现有库存量：				批量增量：					计划时界：		
时段	当期	1	2	3	4	5	6	7	8	9	10
预测量											
订单量											
毛需求量											
计划接收量											
预计可用库存量											
净需求量											
计划产出量											
计划投入量											
可供销售量											

任务三 供应链管理环境下的生产组织

面对竞争日益激烈的市场，企业要想在市场竞争中占得先机并持续发展，生产模式和管理思想的革新势在必行。

学习导入

戴尔公司的大规模定制供应链管理

1. 戴尔公司面向大规模定制供应链管理的实施基础

戴尔公司通过“按订单装配”的大规模定制生产模式，利用现代化的网络技术将批量生产的低成本优势与个性化定制生产的高附加值优势完美地结合起来，这不仅降低了其库存成本，搜集到了客户的需求信息，而且大大提高了客户满意度。戴尔通过建立一个超高效的供应链和生产流程管理，实现了即时生产和零库存，并且与供应商虚拟整合，构建了核心竞争力，而这一切都依赖于标准化的产品零部件设计和先进的信息技术平台。戴尔正在逐步转向全球范围的综合供应链管理，这样各生产工厂和供应商之间就形成了巨大的供应链体系，在全球范围内有效地实现了整合，使资源配置更加高效合理。

企业实施面向大规模定制的供应链管理必须解决三个问题：一是实现企业内部资源的有效整合。企业必须认识到现有产品的合理化、零部件的标准化是面向大规模定制的供应链管理的基础，应注重延迟策略的应用与信息平台的搭建及信息技术的应用，并确保灵活的组织结构以发挥供应链的优势。二是要建立战略合作的外部协作关系，快速整合企业外部资源，确保组织能够快速供应，并且应对所有供应商的制造资源进行统一调配与集成，有效地对供应商进行整体评价，与供应商建立战略合作同盟。三是要准确快速地把握客户需求，建立以客户为中心的客户关系管理系统（Customer Relationship Management，CRM）。建立及管理客户数据库系统，开展“一对一”营销，建立网络营销平台，这样才能确保面向大规模定制的供应链管理获得成功。

2．戴尔公司面向大规模定制的供应链总体模型

为了适应客户驱动生产和企业联盟的需要，戴尔公司通过电子商务平台或电话的方式直接与客户联系，了解客户需求，并且采用直线销售模式直接把产品送达客户。这种模式的核心是直销背后的一系列采购、生产、配送等环节在内的供应链的快速反应能力，利用先进的信息手段与客户保持信息的畅通和互动，了解每一个客户的个性化需求。可见，戴尔公司的直销模式是以直线订购为手段，凭借其高效的供应链管理对市场快速做出反应，为客户提供多样化的产品和服务。这种模式也使得分销商、零售商的作用不断减弱甚至消失，导致供应链的结构逐渐转变为由原材料供应商、制造商、主体企业和客户组成的开放式的网络结构，如图 5-7 所示。

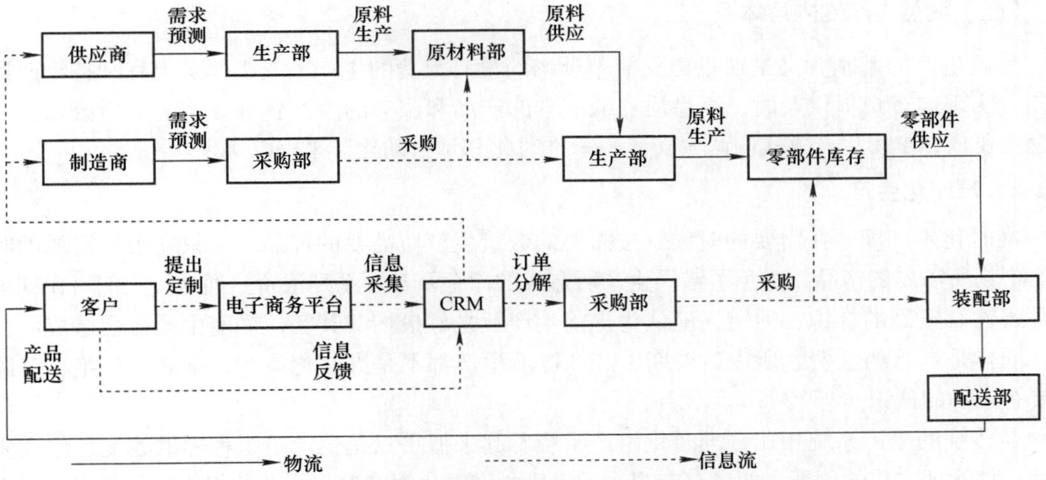

图 5-7　戴尔公司面向大规模定制的供应链总体模型

从图 5-7 中可以看出，随着互联网的发展和电子商务的普及，电子商务平台已经取代了分销商和零售商成为戴尔公司和客户联系的桥梁。首先，客户通过电子商务平台向戴尔公司提出定制要求，戴尔公司通过数据挖掘等先进技术从中进行信息采集和整理，而后通过客户关系管理系统对客户订单进行分解。分解后的订单信息成为企业采购的重要依据，而通过采购也使戴尔公司与零部件制造商和原材料供应商紧密联系在一起。其次，由于供应商和零部件制造商在一开始就是以需求预测来决定其库存的，因此戴尔公司应将通过电子商务平台采集到的客户信息及时传递给供应商和制造商，以使他们的库存尽可能地降低。最后，当戴尔公司将客户的定制产品送交客户手中后，还应将客户的反馈信息传递到 CRM 系统中，以期更好地与客户进行沟通。

思考：戴尔公司面向大规模定制的供应链管理解决了哪些问题？

知识学习

一、精益生产

（一）精益生产的产生

在世界汽车工业发展史上曾经有过两次生产方式的重大变革：第一次是美国福特汽车公司所创造的大量生产方式取代了欧洲企业领先若干世纪的单件生产方式；第二次是日本丰田汽车公司所创造的丰田生产方式——精益生产方式战胜了美国的福特生产方式。这两次生产方式的变革都极大地推进了世界汽车工业及整个世界经济的发展。

精益生产（Lean Production，LP）源于日本丰田汽车公司的生产方式，后被美国麻省理工学院的数位专家概括为一种生产组织体系和方式。其核心思想是以最少的资源投入，包括人力、设备、资金、材料、时间和空间，创造出尽可能多的价值，为顾客提供新产品和及时的服务。

与大量生产方式相比，精益生产方式的优越性主要表现在以下几个方面：所需人力资源减少，无论是在产品开发、生产系统，还是工厂的其他部门；新产品开发周期缩短；生产过程的在制品库存降低；工厂占用空间减少；成品库存降低。

（二）精益生产的内容体系

精益生产的基本含义是通过建立简单顺畅的没有浪费的生产（或工作）流程和持续改进的机制，实现向客户提供及时、高品质、低成本的产品和服务的生产管理方式。丰田公司的经营理念主要依靠丰田生产方式的两大支柱——准时化和“自动化”来得以实现。

1. 准时化生产

准时化生产即“在需要的时候，按需要的数量生产所需要的产品”。只在市场需要的时候生产市场所需要的产品，避免了错误生产所造成的库存及其一系列浪费。通常，人们对误期生产的危害性有正确的认识，但错误地认为提前生产就是好事情。其实，提前生产也会造成库存积压，同样是严重的浪费。所以，误期生产和提前生产都不是准时化生产，都必须杜绝，对此一定要有正确的认识。

与传统的生产系统相比，准时化生产系统看起来似乎只是生产组织程序的改变，但实质上这是一种管理方式的创新，两者存在很大的区别。准时化生产要求企业的组织规划严密、科学，拥有掌握多种技能的高素质员工队伍，实施严格的质量控制。准时化生产与传统生产方式的区别如表 5-3 所示。

表 5-3　准时化生产与传统生产方式的区别

区别方面	生产方式	
	JIT	传统
生产组织	拉动式控制，指令下在终点	推动式控制，指令下在起点
物料输送	取料制	送料制
生产批量	小批生产，小批传递	加大批量，按经济批量
在制品	在制品越少浪费越小	必不可少，越多生产系统越安全
均衡生产	数量，品种	数量（轮番生产）

（续）

区别方面	生产方式	
	JIT	传统
设备布置	单元式布置，U 型	机群式布置
质量检查	全数检查	抽样检查
设备利用	只生产必要的产品	提高设备利用率
人员配置	一人多机，多技能作业	定员式，一机一人
自动化	给机器赋予人的智慧	用机器代替人

2. 自动化

精益生产方式中的“自动化”包含了两重含义：一是机器自身的自动化作业；二是作业者负责监督机器以避免出现问题，而且出现问题要马上解决，原则上不允许产生劣质产品。

对于“自动化”的生产思想，在实践中要以生产信息传递的自动化以及生产的流动性为基础。具体的生产过程实际上就是生产信息的传递过程，如何使生产信息在生产中准确无误地传递，就成为精益生产所追求的最高目标。“自动化”思想的目标就是要消除生产信息传递过程中的信息错误或遗漏现象，其运营原则就是当生产过程中发生任何异常时，机器或生产线自身就能够立即做出判断并停止运转，从而发现和消除作业中存在的隐患。流动化是“自动化”的必备基础，只有在运营中实现流动化才能最终实现“自动化”的目标。

为了实现准时化生产，生产过程中依次流向后工序的零部件必须是百分之百合格的在制品，因此，零部件制品的质量检测和控制极为重要。精益生产为保证这一点，主要依靠生产过程中的“自动化”。

3. 尊重人，充分发挥员工的主观能动性

在人力资源的利用上，精益生产认为工人绝不是“机器的延伸”或“会说话的机器”，而是运营中最宝贵的东西，精益生产强调人力资源的重要性，把员工的智慧和创造力视为企业的宝贵财富和未来发展的原动力：充分尊重员工，重视培训，共同协作。

4. 密切的供应商关系

在精益生产系统中，存在着不同于传统的典型的密切的供应商关系。在一个由成百上千家企业共同合作完成的产品生产过程中，企业之间良好的、协调的合作是非常关键的。供应商管理的重要思想是集成与协调，供应商响应必须同步于相应客户需求，目标有以下三点：

（1）将恰当的产品以最低成本输送到恰当的地点。

（2）在维持尽可能低的库存的情况下，仍能获得优质的用户服务。

（3）缩短从用户获取订单到交货的整个周期。

（三）精益生产的实施条件

1. 合理设计产品

现代生产系统设计受到经济与技术两方面的约束，产品范围增大，一般要增加工艺的变化范围，使加工过程更加复杂。在精益生产方式中，通过产品的合理设计，使产品易生产、易装配，当产品范围扩大时，要力求不增加工艺过程。具体方法有：提高产品系列化、标准化和通

用化水平，充分利用现有典型工艺过程和工序来实现加工和装配；加强产品模块化设计工作，减少产品结构复杂性；利用积累的丰富经验和资料，设计出定型优异产品。

2. 生产线的U型布置

生产线采用U型布置，以多能工（能够熟练操作多种机器，生产出合格产品的工人）为基础的U型生产线能够根据产量的变化灵活地分配作业任务，增减作业者，达到充分利用人力资源的目的。培养多能工是采用U型生产线、实行一人多机作业所不可缺少的条件。

3. 以作业标准化为基础组织多机看管作业

通过作业标准化合理确定每个作业者所看管的设备和作业程序，并实现各作业者间的作业同期化。作业标准化的步骤是：

（1）确定生产节拍。

（2）确定每项作业的标准时间。

（3）确定各作业者所承担的作业及完成作业的程序。

（4）确定在制品占用标准。

（5）绘制标准作业图表，组织实施。

4. 组织混流生产

在生产平准化的基础上组织多品种混流生产。生产平准化，是指在同一生产线上，按照一定的投入顺序，相间地生产多种产品，并实现产量、工时的均衡。生产平准化通过确定和优化产品的投入顺序平抑负荷，是组织多品种混流生产的关键环节。以生产平准化为基础的混流生产可使产量变化降低到最低水平，有效地减少因产量大幅度变化带来的生产能力等方面的各种浪费；能够实现按销售的速度（品种、数量、交货期）组织生产，对市场需求的变化迅速做出反应。

5. 缩短更换作业时间

更换作业时间是生产系统从生产一种产品转换为另一种产品时，从模具、工夹具的准备、卸装、调整等直到生产出第一件合格品为止所用的全部时间。缩短更换作业时间是缩短生产提前期、减少在制品库存、组织混流生产、小批量生产不可缺少的条件。更换作业分为内更换作业（只有停机才能进行的更换作业）、外更换作业（不停机就能进行的更换作业）和调整作业（为了生产出合格产品，在更换作业中、后所做的调整和检查工作），它们所需的时间分别称为内更换作业时间、外更换作业时间和调整作业时间。在一般情况下，调整作业时间约占总更换作业时间的50%～70%。缩短调整作业时间是缩短总更换作业时间的关键一环。

缩短更换作业时间是一个不断改进的过程。精益生产的先驱丰田汽车公司经过长期的努力，使所有工序的更换作业时间都降低至10分钟以内，大多数不超过1分钟。

6. 建立生产百分之百合格品的质量保证体系

准时化生产使库存降低到最低水平，生产系统中没有缓冲库存。所以，当某一工序出现不合格品时，会造成后续工序停产。因此，精益生产以“零不合格品”为管理目标，建立以质量保证为核心的质量管理体系，综合利用各种质量管理方法，确保生产系统的各工序都能生产出百分之百的合格品，以满足准时化生产对产品质量的要求。作业人员发现产品出现质量问题或机器出现异常时有权自行停止生产，立即追查，排除其原因，预防再次出现类似的质量问题。

7. 智能自动化

精益生产中智能自动化的目标是提供质量保证，降低成本，实现按需生产。所谓智能自动化，不是单纯地用机器代替人的作业，它要求在机器上安装各种加工状态检测装置和自动停机装置，给机器赋予智能，具有人一样的判断能力，当生产出的产品质量不符合要求、机器自身出现异常及工人出现误操作时，机器会自动停止运行。这样的自动化生产系统或机器能够避免大量不合格品的产生，防止不合格品流入下一道工序。

中国制造：智能制造

二、大规模定制

（一）大规模定制生产模式的形成

大规模生产在 20 世纪 60 年代开始衰退，20 世纪 70 年代衰退的速度更快，最终在 20 世纪 80 年代开始形成新的管理思想，即大规模定制。

大规模定制模式与大规模生产模式的对比如表 5-4 所示。

表 5-4　大规模定制模式与大规模生产模式的对比

比较项目	模式	
	大规模生产	大规模定制
焦点	通过稳定性和控制力取得高效率	通过灵活性和快速响应来实现多样化和定制化
目标	以几乎人人买得起的低价格开发、生产、销售、交付产品和服务	开发、生产、销售、交付几乎人人都买得起的产品和服务，具有足够的多样化和定制化，差不多人人都买得到自己想要的产品
关键特征	● 稳定的需求 ● 统一的大市场 ● 低成本、质量稳定、标准化的产品和服务 ● 产品开发周期长 ● 产品生命周期长	● 分化的需求 ● 多元化的细分市场 ● 低成本、高质量、定制化的产品和服务 ● 产品开发周期短 ● 产品生命周期短

（二）大规模定制的基本概念

关于大规模定制生产（Mass Customization Production，MCP）的定义很多，它集企业、客户、供应商、分销商等于一体，在系统工程思想的指导下，用整体优化的观点，充分挖掘企业的潜力，在标准化技术、模块化技术、现代设计技术、并行工程和可重组制造系统等技术与思想的支持下，将定制产品的生产问题，通过产品结构和制造过程的重组，全部或部分地转化为批量生产，使其既具有大批量生产的高效率、低成本，又能满足客户的个性化需求。

MCP 的基本思路是：基于相似性原理、重用性原理和全局性原理，将定制生产的生产问题通过产品重组和过程重组转化为或部分转化为批量生产问题。不同于大批量生产通过稳定性和控制获得高效率，MCP 以灵活性和快速响应来实现多样化和定制化。MCP 可发生在产品策划、设计与开发、制造过程设计、试制生产、生产过程的确认和销售等各个阶段中。企业采用的定制类型随产品性质、企业的技术水平、供应商的参与程度及顾客要求的不同而不同。这样，对顾客而言，所得到的产品是定制化的，对企业而言则是采用大批量生产方式制造成熟的产品。

MCP 具体表现为：企业根据市场预测，按照大量生产（Mass Production，MP）或库存生产（Make to Stock，MTS）模式生产无个性特征的基因产品（Generic Products），在此基础上，根据客户订单的实际要求，通过对基因产品的重新配置和变形设计为客户提供个性化的定制产品，从而实现定制生产（Customized Production，CP）和大量生产（MP）的有机结合。MCP 模式的关键是实现产品标准化和制造柔性化之间的平衡。MCP 是一对矛盾统一体：大量生产使企业获得低成本产出，但无法实现多样化；完全定制可以最大限度地满足客户的个性化需求，但可能导致成本高和交货期迟。这是两种完全不同的管理模式和组织方式，而 MCP 则是这两者的有机统一。

MP 与 MCP 在许多方面存在差异。传统的 MP 系统组织结构等级化，工人重复劳动多，提供低成本、标准化的产品和服务。而 MCP 强调可配置环境、人员、工艺、技术下的柔性和快速响应，以低价格满足客户需求；人员富有独立性，管理系统具有有效的联络机制。在 MP 环境下，客户被动接受标准产品，这使通过规模经济获得市场拓展和价格削减成为可能。标准产品和定制产品的价格差异使得企业追逐均质市场下的需求聚类。在不稳定的市场环境下，客户需求难以统一化，这时 MCP 模式就显示出其优势，因为 MCP 模式下企业更了解也更容易满足客户需求。

概括起来，MCP 的基本思想主要体现在以下三个方面：

（1）从产品全生命周期考虑所有的产品研制过程，通过系列化、模块化、通用化、标准化等思想降低产品的生产总成本，缩短产品的研制时间。

（2）通过具有柔性和不断改变属性的有机组织，充分发挥员工的积极性、创造性和团结互助精神，增强企业的自适应能力。

（3）通过采用自动的先进制造技术，让客户对产品的所有个性化要求得到全面、细致的反映，并与客户建立永久的“伙伴”关系，最终彻底实现 MCP 的目标。

大规模定制与大量生产的区别

（三）大规模定制的特点

1. 以现代信息技术和制造技术为支撑

MCP 必须对客户的需求做出快速反应，这要求有现代信息技术作为保障。网络技术和电子商务的迅速发展，使企业能够快速地获取客户的需求；计算机辅助设计（Computer Aided Design，CAD）和产品生命周期（Product Lifecycle Management，PLM）系统能够根据在线订单快速设计出满足客户需求的个性化产品；ERP 系统能够有效地组织生产，通过柔性制造系统迅速生产出高质量的定制产品。

2. 以客户为核心

MCP 是一种指导企业参与市场竞争的哲理，它要求企业时刻以客户为核心，以让客户满意作为最高的追求目标之一，从而吸引并“永久地留住客户”。

3. 以模块化设计、零部件标准化为基础

MCP 要求设计人员在设计过程中充分考虑到如何在产品的整个研制过程中利用标准化技术、模块化设计技术、成组技术和并行工程等现代设计技术，通过产品结构的重构，尽可能重用现有的设计资源和制造资源，从而可以批量生产模块和零部件，减少定制产品中的定制部分，大大缩短产品的交货期和减少产品的定制成本。

4. 以敏捷制造为标志

在传统的大批量生产方式中，企业与消费者是一对多的关系，企业以不变应万变。而在大规模定制中，企业与消费者是一对一的关系，企业面临的是千变万化的多样性需求，大规模定制企业必须快速满足不同客户的不同需求。因此，大规模定制要求企业在立足于现有资源的前提下，通过制造系统的重构（如资源的合理配置、作业过程的优化等）以及组织机构的重构，合理地组织生产，以类似于大批量生产的成本和质量快速地为客户提供任何个性化的定制产品或服务。

5. 以供应链管理为手段

在未来市场经济中，竞争不是企业与企业之间的竞争，而是企业供应链与供应链之间的竞争。大规模定制企业通过与其供应商建立起既竞争又合作的关系，共同来满足客户的需要。

大规模定制的成功案例

海尔助推工业4.0时代中国制造业的创新转型

（四）大规模定制的核心策略——延迟制造

1. 延迟制造的基本思路

MCP是一项系统工程，需要经营理念、组织结构、业务流程的全方位转变，依赖众多的管理技术和工程技术，如最优化生产技术（Optimized Production Technology，OPT）、精益生产、标准化技术、现代产品设计方法、并行工程（Concurrent Engineering，CE）、计算机辅助设计（Computer Aided Design，CAD）/计算机辅助制造（Computer Aided Manufacturing，CAM）集成和可重组制造系统（Reconfigurable Manufacturing System，RMS）。而在众多的MCP实现手段中，延迟制造技术涵盖整个供应链，是MCP的核心策略。

美国营销学家奥尔德逊（Wroe Alderson）于1950年提出延迟制造的概念，认为产品可以在接近客户购买点时实现差异化，即实现差异化延迟。一般制造企业的产品生产流程包括零部件生产和装配，而基于延迟制造的供应链流程尽量延长产品的标准化生产，最终的产品工艺和制造活动延迟到接受客户订单之后，在这一过程中，通过加上新的产品特征或采用通用模块装配个性化产品来实现定制化。表5-5将传统运作方式与延迟制造策略进行对比，我们可以看到，延迟制造不仅解决了市场不确定性问题，在品种和批量上实现了柔性，缩短了订货周期，而且降低了生产运作的复杂性，这与MCP要适应客户需求个性化、降低多样化成本和快速响应的目标是一致的。

表5-5 传统运作与延迟制造策略的对比

比较项目	传统运作	延迟制造
不确定性	具有品种和数量的不确定性	通过延迟降低品种和数量的不确定性
批量	流水线生产，实现规模经济	定制化生产，批量柔性化
库存水平	零部件和成品库存水平高	通过模块化和柔性化降低库存水平
提前期	长	准确反应，不超过订货周期
供应链方法	限制品种，获取效率优势	降低运作复杂性，提高柔性

MCP环境下延迟制造的目标是将由客户个性化需求引起的活动延迟到接受客户订单之后，为实现这一目标，就必须“减少定制量”，这是延迟制造策略的基本思路。所谓“减少定制量”

就是在保证满足个性需求的条件下，要尽可能地减少产品中定制的部分，即要求最大限度地采用通用的、标准的或相似的零部件、生产过程或服务等，从而实现大批量和定制的统一。

2. 面向延迟制造的供应链设计

有效的供应链管理是企业实施延迟制造获得成功的关键因素之一，关系到企业如何对资源进行重新整合，优先行为重新排列的过程，以及如何通过价值链获得竞争优势。面向延迟制造的供应链设计要能够做到：①建立一个相互联系的信息网络，包括经过挑选的供应商；②在低库存和快速交货服务中成功地获得平衡；③供应商积极参与产品设计；④以合理的交货成本高效地将正确的产品在确定的时间送到客户手中。

（1）客户订单分离点与延迟制造。客户订单分离点（Customer Order Decoupling Point，CODP）实际上就是客户订单完成过程（设计过程、制造过程、装配过程、交付过程与售后服务过程）中定制活动开始的那一点。它是企业生产活动中从基于预测的库存生产转向响应客户需求的定制生产的转折点。在该点处对计划的制订和优化不再依据预测，而是依据客户订单和企业自身的资源配置。CODP 左边的活动为“推动”式，CODP 右边的活动为“拉动”式。延迟制造实质上就是实现 CODP 在供应链上的后移，从而降低制造过程的复杂性，减少客户订单中的特殊需求而在设计、制造及装配等环节中增加的各种费用。CODP 是制造过程中的某一点，也是供应链上的某一点，它是与企业供应链密切相关的。

CODP 又分为时间维 CODP（Time-dimension Customer Order Decoupling Point，TCODP）与空间维 CODP（Space-dimension Customer Order Decoupling Point，SCODP）。TCODP 描述从客户提出订单到定制产品交付给客户的时间历程。MCP 在时间维优化的关键在于通过产品设计、制造、装配、交货与售后服务等过程中最佳的资源合理利用，有效地延迟时间维 CODP。TCODP 就是客户订单完成过程（设计过程、制造过程、装配过程、交货过程与售后服务过程）中的某一点，在该点处对过程的优化不再依据客户订单，而是根据企业自身的资源配置情况。TCODP 的优化主要是针对作业过程进行的，如生产计划的制订和各种方式的作业调度。对于 TCODP 的优化，企业不应采用零碎的办法，必须针对产品设计、制造和交付产品的过程与整个供应链的配置进行重新思考，通过采用各种集成等方法，使企业能够以最大效率运转，而以最小的库存满足客户订单。

SCODP 又称结构维或成本维，产品质量与成本的优化是沿着该维度进行的，主要通过将不同产品、部件或零件中的相似性部分归并处理，从而达到延迟 CODP 的目的，一般采用产品模型描述。MCP 在 SCODP 优化的关键在于，在充分识别、整理和利用零件、部件及产品中存在的相似性的基础之上，通过扩大相似零件、部件和产品的优化范围，有效地延迟 SCODP。SCODP 的优化主要是针对产品构成进行的，如通用件的选择、定制零部件的结构设计与定制产品的基因产品选择等。对于 SCODP 的优化，企业同样不能采取零碎办法，而是必须在对定制产品设计、制造、装配、交货与售后服务等进行综合考虑的基础上，基于企业的整个供应链进行全方位优化，使企业以最低的成本满足客户要求的质量，为客户定制个性化的产品或服务。

（2）面向延迟制造的供应链的特点。MP 环境下传统的集成化供应模式并不适用于延迟制造，实施延迟制造必须有相应的供应链管理模式做支持。面向延迟制造的供应链具有以下特点。

首先，供应链结构的动态性。延迟制造模式下的供应链实际上是一个虚拟供应链。在 MP 环境下，由于企业产品品种单一且长期保持不变，因而供应链上下游之间可维持长期的合作关系。而在 MCP 环境下的延迟制造中，由于市场需求的个性化和易变性，企业为了抓住市场机遇，会不断调整供应链伙伴以结成新的联盟。因此，相对于 MP，在延迟制造的供应链结构中，稳定是暂时的，不稳定是长期的。

其次，它是以提高响应速度为主要目标的敏捷供应链。在 MP 模式下，供应链根据预测数据安排生产，供应链的目标在于提高供应链的效率和降低供应链的成本。与 MP 模式相比，在 MCP 环境下的延迟制造中，供应链存在着时间上的劣势，供应链管理的主要问题在于如何快速而低成本地向定制客户提供产品。因此，延迟制造环境下的供应链是以敏捷为主、敏捷与精益相结合的精敏供应链。

再次，信息流的作用更突出。传统的供应链管理分析一般由以下三个因素组成：①流动于企业内部和外部各种物流网络的物理产品，即物流；②供应商、制造商、分销商、零售商和用户之间的资金往来，即资金流；③整个供应链上的各种信息交互，即信息流。在延迟制造模式下，制造商需要更准确和及时地获取上游供应商和下游最终用户的信息，才能实现客户驱动生产，因此信息变得更加重要。

最后，它是基于互联网的信息技术密集型供应链。延迟制造的实施需要依赖以互联网为代表的现代信息技术。延迟制造与电子商务有着紧密的关系，电子商务为延迟制造提供了快捷、方便的途径，是企业与客户"一对一"对话的有效手段。供应链中的各节点（包括各层次的供应商、制造商、第三方物流、分销商）通过互联网技术相互连接，加速信息在各节点之间的相互传递和共享。

3. 面向延迟制造的供应链运作模型

一般认为，供应链有两种不同的运作方式，一种称为推式，另一种称为拉式，如图 5-8 所示。推式供应链的运作方式以制造商为核心，产品生产出来后从分销商逐级推向用户；分销商和零售商处于被动接受的地位，各个企业之间的集成度较低，通常采取提高安全库存量的办法应对需求变动，因此整个供应链上的库存量较高，对需求变动的响应能力较差。拉式供应链的驱动力产生于最终用户，整个供应链的集成度较高，信息交换迅速，可以根据用户的需求实现定制化服务，采取这种运作方式的供应链系统库存量较低。

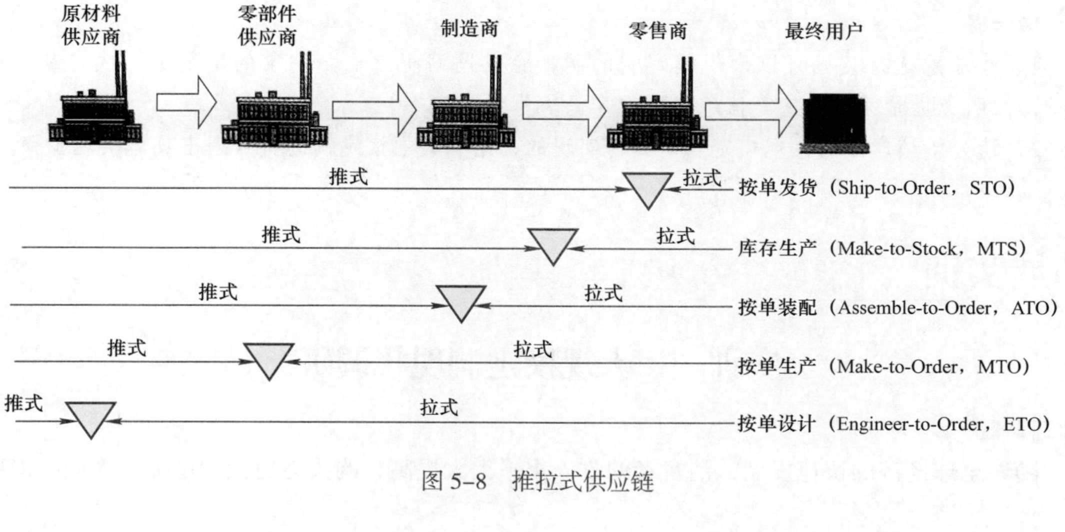

图 5-8 推拉式供应链

由于 MCP 环境下的延迟制造实现的是规模经济和范围经济的结合，在延迟制造环境下应采用“拉动为主、推拉结合”式供应链。在“拉动为主、推拉结合”式供应链中，生产和销售是根据客户订单来安排的，因此供应链的后阶段是需求拉动的，从而减少了由需求预测引起的牛鞭效应。延迟制造环境下“拉动为主、推拉结合”式供应链模型如图 5-9 所示。这是一个以装配点为 CODP 定位的供应链模型，在装配之前，原材料供应商和零部件供应商都是根据需求的历史数据采用按库存生产的 MP 生产方式，而在装配中心，延迟制造得以实现，成品的装配延迟到接受客户订单之后。

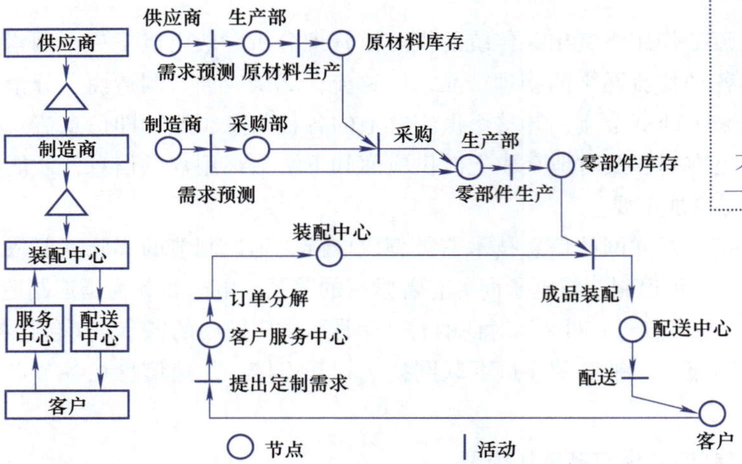

图 5-9　延迟制造环境下的供应链模型

大规模定制是一对矛盾统一体

任务实施

大规模定制在全面综合成本、质量、柔性和时间等竞争因素的前提下，有效地解决了需求多样化与大规模生产之间的冲突，从而为现代制造企业提供了一种全新的竞争模式。如今大规模定制模式在越来越多的行业被应用，如汽车行业、家电行业、家具行业、鞋服行业等。

做一做：

1．请任意选择某一可以大规模定制的制造企业网站（不能是淘宝的定制），试定制一种产品，注明交货时间和价格等信息。

2．请分析该产品的大规模定制是如何实现的，结合大规模定制的特点列出具体实现步骤。

拓展实训

实训一　大规模定制现状调研

实训背景

随着全球经济的快速发展，消费者的收入水平大大提高，购买力也大大增强，人们的消费观念发生了很大的变化，更加注重个性化的消费。缺乏个性的产品和服务已经不能满足他们的需要，传统的标准化、大批量的生产方式受到前所未有的挑战。大规模定制的重点在于通过柔性和快速响应实现产品的多样化和定制化。

实训目的

通过对企业大规模定制现状的调研，加深学生对大规模定制的认识和理解，体会大规模定制对企业的重要性。

实训组织

（1）学生自由组合，组成小组。

（2）选择一个感兴趣的企业。

（3）设计调研提纲。

（4）进行调研，了解该企业大规模定制的现状，包括大规模定制的水平、大规模定制的形式、大规模定制所需的工程技术、大规模定制的管理方法等。

（5）形成调研报告并进行小组展示。

实训评价

教师从调研报告内容完整性、展示效果、报告规范性、工作态度等方面进行综合评价。

实训二　供应链环境下制造商内部岗位模拟实训

实训背景

制造商的供应链是指制造商在其所处的供应链中拥有该供应链的“瓶颈”约束资源（技术、市场、原始资源、信息等），决定供应链的运行节拍与效率，在物流、信息流、工作流等资源配置方面胜任组织协调工作，能够实现并提升整体供应链的核心竞争优势。

实训目的

通过模拟制造商内部岗位，了解制造商内部各部门的职能，培养学生对供应链管理整体效率优化的意识。

实训组织

（1）学生自由组合，组成小组。

（2）假定制造商是生产汽车的厂商，各小组为本组的企业命名。

（3）讨论供应链管理涉及的岗位、部门，对各岗位工作范围进行界定，并绘制企业内部管理结构图。

（4）给出制造订单，进行角色扮演，模拟各部门的工作流程并做好详细记录。

（5）各小组轮流演示模拟活动。

（6）模拟活动完成后，评价各小组成员的综合表现。

实训评价

教师从各小组成员角色扮演、模拟活动方案制订、模拟活动演示等方面进行综合评价。

项目测评

一、判断题

1. 在延迟制造的供应链结构中，稳定是长期的，不稳定则是暂时的。（ ）

2. 在延迟制造模式下，制造商需要更准确和及时地获取上游供应商和下游最终用户的信息，才能实现客户驱动生产。（ ）

3. 供应链有两种不同的运作方式，一种称为推式，另一种称为拉式。（ ）

4. 在传统的大批量生产方式中，企业与消费者是一对一的关系，企业以不变应万变。（ ）

5. 在不稳定的市场环境下，客户需求难以统一化，但 MCP 模式下的企业更了解也更容易满足客户需求。（ ）

二、单选题

1. ERP 可以概括为（ ）。

A. 制造资源计划　　B. 企业资源计划

C. 企业生产计划　　D. 物料清单计划

2. 大规模定制要求设计人员在设计过程中充分考虑到如何在产品的整个研制过程中利用标准化技术、模块化设计技术、（ ）和并行工程等现代设计技术。

A. 成组技术　　B. 创新技术

C. 成熟技术　　D. 模组技术

3. 从产品全生命周期考虑所有的产品研制过程，通过系列化、（ ）、通用化、标准化等思想降低产品的生产总成本，缩短产品的研制时间。

A. 唯一化　　B. 模块化

C. 独立化　　D. 高效化

4. 大规模定制可发生在（ ）、设计与开发、制造过程设计、试制生产、生产过程的确认和销售等各个阶段中。

A. 筹备阶段　　B. 产品策划

C. 安装阶段　　D. 设想阶段

三、简答题

1．什么是制造商的供应链？它具有哪些特征？

2．试描述制造商的供应链管理流程。

3．供应链环境下企业生产计划有哪些特点？

4．什么是准时制生产？准时制生产有哪些特点？

5．大规模定制有哪些特点？

四、论述题

1．试述供应链管理环境下企业的生产计划与传统生产计划的区别。

2．简述制造商的供应链管理流程。

项目六

零售商的供应链管理

学习目标

知识目标：

1. 熟悉零售商主导的供应链模型。
2. 理解零售商主导型供应链的特征。
3. 熟悉零售商供应链管理的内容。
4. 熟悉客户关系管理在供应链管理中的重要性。
5. 知道新零售的概念。
6. 知道新零售相对传统零售的新特点。
7. 知道新零售供应链的结构及要求。
8. 熟悉新零售供应链的管理内容。

技能目标：

1. 能围绕零售商主导供应链管理的主要内容评价，优化具体企业案例。
2. 能简单构建零售商主导供应链下客户关系管理模型。
3. 能用 ABC 分类法进行分仓品类的选择。
4. 能围绕新零售供应链管理的主要内容、常见方法评价、优化具体案例。

素养目标：

1. 体会我国新零售供应链领域的创新进取精神。
2. 养成创新性思维习惯和精益求精的职业素养。

项目导学

- 项目六　零售商的供应链管理
  - 任务一　零售商供应链运营管理认知
    - 零售商主导型供应链模型的产生
    - 零售商主导的供应链模型
    - 零售商主导型供应链的特征
    - 零售商主导型供应链的管理
  - 任务二　零售商的客户关系管理
    - 客户关系管理的产生、概念和内容
    - 零售商客户服务管理的方向与原则
    - 客户关系管理系统
  - 任务三　新零售下的供应链管理
    - 新零售的产生
    - 新零售相关概念介绍
    - 新零售企业供应链结构及要求
    - 新零售供应链的管理内容
  - 实训一　新零售下商品的分仓方案设计
  - 实训二　大型连锁超市的新零售布局调研

任务一　零售商供应链运营管理认知

随着世界流通产业的巨大变革，我国工商关系业已进入以商业为主导的时期，零售商逐渐取得供应链的主导地位。它们利用市场势力对制造业等供应链节点形成较强的纵向渠道控制，从而形成了以零售商为主导的供应链。

学习导入

我国服装供应链的运作模式

我国是服装生产大国，服装业在国民经济和世界服装经济中发挥了举足轻重的作用。服装供应链非常复杂。服装产品本身的属性决定了服装市场具有多元化、个性化、小批量、多品种等特点，服装供应链涉及的支持产业多，采购和供应关系复杂。

服装供应链长和市场变化快的矛盾，加剧了牛鞭效应，不仅生产经营跟不上市场，而且容易造成缺货、剩货，导致库存成本上升。根据服装供应链的主导者角色差异，可以将其划分为三种不同运行模式，即零售商主导型供应链、制造商主导型供应链以及贸易公司主导型供应链。我国服装供应链中，物流在三种模式中是一致的，不同的是信息流和资金流。

在零售商主导型供应链中，服装零售商可以采取纵向本体化管理模式，把主要精力放在提升核心竞争力上，其他非核心业务外包给合作企业完成，利用企业外部资源快速响应市场需求。服装零售商把来自不同产业的节点企业，依次连接起来，协调纱线生产商、面料生产商、服装生产商等不同供应链成员间的活动，形成了零售商主导型供应链（见图 6-1）。

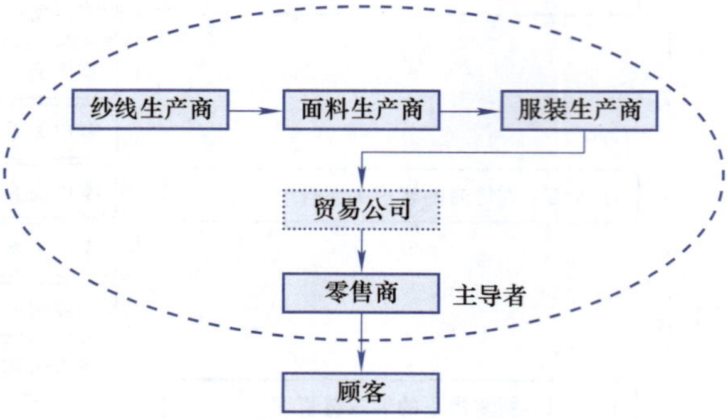

图 6-1 服装供应链的运作模式

思考：

1. 根据案例勾勒零售商主导的供应链简单模型。
2. 根据案例素材分析零售商在流通中的作用。
3. 结合本地的经济环境，讨论零售商的优势和劣势。

知识学习

一、零售商主导型供应链模型的产生

艾尔弗雷德·D. 钱德勒认为，19 世纪 80 年代以来，大型零售商因其可以获得更大的规模经济和范围经济，从大型批发商和小型零售代理机构手中抢走了越来越多的交易份额，流通渠道逐渐缩短，流通渠道控制权也逐渐向大型零售商转移。

在传统的制造商主导的供应链模式中，制造商控制了生产的原料和技术，是供应链的主导力量。随着大型连锁销售企业的出现，产生了下游的强势零售商，现代产业链重心开始转移。大型零售业的不断发展壮大，使零售商在供应链中扮演的角色越来越重要，在某些产品市场上已经开始充当渠道领袖的角色。同时，零售商作为供应链中最接近消费者的一环，在以消费者为中心的市场中占据越来越重要的地位，传统的以制造商为主导的供应链模式逐渐转变为以零售商为主导的供应链模式。例如，沃尔玛、家乐福等大型超市占据了很大份额的日用品消费市场，苏宁等大型电器零售商也是家电销售市场上的佼佼者。零售商对供应链拥有了巨大的影响力，而且这些零售商也在试图利用这种能力来领导供应链内的其他企业。

二、零售商主导的供应链模型

零售商主导的供应链是指以零售商为核心企业，由零售商、生产商、供应商、消费者所组

成的网络系统，大型零售商凭借其资金、信息、渠道等优势，对整个供应链的运营和管理拥有主导权，成为整个供应链网络的协调中心。它通过制定供应链衔接规则、建立信用关系以及对供应链体系中成员企业的作业流程进行控制和引导，鉴别并剔除整个供应链上的冗余行为和非增值行为，从而实现降低供应链成本，提高整个供应链的效率和竞争力，达到供应链整体价值最大化的目标。零售商主导的供应链模型如图 6–2 所示。

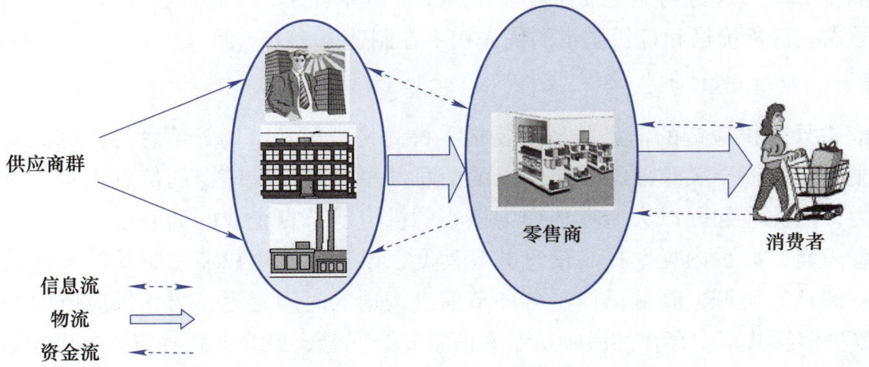

图 6–2 零售商主导的供应链模型

三、零售商主导型供应链的特征

1. 典型的拉式供应链管理

拉式供应链管理模式要求整个供应链高度集成，信息交换迅速，具备优秀的管理控制能力。零售商主导的供应链是典型的拉式供应链，即以最终用户的需求为驱动力，逐级通过零售商、分销商、制造商、原料供应商，传递到供应链的末端，如图 6–3 所示。拉式流程从响应用户需求开始，在执行时需求是确定的并已知的。由于零售商拥有即时了解用户购买信息的优势，通过整合优化后的零售商主导供应链适合采取拉式的驱动方式。在这种管理运作方式下，整个供应链的驱动力产生于最终用户，整个供应链库存量较低，对用户需求变化反应迅速。

图 6–3 零售商主导的拉式供应链

2. 供应链的有效性和反应性并重

现代大型零售商除供应满足人们基本要求的功能性产品，如日常用品、家用电器外，供应革新性产品的比例也越来越大，如时装、移动通信设备等。为满足用户对两种不同产品的需求，零售商主导的供应链在效率性和反应性上都必须具有足够的柔性。对于功能性产品，通过与供应商紧密合作加快库存周转，降低物流成本，同时降低生产成本，提高产品质量。对于革新性产品，通过供应链合作伙伴之间多方面的合作，优化产量和库存，规避需求的不确定性给供应链企业带来的损失。

3. 零售商对供应商的选择更加自由

在零售商主导的供应链中，零售商掌握供应链的控制权，能够更加自由地选择批发商甚至制造商，批发商更多地依赖零售商的销售渠道来扩大自己的市场份额。在供应链中零售商作为强势一方，可以先决定自己的订货目标，再将它告知制造商，制造商只能选择满足零售商要求的订货形式、订货价格和质量水平。

零售商主导型供应链与制造商主导型供应链的区别在于，零售商在供应链中具有先动优势，制定订货形式、订货价格和订货质量的优先权不在制造商一方。

4. 高度的信息共享

零售商主导型供应链的信息共享主要指零售商将销售、市场等信息与供应商实现共享。信息共享对主导零售商至关重要，供应链上的信息共享会降低供应链的信息成本，提高整个供应链的竞争力，因此应加强以大型零售商为核心的供应链节点企业间的联系，消除供应链节点企业间的信息障碍，减少内耗，提高信息共享程度，以形成由用户需求驱动的无缝供应链，实现整个供应链的良好协调，降低供应链各环节信息沟通的时间延迟，弱化供应链中的牛鞭效应，同时可以解决信息共享中存在的激励机制和信息安全问题，最终提高供应链的运作效率。

四、零售商主导型供应链的管理

零售商主导型供应链的管理目标是在满足客户需要的前提下，以零售商为核心，对供应链的各个环节进行综合管理，整合供应链的物流、信息流和资金流，把物流与库存成本降到最小。

（一）建立供应链战略伙伴关系

在消费者个性迥异、需求快速变化的时代背景下，不断提高客户满意度是对零售商主导型供应链的挑战，它要求零售商必须与分销商、制造商建立战略伙伴关系，通过伙伴之间互相信任、互相帮助、信息透明、风险共担和利益共享，零售商与供应商缔结成直接面向市场和客户的动态联盟，像一个企业内部的不同部门一样默契地协调工作，无论零售商还是制造商或分销商都能在供应链中受益，从而使供应链更具竞争力。

1. 供应链战略伙伴关系能有效减少供应链运作中的重复浪费

传统供应链中由于企业间缺乏合作，导致产品及其原材料（零部件）的仓储、运输和配送等方面在现实操作中存在许多重复。供应链战略伙伴关系通过资源共享和流程优化，能够有效减少这些重复，使供应链过程变得效率更高、成本更低。供应链战略伙伴之间的信息共享还可以减少信息重复输入，企业的终端销售数据、下单、生产安排、收据、记账、库存和运输信息等，只需一次输入即可实现共享。供应链战略伙伴关系建立后，彼此信任度增强，有利于减少重复谈判。

2. 供应链战略伙伴关系能有效降低产成品和在制品库存

在供应链战略伙伴关系下，零售商的终端销售数据被充分共享和利用，制造商即时把握市场需求信息，灵活安排产品生产，可以减少在制品和原材料库存，加快商品周转；通过零售商和供应商联合销售预测机制，对市场需求变化的预测更加精确和统一，有利于减少供应链的库存和退货。

3. 供应链战略伙伴关系能有效发挥核心专长

在长期合作关系下，制造商减少了对销售渠道的担忧，更专注于适销产品的研发和生产，加大对技术改造的投入。制造商可以从合作伙伴关系中得到的好处包括反应速度加快、产品品质改善、专业性提高以及成本降低等诸多方面。

4. 供应链战略伙伴关系是“双赢”的新型企业关系

核心零售企业与供应商都将注意力放到供应链之上，而不仅仅关心自身的成本与利益，通过建立长期友好、互利互惠的合作伙伴关系，共同实现供应链的协商和有效运作，提高供应链的效率，并共同分享由此带来的收益。

（二）实现以现代信息技术为支撑的供应链信息交换

供应链管理中存在信息不对称的问题，导致企业面临众多不确定因素，一是客户购买时间和数量的不确定性；二是供应商供货提前期、交货量和交货产品质量的不确定性；三是货物运输时间和运输状况的不确定性等。这些不确定性导致供应链整体效率的下降。

在零售商主导型供应链的管理中，解决信息失真、减少牛鞭效应的重点是建立畅通的信息流。信息技术的快速发展为供应链信息流的现代化管理提供了支持。条码技术、销售时点信息系统（POS 系统）、EDI 技术、通用分组无线服务技术（General Packet Radio Service，GPRS）、ERP 技术等广泛应用于供应链信息管理，信息共享机制成为零售商主导型供应链信息流管理的核心与关键。

（三）优化物流配送体系和库存管理

通过加强供应链企业之间的协作，优化物流和库存管理方式，可以在保证客户服务水平的条件下提高物流效率，降低整体成本。

1. 供应商管理库存

实施供应商管理库存（Vendor Managed Inventory，VMI）可以避免零售商为防止市场需求的突然变化引发的高库存、高成本。VMI 包括了 POS 系统和连续库存补充计划（Continuous Replenishment Program，CRP）等技术，在 EDI 技术、ID 代码、条码、条码应用标示符以及连续补货程序的支持下，零售商的库存状态是透明的，以便供应商随时跟踪和检查，根据零售商货架上的货物销售情况，随时主动地补货，使零售商库存减少，甚至做到零库存。

2. 协同配送

协同配送的优势在于打破零售、制造、批发等企业的界限，互相调剂、合理使用物流设施，减少单一企业物流配送方面的重复和浪费，提高配送效率。协同配送的模式主要有两种：一种是以一家企业为主导进行横向和纵向整合的共同配送。企业间可相互联系调剂货物，提高规模效益。另一种是多方整合的共同配送。其主要由多家零售企业或相关的供应商共同出资建设、管理和使用配送中心，这种模式比较适合于零售店集中分布在同一区域的大中型连锁企业。

（四）控制商品价格

零售商凭借其广泛、稳定的销售渠道成为整个供应链的主导企业，一般具有非常强大的市场渠道控制力，使供应商和中间商绕过这些零售商进入市场的成本很高，所以这些零售商主导企业经常有能力要求供应商提供低价或数量折扣。当然，并非只有规模巨大的零售商才可以成为供应链中的主导企业，在有些情况下，小零售商通过组成正式或非正式的采购联盟，也可能成为主导力量，从而取得定价控制权。

任务实施

沃尔玛的供应链管理

"让顾客满意"是沃尔玛公司的首要目标，这是沃尔玛数十年如一日坚持的经营理念。沃尔玛为顾客提供"高品质服务"和"无条件退款"的承诺绝非一句漂亮的口号。在美国，只要是从沃尔玛购买的商品，沃尔玛都无条件受理退款。沃尔玛每周都对顾客期望和反馈进行调查，管理人员根据直接调查收集到的顾客期望和反馈信息即时更新商品组合，组织采购，改进商品陈列摆放，营造舒适的购物环境。

沃尔玛能够做到及时地将消费者的意见反馈给厂商，并帮助厂商对产品进行改进和完善。过去，零售企业只是作为中间人，将商品从生产厂商传递到消费者手里，反过来再将消费者的意见以电话或书面的形式反馈到厂商那里。看起来沃尔玛并没有独到之处，但是结果却差异很大。原因在于，沃尔玛能够参与上游厂商的生产计划，因此能够将消费者的意见迅速反映到生产中，而不是简单地充当"二传手"或者电话话筒。

供应商是沃尔玛唇齿相依的战略伙伴。早在20世纪80年代，沃尔玛采取了一项政策，要求从交易中排除供应商的销售代理，直接向供应商订货，同时将采购价格降低2%～6%，大约相当于销售代理的佣金数额，如果供应商不同意，沃尔玛就拒绝与其合作。沃尔玛的做法造成和供应商关系紧张，一些供应商为此还在新闻界展开了一场谴责沃尔玛的宣传活动。直到20世纪80年代末，技术革新提供了更多督促制造商降低成本、削减价格的手段，供应商开始全面改善与沃尔玛的关系，通过网络和数据交换系统，沃尔玛与供应商共享信息，从而建立伙伴关系。沃尔玛与供应商努力建立关系的另一个做法是在店内安排适当的空间，供制造商自行设计、布置自己商品的展示区，以在店内营造更具吸引力和更专业化的购物环境。

沃尔玛还有一个非常好的系统，供应商可直接进入该系统，沃尔玛称其为零售链接。任何一个供应商都可以进入这个系统来了解他们的产品卖得怎么样，昨天、今天、上周、上个月，甚至去年的销售情况都能查到。供应商可以通过沃尔玛公司的零售链接及时了解有关情况。

另外，沃尔玛不仅是等待上游厂商供货、组织配送，而且直接参与上游厂商的生产计划，与上游厂商共同商讨和制订产品计划、供货周期，甚至帮助上游厂商进行新产品研发和质量控制方面的工作。这就意味着沃尔玛总是能够最早得到市场上最希望看到的商品，当别的零售商正在等待供货商的产品目录或者商谈合同时，沃尔玛已经开始热销这款产品了。

沃尔玛的前任总裁大卫•格拉斯曾说过："配送设施是沃尔玛成功的关键之一，如果说我们哪方面比别人做得好的话，那就是配送中心。"沃尔玛第一家配送中心于1970年建立，占地6 000平方米，负责供货给美国4个州的32家商场，集中处理公司所售商品的40%。在整个物流体系中，配送中心起中枢作用，将供应商向其提供的产品运往各商场。从工厂到货架，实现"无缝链接"平滑过渡。供应商只需将产品提供给配送中心，无须自己向各商场分发。这样，沃尔玛的运输、配送以及对于订单与购买的处理等所有的过程，都是一个完整的网络当中的一部分，可以大大降低成本。

随着沃尔玛的不断发展壮大，其配送中心的数量也不断增加。整个公司所销售商品的85%由这些配送中心供应，而其竞争对手只有50%～65%的商品集中配送。沃尔玛在美国拥有一套完善的物流系统，配送中心只是其中一小部分，沃尔玛完整的物流系统中不仅包括配送中心，还有更为复杂的资料输入系统、采购系统、自动补货系统等。

供应链的协调运行建立在各个环节主体间高质量的信息传递与共享的基础上。沃尔玛投资4亿美元发射了一颗商用卫星，实现了全球联网。其分布在全球的1万多家门店都可通过全球网络在1小时之内对每种商品的库存总量、上架量、销售量全部盘点一遍，所以沃尔玛的门店不会发生缺货情况。20世纪80年代末，沃尔玛开始利用EDI技术与供应商建立自动订货系统。该系统又称为无纸贸易系统，沃尔玛可通过该系统向供应商提供商业文件，发出采购指令，获取数据和装运清单等；同时供应商通过该系统可及时准确地把握其产品的销售情况。沃尔玛还利用更先进的快速反应系统代替采购指令，真正实现了自动订货。该系统利用条码扫描和卫星通信技术，与供应商每日交换商品销售、运输和订货信息。凭借先进的电子信息手段，沃尔玛做到了商店的销售与配送保持同步，配送中心与供应商运转一致。

做一做：

1．归纳沃尔玛供应链管理的内容。

2．查找资料，分析沃尔玛是如何强化供应链战略伙伴关系的。

任务二 零售商的客户关系管理

在零售商主导的供应链模式下，由于零售商处于链条的最末端，最能够接近和影响消费者，成为产品流向市场的“守门人”，其与客户（最终消费者）的关系也最密切，因此零售商的客户服务理念和服务系统是否完善会直接影响上游企业，进而影响整个供应链的效益。

学习导入

A超市客户关系管理

A超市是著名连锁超市，该超市非常了解顾客购物时的需求。这一点连同超市所提供的优质服务，是A超市对抗低价竞争对手的主要防御手段。超市采用了数据优势软件（Data Vantage）——这是专门用于客户关系管理的软件产品。该软件可以对扫描设备中的数据进行分析，从而预测顾客何时会再次购买哪些特定产品。然后，系统会及时推出特惠价格。

每周在超市消费250元以上的顾客每隔一周会收到一份定制的购物清单。这张清单基于顾客以往的购买记录以及厂家提供的商品现价、交易政策和折扣来制定。顾客可以随身携带这份清单，也可以将其保留在家中。当顾客到收银台结账时，收银员会扫描印有条码的购物清单或者顾客常用的优惠俱乐部会员卡。不管采用哪种方式，购物清单上的特价商品都会自动享受折扣，并且顾客在该店的购物记录也会被更新，用以生成下一份购物清单。

“这对我们和生产厂家都有利，因为我们可以根据顾客的需求制定促销方案”，超市经理说道。超市还根据顾客的特定信息，为各类有价值的顾客跨品类确定促销品。例如，超市将服用泰诺的顾客分成三组：全国性品牌顾客、商店品牌顾客和摇摆不定的顾客。每组顾客又可以根据不同的使用量分为低、中、高三个次组。使用量代表顾客对超市在某类商品中提供的长期价值。在此基础上，共产生了九种不同类型的顾客，足以满足一次批量定制营销活动的需要。

如果超市的目标是将摇摆不定的顾客转变为商店品牌顾客，超市会对使用量最高的顾客进行最具影响力的营销活动，因为他们具有最大的潜在价值。给予大用量顾客的初始折扣优惠远远高于给予低用量和中等用量顾客的优惠。促销活动的时间与每个顾客独特的购买周期相匹配，而超市通过分析顾客的历史购物记录可以做出合理的预测。

“顾客认为这太棒了，因为购物清单准确地反映了他们的购买需求。如果顾客养宠物，我们会给他们提供宠物粮的优惠；如果顾客有孩子，他们可以享受孩童产品的优惠，如纸尿裤和婴幼儿食品；如果顾客经常购买蔬菜，他们会得到蔬菜类产品的折扣”，经理说道，“如果顾客在多家超市购物，他们会错过我们根据其购物记录而专门提供的特价优惠，因为我们无法得知他们在其他超市购买了哪些商品。但是，如果顾客所购商品中大部分来自我们超市，他们通常可以得到一定的价值回报。我们忠诚的顾客通常会随购物清单一起得到 30 到 40 元折扣券的价值回馈。我们的目标是回报那些在我们这里进行大部分日常开销的顾客。”

除了针对客户定制的折扣优惠，这项计划还应该包括一些额外的奖励，如食谱、每周饮食计划、产品使用技巧、健康营养知识、快速结账通道以及送货上门服务。

你可能会误以为赠送物品就可以使顾客更忠诚。但是，如果你的竞争对手也推出类似的计划，并且现在你的顾客在任何一家店都可以享受折扣优惠，那你该怎么做呢？谁会想要一群总是寻找折扣的顾客呢？这样做无疑等于让你最有价值的顾客追求价格优惠。

我们应该牢记超市成为为数不多的成功“一对一”营销实践者之一的原因是什么。超市利用从顾客那里获得的信息给顾客提供了竞争对手无法轻易模仿的激励，因为这些激励是根据每个顾客独特的爱好和购物周期而定制的。顾客在超市购物越多，超市为顾客定制的优惠就会越多，这样就越能激励顾客保持忠诚。

超市将这种信息看作是自己的小秘密。经理说：“在大多数情况下，如果你的竞争对手想了解你的商品价格，他们只需到你的店里看一下货架上的价格标签，或者查看你每周的广告。但是，有了这个购物清单，竞争对手对你目前所做的一切一无所知，因为每个顾客的购物清单都是不同的。”

思考：超市是如何提升客户忠诚度的？

知识学习

一、客户关系管理的产生、概念和内容

（一）客户关系管理的产生和发展

20 世纪 60 年代以后，企业认识到仅从内部关注成本与效益的时代已经结束，要想获取长久发展的动力，必须把关注焦点转向客户，客户成为企业赖以生存发展的战略资源。1980 年年初，美国产生了所谓的“接触管理”，即专门收集客户与公司联系的所有信息，这意味着客户关系管理的萌芽。1985 年，营销学专家巴巴拉・本德・杰克逊提出了关系营销的概念，使人们对市场营销理论的研究又迈上了一个新的台阶；到 1990 年，则演变成包括电话服务中心与支持资料分析的客户关怀。

1999 年，高德纳咨询公司提出了客户关系管理（Customer Relationship Management，CRM）概念。随着竞争环境的激烈变化，客户资源成为供应链与供应链之间争夺的对象，人们对客户价值的认识也越来越深刻，并且随着互联网的广泛应用和普及，CRM 得到了广泛的实践和应用。

CRM 不仅是一套软件，更是一种思想和理念，即“以客户为中心”。取得实践成功的案例，往往是理念和思想的成功，而不是技术。

（二）客户关系管理的概念

客户关系是指企业为达到其经营目标，主动与客户建立起的某种联系。它是企业与客户之间通过相关活动而积累形成的，对增进双方的了解、加强合作、促进交易有着重要意义。

最早提出 CRM 概念的高德纳咨询公司认为：所谓 CRM，就是为企业提供全方位的管理视角；赋予企业更完善的客户交流能力，最大化客户的收益率；是从企业全面出发来加强客户管理，获取最大利润。

赫尔维茨集团（Hurwitz Group）认为：CRM 的焦点是自动化并改善与销售、市场营销、客户服务和支持等领域的客户关系有关的商业流程。

而 IBM 公司（国际商业机器公司）则认为：CRM 包括企业识别、挑选、获取、发展和保持客户的整个商业过程。IBM 公司把 CRM 分为三类：关系管理、流程管理和接入管理。

《企业资源计划　第 1 部分：ERP 术语》（GB/T 25109.1—2010）规定：客户关系管理（Customer Relationship Management，CRM）是遵循客户导向战略，利用现代信息技术，实现客户信息的搜集、跟踪和分析，客户联系渠道的拓展的管理模式。

从供应链管理的角度来看，客户关系管理理念和服务系统是否完善会直接影响客户满意度和忠诚度，从而影响整个供应链的效益和竞争力。

（三）零售商客户关系管理的内容

对于零售商来说，CRM 的主要内容具体包括以下三个方面：

1. 客户基础资料

客户基础资料主要是指企业需要掌握的客户的最基本的原始资料，即客户档案管理，这也是应该最先获取的第一手资料，这些客户资料是 CRM 的起点和基础。客户资料主要是通过销售人员进行客户访问收集挖掘而来。在 CRM 系统中，大多以建立客户卡或客户管理卡等方式进行管理。客户基础资料主要包括客户的名称、地址、电话、个人性格、爱好、家庭、学历、年龄、收入等。取得客户基础资料并对客户进行分类是 CRM 的基础。

2. 客户特征

客户特征主要包括客户的消费习惯、消费能力、消费心理等。在掌握客户资料的基础上，CRM 部门要进一步对客户资料进行分析。抓住消费者心理，迎合或改变消费者习惯，无疑是 CRM 成功的关键。

3. 与本企业的交易状况

与本企业的交易状况主要包括客户以往对产品的购买频率、一次购买金额、目前的消费水平、与其他竞争公司之间的关系、与本企业的合作态度等。

二、零售商客户服务管理的方向与原则

CRM 是指企业为了建立、维护并发展客户关系而进行的各项服务工作的总称，其目标是建立并提高客户的满意度和忠诚度、最大限度地开发利用客户。零售商的客户大部分是直接消费者，是产业供应链的最终服务对象，其需求状况直接影响整个供应链的效益，因此，从一定意义上讲，零售商的客户服务水平直接代表了供应链的服务水平。

我国零售业在受到跨国企业冲击的同时，也学习到国外零售业先进的管理经验和管理方法，并深刻认识到价格竞争时代已经结束，服务竞争才是企业胜出的关键。因此如何提高客户服务水平，进而留住客户，提高客户满意度和客户忠诚度，成了零售商关注的焦点。贝恩公司（Bain & Company）是一家全球领先的战略咨询公司，致力于帮助企业提升价值。该公司研究结果显示，客户忠诚度每提高 5%，企业的利润就会有 45% ～ 90% 的提升。

客户关系管理主要围绕三个方向展开：

（1）吸纳新客户。提供产品和服务的价值或提供新产品和服务来吸引更多的客户。

（2）从现有客户中获取更大收入。提供多样化的产品和服务以增加销售量；细分客户群，提供有针对性的产品和服务。

（3）留住重点客户。尽量满足他们的需求，为其提供个性化服务或一对一服务，保持长期的关系，并为他们提供各种新特产品和服务，以增加企业的利润。

客户关系管理通常采用信息科技（数据库营销、数据仓库、数据挖掘），通过三个阶段来实现上述方向：一是依据客户数据库划分客户群；二是分析不同客户群的购买行为和偏好，以提供他们所需的产品和服务；三是与客户建立虚拟亲密关系，对客户的需求了如指掌，为他们量身定做产品和服务。

在进行零售商客户服务管理时应遵循以下原则：

1. 以满足客户需求为中心

在当今市场经济条件下，企业要想有发展，就要有客户；有客户才有利润；有利润才有长

久发展的动力。因为企业服务的对象是客户，“一切为了客户，为了客户的一切”的服务意识必须加强。但企业提供服务的内容是什么，服务标准应如何确定？这些都离不开对客户需求的研究。从本质上讲，零售商所做的一切服务工作都应当紧紧围绕客户的需求来开展，满足客户需求是其开展客户服务的出发点，也是开展客户服务的终点。零售商应从以下几方面来把握客户服务工作的重点：

（1）对个性化的需求。社会已经进入个性化时代，消费者的个性决定了需求的特殊性，而消费者的收入差距则带来了需求结构的变化。有需求，就有服务，而个性化定制服务是满足个性化需求、实现一对一营销的重点。

（2）对便利性的需求。生活节奏的加快和生活质量的提高，使人们对于便利的需求变得日益强烈，在不同的方面、不同的时间总能感受到客户对便利性的偏好。

（3）对参与价格决策的需求。客户若想购买产品，可以很快知道产品价格和是否有货。他们可以通过智能手机快速了解到不同网络零售商的销售价格，也能了解到不远处实体店的销售价格。客户掌握了最新的价格信息。

（4）对产品透明度的需求。客户已不愿意接受看不到的商业过程，他们希望看到每个环节的进展情况，尽可能掌握大量相关信息。

2. 尊重和信任客户

在市场竞争日益激烈的今天，服务人员应该去尊重和信任自己的客户。首先，要学会尊重客户，态度上要对客户一视同仁，即不因客户的年龄、性别、地位、收入等而提供不公平服务。其次，要学会信任客户，有人认为信任是最高的尊重。只有尊重和信任客户，客户才会真正行动起来回报你利润和价值。

3. 正确对待客户投诉

在通常情况下，客户投诉是一个企业的大忌。如果客户投诉较多，某种程度上就反映出企业工作中有缺陷或者服务不到位的地方就很多。因此，为了防止和减少客户投诉，要采取积极有效的措施，加大客户服务的力度和投诉处理的力度，使客户投诉减少。客户投诉并不可怕，关键是要正确对待。企业不仅要做好客户投诉的处理工作，更重要的是要通过客户的投诉来发现自身存在的问题与不足，并把客户投诉作为改进的目标，不断探索更好的工作方式，提高客户服务水平。

零售商 CRM 实施策略

三、客户关系管理系统

CRM 系统以客户数据的管理为核心，利用信息科学技术，实现市场营销、销售、服务等活动自动化，使企业能更高效地为客户提供满意、周到的服务。

（一）CRM 系统的基本功能

零售商 CRM 系统的基本功能一般包括客户服务与支持功能、销售管理功能、营销管理功能和呼叫中心功能。通过对客户服务、销售等活动进行有效管理，企业可以达到吸引客户、留住客户，提高客户满意度和忠诚度的目的。

1. 客户服务与支持功能

客户服务与支持是 CRM 系统的基本功能，具体又可分为以下一些子功能：客户信息管理、客户服务管理、客户合同管理、客户跟踪管理、现场服务管理。

2. 销售管理功能

销售管理功能的目的是提高销售过程的自动化水平和销售的效果。它包括以下子功能：现场销售管理、电话销售管理、销售佣金管理。

3. 营销管理功能

营销管理功能主要是指实现营销分析与决策。它包括以下子功能：市场分析、预测分析、营销活动管理等。

4. 呼叫中心功能

呼叫中心是由计算机和电话机集成技术支持的，能受理电话、电子邮件、传真等多种方式交流的不间断的综合服务系统。它的功能模块主要有电话管理员、语音集成服务、报表统计分析、代理执行服务、市场活动支持服务、呼入呼出调度管理等。

（二）CRM 系统的实施流程

1. 明确实施目标

在实施 CRM 方案之前，首先确定利用这一新系统实现的具体目标，如提高客户满意度、缩短产品销售周期以及增加合同的成交率等，即应了解这一系统的应用价值。

2. 组建 CRM 项目团队

为成功地实现 CRM 方案，管理者还必须对企业业务进行统筹考虑，并建立一支项目实施团队。这一团队的成员既应包括企业领导以及企业内部信息技术、营销、财务、生产、研发等各部门的代表，还应该有外部专家及客户代表。

3. 进行业务流程分析

在评估一个 CRM 方案的可行性之前，使用者需多花费一些时间，详细规划和分析自身具体业务流程。为此，需广泛地征求各部门员工意见，了解他们对销售、服务过程的理解和需求；确保企业高层管理人员参与到评估过程中，以确定最佳方案。

4. 明确实际需求

充分了解企业的业务运作情况后，接下来需从销售和服务人员的角度出发，确定其所需要的功能，并令最终使用者寻找出对其有益的及其所希望使用的功能。就产品的销售而言，企业中存在着两大用户群——销售管理人员和销售人员。其中，销售管理人员对市场预测、销售渠道管理和销售报告的提交感兴趣；而销售人员则希望尽快获得销售额、产品目录和客户资料等信息。

5. 选择供应商

确保所选择的供应商对企业所要解决的问题有充分的理解，了解其所提供 CRM 方案的功能及应如何使用方案，同时应确保该供应商所提交的每一项软、硬设施都有详尽的文字说明。

6. CRM 系统调试应用

CRM 方案的设计，需要企业与供应商双方的共同努力。为使这一方案能够迅速实现，企业应先部署那些当前最为需要的功能，然后分阶段不断向其中添加新功能。

任务实施

英国零售商特易购的客户关系管理

特易购（Tesco）是全球著名零售商。与沃尔玛一样，特易购在利用信息技术进行数据挖掘和增强客户忠诚度方面处于领先地位。特易购通过结合磁条扫描技术和电子会员卡分析每个持卡会员的购买偏好和消费模式，并为不同细分群体设计个性化的每季通讯。

特易购值得借鉴的方法之一是品牌联合计划，与几个强势品牌联合推出一个客户忠诚度计划。特易购的会员制活动为不同群体提供多样的奖励。例如，针对家庭主妇推出的“我的时间我做主”活动，家庭主妇在日常购物中可以积累点数，用于兑换当地高级美容美发沙龙的免费体验卡或名牌服装的大幅折扣。

特易购的会员卡不仅是一个集满点数换奖品的忠诚度计划，而且是一个结合信息科技创建和分析消费者数据库的 CRM 系统，以指导和获得更精确的消费者细分、更准确的消费者洞察和更有针对性的营销策略。

特易购根据消费者的购买偏好识别了 6 个细分群体；根据消费者的生活阶段分出了 8 个细分群体；根据消费者的使用和购买速度划分了 11 个细分群体；而根据购买习惯和行为模式细分的目标群体更是达到 5 000 个之多。而 CRM 系统为特易购带来的好处包括以下几个方面：

（1）更有针对性的价格策略。某些价格优惠仅提供给价格敏感的群体。

（2）更有选择性的采购计划。进货构成根据数据库反映的消费构成制定。

（3）更个性化的促销活动。特易购针对不同细分群体设计了不同的每季通讯，并提供了不同的奖励和刺激消费计划。因此，特易购优惠券的实际使用率达到 20%，远高于行业平均的 0.5%。

（4）更贴心的客户服务。详细的客户信息使得特易购可以为重点客户提供特殊服务，如为孕妇配置个人购物助手等。

（5）更可测的营销效果。通过对不同细分群体开展营销活动，可以从客户购买模式的变化中看出活动的效果。

（6）更具有说服力的市场调查。基础数据库的样本采集也更加精确，最终结果自然就是消费者满意度和忠诚度的提高。

做一做：结合上述材料，分析特易购是如何提高客户满意度和忠诚度，从而扩大销量的。

任务三 新零售下的供应链管理

2016年10月，阿里云栖大会首次提出了“新零售”这一概念，并断言“传统电商已死，新零售时代已来”。此后，各大商业巨头开始发力“新零售”。线上电商企业布局线下实体零售，线下商超谋划线上零售平台，在整合平台的基础上，进一步融合新技术，形成了全新的零售模式。

学习导入

阿里巴巴的新零售布局

2016年10月，阿里巴巴首次提出了新零售概念，并在电商基础上积极布局线下市场。阿里巴巴集团创立了盒马鲜生、天猫小店，并收购了银泰集团，入股三江购物、联华超市和高鑫零售。京东集团也与线下商超合作，并布局京东便利店、京东家电等。此外，永辉超市、每日优鲜、顺丰物流等企业也积极布局新零售。

阿里巴巴集团在新零售布局方面，早在2013年就开始尝试。2014年3月，阿里巴巴投资银泰集团，探索线上线下融合渠道。2015年8月，阿里巴巴与苏宁云商战略合作。2016年1月，创立了盒马鲜生。2017年2月，与百联集团达成战略合作。2018年1月，完成对高鑫零售的控股。2020年4月，阿里巴巴天猫超市事业群升级为同城零售事业群。2021年5月，阿里巴巴发布服务实体零售行业的数智化SaaS品牌“翱象”，为实体零售提供线上线下一体化经营、消费者需求洞察、商品经营效率提升等解决方案。除了这些，阿里巴巴还投资了易果生鲜、闪电购、1919酒类直供等企业。

阿里巴巴集团还加强了对物流和新零售技术的布局和投资。在物流方面，阿里巴巴成立了菜鸟物流，并与顺丰等主要物流公司合作。在新零售技术方面，阿里巴巴在云计算、大数据和零售通方面进行布局。阿里巴巴通过云计算整合各方资源，解决平台与用户之间的信息不对称问题。在大数据技术服务方面，阿里巴巴根据消费数据进行精准营销和定制化生产。阿里巴巴还开发了其他消费体验技术，如虚拟现实技术和个性化定制活动。

除了前端线上线下零售和技术布局，阿里巴巴集团还积极布局零售供应链体系。阿里巴巴通过淘工厂连接淘宝卖家与工厂，建立新型柔性供应链。

阿里巴巴新零售的基本形态包括线下市场和线上市场两个购物载体，在新零售模式下，这两个市场互相渗透和融合。线下市场除了具备传统零售功能外，还承担仓储、物流等功能，而线上市场承担线上零售和客户关系管理、消费行为挖掘等功能。线上线下两种零售模式的功能和分工紧密配合和协同，实现零售服务水平的提升和加速融合。

阿里巴巴集团以消费者体验为中心，通过线上线下零售的结合和新零售技术的应用，不断改造和优化传统零售模式，实现真正的新零售。在新零售体系中，数据的重要性得到强调，同时还注重灵活的供应链体系。新零售对传统零售的颠覆主要体现在其影响力拓展至供应链层面，要求满足消费者偏好的精准捕捉和灵活的供应链体系。

思考：新零售“新”在哪些方面？新零售成功的关键因素有哪些？

知识学习

一、新零售的产生

实体与互联网融合进行零售模式创新能够弥补传统电商购物体验不足的短板，解决实体零售难以及时跟踪市场需求变化的难题，此时供应链的整体升级优化成为关键。传统零售以供应链后端的产品生产环节为关键，缺乏供应链与消费者的交互整合，使供应链难以对频繁变化的市场需求做出迅速反应。相对于传统零售，新零售主张通过引入数字技术实现线上供应链业务与线下供应链活动的全面协同，强调以用户为中心，聚焦企业经营中沉淀的产品及服务数据，通过激活数据驱动消费侧、供给侧、产品与服务等供应链环节的数字化升级，实现各环节实时联动，进而推动零售模式创新发展。

二、新零售相关概念介绍

（一）新零售的概念

对于什么是新零售，至今尚没有一个共同确认的定义，对其理解也是见仁见智。阿里巴巴研究院 2017 年《新零售研究报告》中对“新零售”做出定义，认为“新零售是以消费者体验为中心的数据驱动的泛零售形态”，实质是从“货—场—人”到“人—货—场”的转变，体现以消费者为中心满足需求的本质。苏宁控股集团董事长则从“智慧零售”的角度对新零售进行诠释，他指出：“智慧零售是运用互联网、物联网技术，感知消费习惯，预测消费趋势，引导生产制造，为消费者提供多样化、个性化的产品和服务。”

总之，新零售是基于新一代信息技术的应用，以最大限度满足消费者体验需求为中心，实现全社会零售商业运转效率最大化的一种零售形态。新零售商业模式的创新，彻底打破了传统实体商业和线上电子商务之间的分界线，不是简单追求打通线上线下，而是线上线下并重、所有零售资源深度融合的“智慧商业”。

（二）新零售下消费者的购买模式——全渠道

移动互联网和大数据的全面普及，使得消费者的购买模式和消费模式发生了改变。新时代消费者的消费过程往往是从某一个单一的渠道开始，而最后交易的完成会在另外一个渠道。

例如，一位将要购买衣服的顾客，她在购买之前总是要先去网上查一查，然后去各个卖家的网上商店逛一下，或者问问自己的同学、朋友对某个品牌的看法，抑或是去实体店实地考察一下。去实体店的过程当中，她也会去逛其他商店比较一下，最后选定一家商店。她在买之前还是想比较一下其他品牌的商品信息，于是在手机 App 上查看其他品牌服装的价格、款式、风格等。经过一番精心比较之后，她选择了一件某品牌某款式的衣服，然后在实体店的 POS 机（销售点情报管理系统）上完成了交易。

显然，从这位消费者的购买过程我们可以发现，她使用的渠道类型不止一种，有网上渠道、实体店渠道，还有移动渠道和社交渠道。在当今社会，这并不是个别现象，这种购物方式正日益构成一个庞大的全渠道消费群体。

在全渠道零售模式下，消费者可以在任何时候、任何地方，以任何方式购买到自己想要的商品与服务，它整合了实体渠道、电子商务渠道、移动商务渠道以及更多的新兴渠道，为顾客提供无差别的购买体验。未来的零售商可以也必须通过多种渠道与顾客互动，如网站、实体店、小程序、社交媒体、电视、电商直播、短视频等。通过打通线下门店、电商、微商等，实现这些渠道相互融合。此外，线上线下渠道之间相争相搏、左手打右手的情况将不复存在，因为全渠道零售模式为所有顾客提供了价格统一、服务一致、质量也相同的、无差别的购买体验。

全渠道下的购买模式

（三）新零售的“人”“货”“场”

新零售通过人、货、场的重构与升级，实现零售商业模式的创新，从而改善了商业效率。

在新零售模式下，“人”由消费者向“消费者 + 合作生产者”转变，消费者需求多样化，追求个性化，缺乏耐心，对时效和便捷的要求持续提升。

在新零售模式下，“货”由传统的商品向包含商品的全消费过程体验转变。产品多样化，库存量单位（Stock Keeping Unit，SKU）数量增加，非标准、定制化产品增加，产品生命周期变短，成为“货”的典型特征。

在新零售模式下，“场”由线上和线下固定的零售场所向泛零售、消费者触达场景多元化、所见即所得转变，线上线下渠道的整合程度不断增加，形成全渠道、多场景相融合的零售业态。

案例链接

新零售下的购买场景

小雷走进一家商店。这家商店通过刷会员卡、录入会员手机号快速识别出他以前的购买信息，这些信息被自动发送到店员手持的平板电脑上面，并提醒他上前迎接问候。当小雷浏览商品时，店员根据平板电脑显示的他此前在本商店购买过的商品信息，向他介绍了同类的商品，并提示他该商品根据他的购买历史现在可以享受折扣优惠。小雷通过实际接触了解商品后决定购买，但又不想去排队付款，最后决定连接店内免费 Wi-Fi，通过智能手机支付完成购物车中商品的结算。小雷在实体店购买了在网上相中的商品，他的这次购买信息也将自动发送到商店的数据库。

上述场景通过数据库线上渠道实体化、线下渠道网络化，带给顾客无缝化体验。科学技术正日益影响着我们的生活，全渠道营销、顾客无缝化体验正是新零售倡导的理念。

思考：除了全渠道营销、顾客无缝化体验，新零售倡导的理念还有什么？

（四）新零售的“新”特点

（1）购买渠道的创新与融合，以此构建新的消费场景，满足消费者全天候、无差异的购物需求。新零售是全渠道的延展，全渠道是指企业尽可能提供和整合更多的零售渠道，来满足消费者在信息搜索、比价、购买、售后服务及评价等购物全过程中购物、娱乐、社交等复合型消费需求，提升购物体验，确保消费者在不同渠道间得到的服务水平是一致的。通过全渠道打破渠道之间的界限，利用新技术和社交媒体丰富消费者的消费场景，这是新零售的新特点之一。

我国零售行业的零售渠道经历了由单渠道、多渠道、跨渠道向全渠道的转化和升级。这几种渠道有着各自的时代背景，如表 6–1 所示。

表 6–1　几种渠道各自的时代背景

项目	单渠道	多渠道	跨渠道	全渠道
时代背景	实体店铺时代，零售渠道单一，地理覆盖范围小，接近消费者中心，能够给顾客良好的消费体验	实体店加网店时代，零售渠道多样，地理覆盖范围大，突破了时空限制，给顾客提供便捷高效的购买享受	实体店加网店加移动商店时代，零售渠道多样化且实现整合，突破了时间和空间的限制，随时、随地、随意的购物需求得到满足	实体店加网店加移动商店加社交媒体时代，零售渠道全面化、个性化、组合化，顾客可以享受到购物、娱乐和社交的全天候体验

全渠道是一种以消费者为中心的渠道模式。在多渠道零售和跨渠道零售中，零售企业以自身为出发点，对同一消费者在不同渠道中的身份无法统一精确识别。在全渠道零售中，同一消费者在任何一个渠道中，如实体店、网店、移动商店和社交商店等，都具有统一的购物身份、统一的购物清单、统一的购物账户，能够享受到统一无差别的服务体验，让消费者不会感受到渠道壁垒的存在。

案例链接

小米的全渠道建设

1．小米早期的互联网渠道

小米早期通过米聊触达并积累早期用户，其早期的 100 个梦想赞助商来自 MIUI 论坛。小米通过线上渠道（小米社区、新媒体、小米商城和电商）发展了数百万的粉丝，通过小米家宴将粉丝建设推向高潮。小米通过不同模式与用户连接，通过社群建设忠诚的小米粉丝群体，达到销售的目的。

2．小米电商平台

（1）小米线上第三方代理。在国内，小米主要与京东、苏宁等平台合作；在世界其他地区，则主要通过 Flipkart、亚马逊等第三方电商销售。代理商直接购买小米的产品，然后向终端用户分销。

（2）小米线上直营。小米通过小米商城经营小米手机、平板电脑等科技数码产品，也涉及周边生活商品。同时，小米在天猫开设旗舰店，进行小米产品的自营。2017 年，小米推出小米有品，打造精品生活电商平台。小米有品采用了多品牌合作的模式，除了销售小米和米家的产品，也有第三方独立品牌。

3．小米线下布局

小米线下布局基本分为以下几种类型：①小米之家。自建自营，线下直营，布局一二线城市，进驻大型商城，旗舰店 1 000 ～ 2 000 平方米，一般店 250 ～ 300 平方米，集形象展示、产品体验、咨询和销售功能于一体。②小米专卖店。他建自营，布局三四线城市，150 ～ 200 平方米，小米与各地优秀的服务商、零售商合作，小米直供产品，直接管理运营。③小米体验店。他建他营，小米指导，类似代理商模式，四线城市以下主推，在产品选取上因地制宜，对城市中心店和郊区店做出了区隔。④小米直供点。当作 C 端客户，店主在线申请即可获得销售资质，直接从小米小规模订货，店主可通过微信、电商、抖音等方式推广。

4．小米自营全渠道

小米有品、小米商城和小米之家共同组成小米自营全渠道的三层结构。小米建立了 S2B2C

的运营模式，平台为优质商家提供物流、客服、品控等全方位的支撑，与400余家行业头部企业达成合作。小米商城经营小米自己和生态链的产品；每个小米之家也有数百种商品；小米有品同时打造会员模式“有品推手”，采用邀请制注册，新用户通过邀请码注册开通成为推手会员，推手会员享有自购省钱、推广赚钱的权益。

小米通过全渠道运作，更大频次地加深与粉丝互动的关系，从互联网时代的粉丝模式，到移动互联网的社交电商，在模式不断发展中，小米与用户的关系不断升级，通过全渠道、全接触点建设，小米通过多种形式增加了和粉丝之间的情感维系，增强了粉丝的黏性，以及产品的销售转化和高频互动。

思考：小米的全渠道建设反映了新零售的哪些特点？

（2）新技术促进效率提升与业态更新。新零售以大数据、物联网、云计算、人工智能等新技术驱动零售场景重建及产业链重构，伴随这些新技术在零售业的应用，从生产到消费，零售商都可以进行有效监控，降低库存成本。事实上，新零售产生的一个重要原因就是技术变革的推动。新零售借助大数据等数字化技术，为每位消费者绘制专属的消费图谱，精准把握消费者需求，根据其个性化需求开展自身运营，不断升级消费体验。新零售借助新技术，打造新物流，提高商品流通效率和服务水平。技术与零售的结合，衍生出新的业态，如无人便利店、新型自动售货机等。

可以看到的是，自新零售概念问世以来，业内绝大多数的变革与升级都发生在消费端，然而，即便花样再多，行业终归还是要回归到零售的本质——高效地为消费者提供超出预期的商品与服务。若想真正做到“高效”与“超出预期”，除了在直接面向消费者的零售部分做文章之外，还要依靠强大供应链的有力支撑。因此，如何打造新型供应链是新零售竞争的焦点所在。

三、新零售企业供应链结构及要求

1. 传统零售企业供应链结构

传统零售企业供应链结构如图6-4所示。在传统渠道运营过程中，零售企业已经达到相当大的规模。在传统零售企业供应链中，制造商生产产品，并通过分销商和零售商将产品分销出去，最终到达消费者的手中。

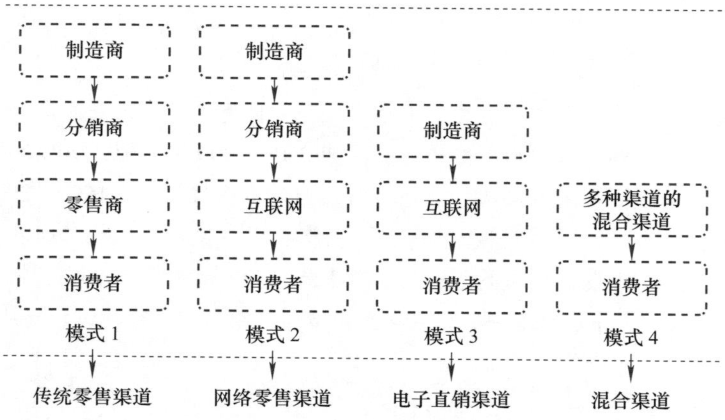

图6-4 传统零售企业供应链结构

2. 新零售企业供应链结构

基于全渠道运营的新零售企业供应链中，实现电商和实体店两条分割的供应链的融合，建立以终端门店履约为中心的大数据云系统，如图 6–5 所示。终端门店在所覆盖的区域既负责本店货架库存管理和预测，还负责处理来自电商的货物打包和运送服务，以及接受在线顾客店面取货和处理在线购物的退换货服务。终端门店之间也相互打通，共享物流资源。终端门店未覆盖区域和非畅销品配送以及退换商品等，则交由统一的电商分销中心集中处理。整个系统采用统一的订货系统、产品信息、物流运输、仓储、分拨和包装，每个环节都通过 POS 机进行扫描并将扫描所获取的数据存储于大数据云服务系统，以供内部供应链各个部门查询，也供顾客随时进行追踪。

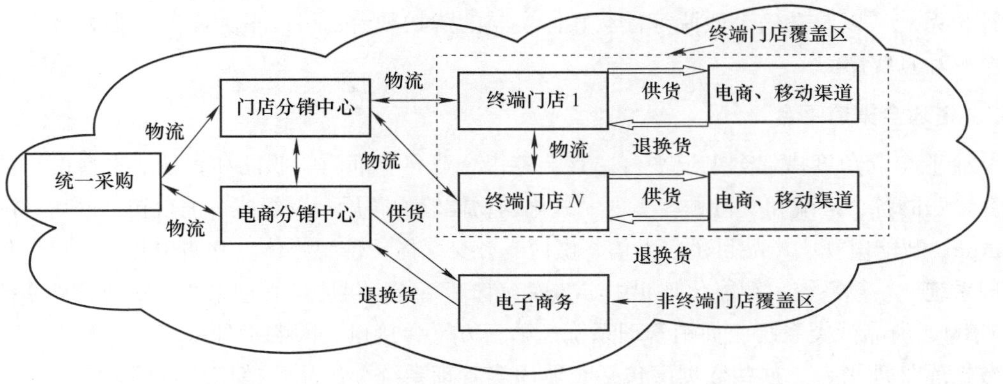

图 6–5　新零售企业供应链结构

3. 新零售企业供应链的新要求

新零售围绕的人、货、场三大组成要素正在进行全面的重构和升级，这也对供应链管理体系提出了新要求，如表 6–2 所示。

表 6–2　新零售企业供应链的新要求

新零售带来的新变化	对供应链提出的新要求
需求多样化，SKU 变多且产品生命周期变短；消费者缺乏耐心，对缺货容忍度降低；传统的大规模生产、大批量配货被小批量、高频次的订单模式取代	需求预测难度加大，流通渠道仓库库存控制难，需要数字化供应链下大数据、云计算等新技术的运用来提高预测准确性，并通过信息的高度共享完成上下游协同
消费者对时效的要求持续提升，线上线下融合趋势加剧，由固定场所延伸到泛零售、多元化场景；仓库布局越来越贴近终端消费者，而“前置仓”“门店仓”等新模式纷纷涌现，以便灵活快速供应	“前置仓”“门店仓”等仓库模式涌现，干线及城配（尤其是到“前置仓”“门店仓”等）配送成本升高，如何优化供应链的库存布局及作业效率，成为平衡时效与成本的关键
消费者对“便捷”的要求持续提升，送货入户成为普遍要求	末端配送成本上升，如 O2O 重货入户等，如何优化“最后一公里”，在合理的运作成本下实现消费者对便捷的需求，是新零售面临的重要课题

四、新零售供应链的管理内容

（一）新零售供应链的前端管理

1. 传统实体店进行虚拟化，网店、移动平台实体化

首先，从实体店来说，增加虚拟化设施，打造模拟家庭购物环境的顾客上网区域，可以为

顾客在店内提供家庭网络购物式体验。店内提供免费 Wi-Fi，顾客可通过扫描二维码、POS 机结账。此外，店内还设置了包含产品信息、支付功能、自动结算功能的展示屏。店内员工配备平板电脑，可随时进行业务咨询、购物结算等。

其次，从网店、移动平台等线上渠道来看，商品因为缺乏真实的触摸感，不能够进行试穿试用，往往让顾客有所顾虑。为了打消顾客的疑虑，网站可选用标准化程度较高的产品，这类产品容易描述，便于通过图片、视频和参数进行比较。对于服装类产品，为了展现实际效果，顾客可选择上传自己的照片进行虚拟试穿。有便捷的订货、购物系统，安全的支付系统，实时、透明的库存系统，网上订货实体店退换货系统，由顾客与店家直接沟通交流的信息平台，顾客购物评价系统，以及微信、微博等社交媒体参与的购物平台，可以最大限度增强顾客网络购物的安全感和真实感。

2. 搭建全渠道平台

从企业全局角度搭建全渠道平台，整合零售企业各个部门的职能和责任。平台由“前台”与顾客接触的各个终端和支持顾客实现无缝化购物体验的“后台”组成。前台包括网店、门店、移动 App、智能电视、产品目录、微信、微博、社交媒体、传统媒体、呼叫中心等。后台包括订单处理系统、结算系统、智能化呼叫中心、库存管理系统、供应链管理系统、物流管理系统、智能化 CRM、商品分类系统、促销管理系统、第三方平台接口、团购管理系统，以及支持这些系统的数据库处理平台。这些数据库包括企业内容管理系统、产品营销信息管理系统、顾客信息库、ERP、订单管理系统、库存管理系统、CRM 系统等。

3. 客户体验和忠诚计划

（1）要做好服务工作。每个人都是全球消费者社区的一部分，都能提供关于某个零售商产品的意见和看法。通过社交媒体，顾客能很快地得到朋友的意见。对于顾客的评论和意见，零售商必须做出及时、妥善、令人满意的答复，特别是网络上的好评率能够直接影响销售情况以及围绕这个品牌塑造的社区氛围。

（2）做好精确营销、促销与推销。建立完整的全渠道平台的目的就是能够针对不同的顾客进行精确营销。通过对顾客线上、线下数据库整合统一，对顾客网站关注、停留时间、购物车、线下会员卡资料、会员卡消费记录等数据进行大数据分析，得出顾客类型、购物偏好，从而找出最佳推销方式，在合适的时间、合适的场合给予顾客精确的优惠券、折扣券等说服顾客进行购物。

（二）新零售供应链的后端管理

新零售供应链的优化要和新零售的需求紧密结合，要充分反映全渠道的时代特点，可以从以下几个方面对供应链的运营加以优化。

1. 新零售的库存管理

（1）合理的库存控制是供应链效率的基础，库存管理也成为新零售供应链管理的重要内容。全渠道的供应链运营体系中，渠道库存管理由传统单一渠道模式下上下游纵向协同的库存管理转变为“上下游 + 多渠道”协同的立体结构，如图 6–6 所示。

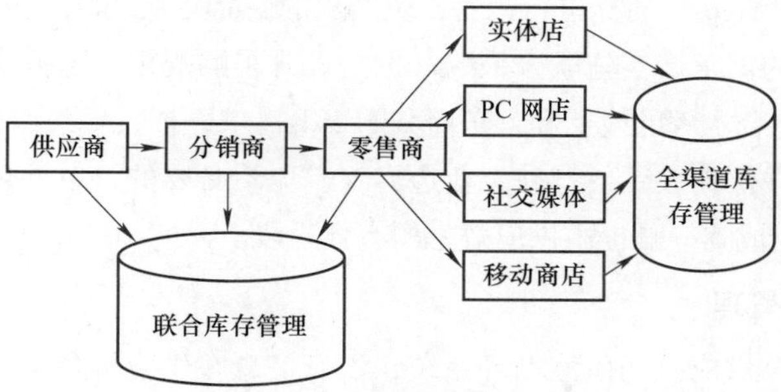

图 6-6　全渠道库存管理结构

（2）充分释放流动资金优化供应链的资金运行效率。新零售库存管理强调各渠道库存的共享和供应链节点企业库存的共享和可视化。也就是当线上有客户需求的时候，如果物流中心无库存，某个可调拨区域的末端门店存在库存，末端门店根据订单信息快速执行订单处理并进行物流配送。

对零售商来说，要想在全渠道零售模式下实现库存充分共享，同时在品类不断增加的背景下实现各节点维持合理的库存量，离不开准确的需求预测。实现这一目标需要在数字化供应链的支撑下采用云计算、大数据及人工智能等新技术提高预测准确性，同时实现上下游信息共享，实现供应链的协同运作。例如，国内以便利蜂为代表的新型创业公司通过与仓储管理系统、ERP 系统联通的互联网平台打通总仓、前置仓、门店及货柜，实现高度精准的库存实时监测。

2. 新零售的供应管理

对客户来说，影响消费体验最大的因素莫过于产品性价比，零售业的产品采购与供应是供应链中成本占比最大的一个环节，如何优化产品供应，为客户提供低价优质的产品是新零售成败的关键。

零售企业要凭借自身强大的资源整合能力以及协调沟通能力，与供应链上的节点企业建立一种利益共享、风险分担的伙伴关系，发挥新零售下全渠道的优势。利用各种新技术收集客户需求偏好并和上游合作伙伴共同开发新产品，建立自有品牌，是很多成功的新零售企业常见的做法。例如：英国新零售领头羊、知名百货连锁品牌 Argos 有超过一半的销售额来自自有品牌；美国知名连锁零售商开市客（Costco）自有红酒品牌科克兰（Kirkland）是网红产品；屈臣氏自有品牌占比达到了 15%；阿里巴巴新零售的样板店盒马鲜生也根据消费者需求积极与上游供应商合作开发自有品牌等。通过开发自有品牌，新零售企业不仅可以实现去中间化，实现快速供应，从源头上把控质量，降低产品成本；同时能将客户需求融入产品的开发中去，满足客户的个性化需求，加上高性价比和独一无二的品牌，能最大限度地实现消费者体验的提升。此外，通过品牌买断的方式，可以保障零售企业的产品供应量以及库存的消耗量。

减少供应商数量，实现规模化采购是降低产品供应成本、提高产品品质的另一个重要手段。例如：优衣库前五大供应商采购占比在 60% 以上，其中最大的供应商占比近 20%；为 Argos 供货的供应商大约有 750 个，这些供应商都能与 Argos 实现资源共享，因为它们保持着良好战略合作关系，为了能使用“Argos”商标进行销售，生产出的商品必须经过严格的检验。

整合线上和线下的需求，实施联合采购，也是提升采购规模、降低采购价格的重要手段，如京东入股永辉后，整合永辉的线下和京东商城的线上需求，扩大了采购规模。

此外，供应商建立伙伴关系，打破企业边界，避免不必要的订单处理和物流运营过程，从而减少采购供应的作业成本，是提高供应效率的有效手段。

3. 新零售的信息管理

信息可以说是一个供应链的血液循环系统，没有信息在供应链各个环节的顺畅流动，就没有供应链的有序稳定运行。新零售最大的优势是全渠道模式产生的大量需求数据，通过整合线上线下的各类需求数据，采用基于大数据的预测和决策可以实现更精确的各类供应链计划，如需求计划、采购计划、库存计划等，与供应链上游共享这些信息能指导供应链后端的运营，达到更好满足消费者需求的效果。例如，京东整合前端需求大数据，通过预测模型预测未来销量，并将销售计划通过 EDI 系统共享给美的，为美的生产计划和备货计划提供有力参考，降低了高库存与缺货的概率，商品能够更加及时和快捷地从制造商配送到消费者手中，在提升用户体验的同时，大大节省物流时间和成本。在新零售模式下，企业不仅要领导建立上下游的信息共享机制，还要实现零售企业内部各个渠道的信息共享协调机制，努力使库存被信息所取代，优化库存管理，最大可能地减少库存资金的占用。

4. 新零售的物流管理

根据贝恩公司的调研，国内实施新零售战略的流通企业面临的最大困难之一就是如何平衡时效性与物流成本。如何优化物流成为新零售的关键问题。

（1）新零售下的分仓备货。电子商务传统的物流模式为统仓模式，即所有订单统一从一个仓库发货，消费者订单产生时，商家在自己的仓库将商品打包通过快递公司将商品配送到消费者手中。相对而言，分仓自然是指多个仓库同时发货，电商商家根据各地销量情况，提前将商品通过物流公司运往各地物流公司的仓库进行多仓库存储，实现就近发货、区内配送等目的，图 6–7 描述了某新零售企业的分仓体系。分仓又分为地区仓与平行仓两种。业界除了亚马逊之外，几乎都是地区仓，如上海仓发江浙沪的订单，北方仓发东三省的包裹。而平行仓，简而言之，就是哪个仓有订单所包含的货物，订单就从哪里发，必要的时候甚至还要拆单多仓发货，实现高度自动化的订单处理，人工干预少，对操作人员要求低；缺点是系统复杂度高，实现难度大。分仓的优势主要在于以下三个方面：

1）平均运费下降。分仓备货主要是通过整车运输将未包裹的原商品运往消费者附近进行仓储，相对于传统的快递包裹运输，整车运输大大降低了整体的运输成本。

2）物流时效提高。相对于传统物流模式，显然就近发货、区内配送使商品能够在顾客下单后更快地送达到消费者手中。

3）货损和包裹换手率下降。分仓的存在大大缩短了运输公里数，并间接降低了第三方物流企业的包裹换手率，从而使整体货损下降。

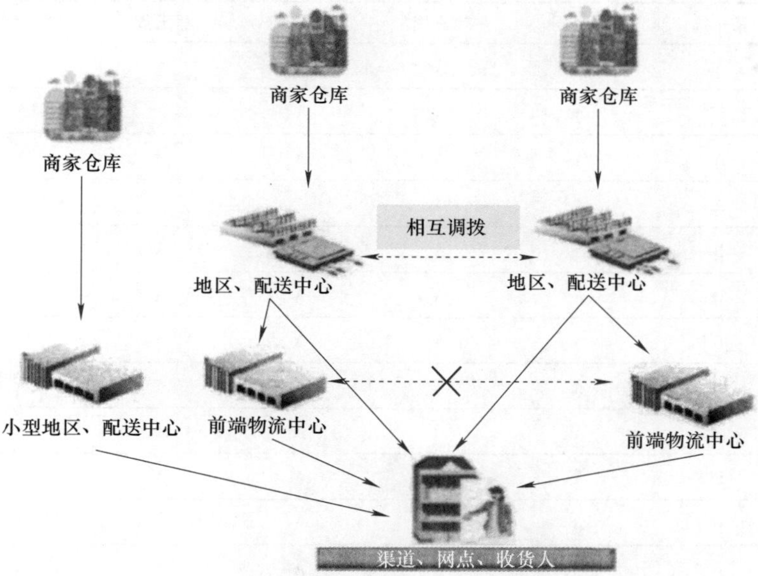

图 6-7　某新零售企业的分仓体系

2014 年 7 月，中国邮政速递物流股份有限公司发布云仓战略，为从事电子商务的企业和商家提供仓配一体化总分仓服务。2015 年 3 月，顺丰也开始全面开放全国上百个仓库为电商商家提供分仓备货服务。随着新零售理念的提出及实践的快速发展，在全渠道的运营模式下，只有兼顾物流成本与时效，才能更好地提升消费者体验，在这种背景下，分仓备货将成为新零售物流模式的主流。目前，常用的分仓策略是采用 ABC 分类法选出畅销品类，通过分仓部署到离消费者最近的仓库，如前置仓或地区仓，非畅销类商品部署在总仓。ABC 畅销等级表如表 6-3 所示。

表 6-3　ABC 畅销等级表

畅销程度	产品品种数	销量累计百分比	类别管理
A	品种数占该大类品种总数的 5% ～ 10%	70% 以下	建议进行分仓备货服务，加强物流时效，重点管理
B	品种数占该大类品种总数的 10% ～ 20%	70% ～ 90%	与 A 相比，建议只进行原产地备货
C	品种数占该大类品种总数的 70% ～ 85%	90% 以上	销量较少，建议只进行原产地备货

除上述三类外，还有一些某段时间内销量为零的产品，其可能的原因有产品未上架、产品已下架或产品库存缺货等，这类产品可以将其划分为 D 类。下面结合实例演示上述策略在分仓选品方面的具体应用。

以某经销商的手机为例，首先根据该经销商 2024 年前 7 周的手机销量数据，统计出 7 周一共销售了 255 种手机，共计 447 915 部。对每种手机每周的销量按照模型中的方法进行分类，将商品每周可能出现的状态分成 A、B、C、D 四类。其中，出现过 A 畅销状态的商品如表 6-4 所示。

表 6-4 出现过 A 畅销状态的商品

SKU	第一周	第二周	第三周	第四周	第五周	第六周	第七周
1413948	A	A	A	A	A	A	A
1300779	A	A	A	A	A	A	A
1413073	A	A	A	A	A	A	A
1325192	A	A	A	A	A	A	A
1286133	B	A	A	A	A	A	A
1433348	D	A	A	A	A	A	A
1216517	B	A	A	A	A	A	A
1068358	B	A	A	A	A	A	A
883893	B	A	B	A	A	A	A
1386564	D	A	A	A	A	A	A
1186170	B	A	B	A	A	A	A
1041045	B	A	B	A	A	A	A
1212564	B	A	B	A	A	A	A
1386581	D	A	A	A	B	B	B
1433346	D	B	A	A	A	A	A
1426943	D	C	B	A	A	A	A
1059860	B	B	B	A	A	A	A
1265929	C	B	B	A	A	A	A
1426940	D	C	B	A	A	A	A
1218356	B	B	B	B	A	B	B
1073311	B	B	B	B	B	A	A
1300896	C	B	C	B	B	B	A
1251088	C	B	C	C	B	B	A

根据上述统计结果以及手机销售的行业规律，商品销售状态会在某一连续时间段保持，表 6-4 中去除 SKU 为 1386581 和 1218356 的商品，剩余商品预计未来第八周仍会出现 A 畅销状态，因此对这部分商品进行分仓备货，并由分仓履行辖区内订单，其余的手机存在总仓，由总仓向全国发货。

（2）线上线下物流融合。物流成本是新零售供应链中最关键的成本之一，突破物流成本的瓶颈也是新零售商业模式取得突破的关键。线上线下分开的物流体系带来诸多的额外成本，日益成为品牌商的挑战。当前绝大多数同时具备线上线下销售渠道的品牌企业，电商渠道与线下渠道的物流体系都是分立的，物流服务商也是不同的，其结构如图 6-8 所示。分立的物流体系带来的成本主要来自库存成本、仓储成本及干线运输成本。在线上销售占比超过 20% 的品牌企业中，分立的物流体系带来的额外成本可以达到总体物流成本的 5% 以上。

因此，线上线下物流的融合是供应链降本增效的重要措施，企业可以自建或委托第三方实现线上线下仓配一体化服务。随着大量消费品企业线上销售比例的迅速提高，部分线下零售渠道与 B2C 物流解决方案有显著的协同作用，尤其是在品牌企业拥有或掌控较大比例的线下渠道库存及物流时更加明显。以鞋服类企业为例（见图 6-9），通过整合线上线下物流，有机会实现 1.5% ～ 3% 的成本节约，主要包括库存成本、仓储成本及干线运输成本的节约，其中六至八成来自库存成本的降低。各项成本节约的占比如图 6-10 所示。

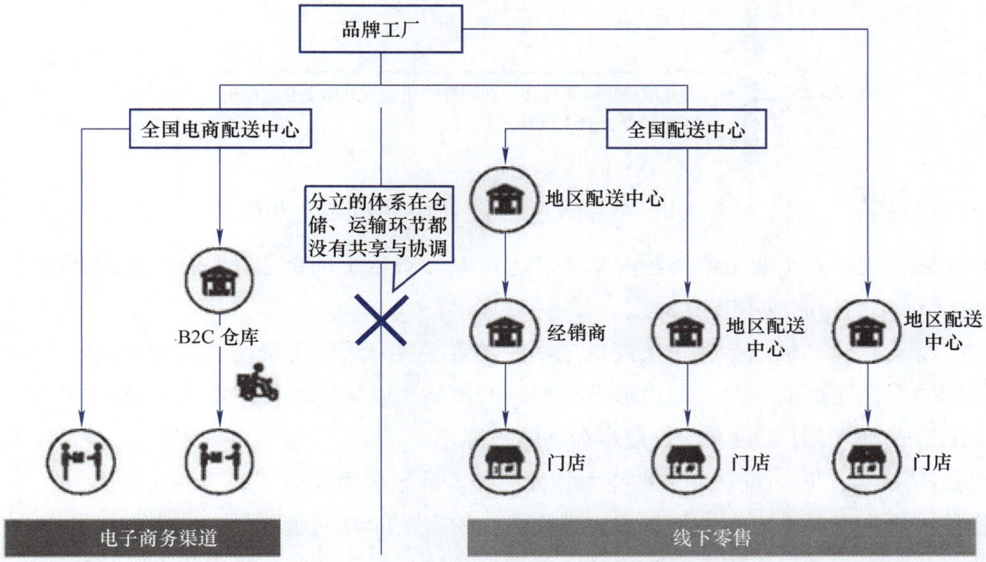

图 6-8 线上线下分立的物流体系

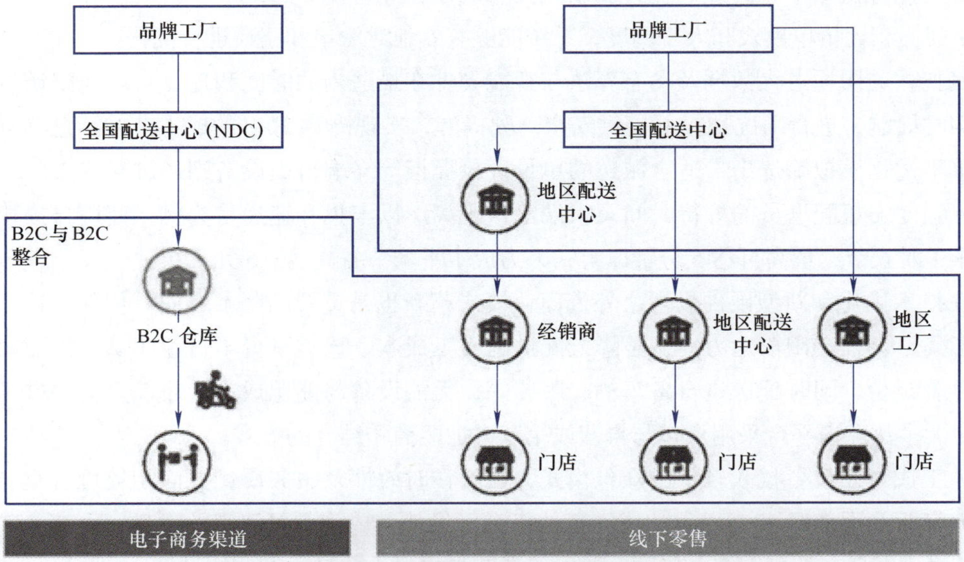

图 6-9 某全国性鞋服类企业线上线下仓储管理一体化模式

线上线下合并带来的成本节约		贡献率
管理成本	● 线上线下供应商及物流流程同时管理	约 10%
运输	● 合并的库存及运营带来更少的运输配送需求，同时满载的比例增加，更大的平均订单量需要较少的车次来完成	约 20%
仓储面积	● 可以共仓备货减少了同样的货物需要的仓储面积	约 20%
库存成本	● 合并的线上线下库存，在同样的销量下总体上会有助于库存减少 20% ～ 40%	约 50%

图 6–10　线上线下物流融合后的成本节约明细

经实践发现，对于线上销售额占总销售达到 15% 或以上的企业，整合线上线下的物流可以达到 3% ～ 5% 的物流成本节约。

（3）综合优化“最后一公里”配送成本。随着零售升级，消费场景将变得无处不在，对时效、便捷的重视使得消费者愈加追求极致配送的体验。但是碎片化的需求和极高的时效要求导致终端配送成为物流中难度最大、成本最高的领域之一。

自 2016 年起，即时配送领域的竞争愈发激烈。除了美团及饿了么等外卖企业，盒马鲜生、超级物种、沃尔玛、天猫商城等新零售品牌也纷纷启动即时配送服务。虽然参与者众多，即时配送的每单成本仍然居高不下，除去地段最好、单量最大、客单价最高的少数门店，绝大多数参与者困于配送成本，利润微薄。

随着供应链数字化程度的提升和新型技术的规模化应用，“最后一公里”存在巨大的运营提升空间。相比抢单模式和人工调度，系统能够有效地对派单和路径进行优化。

例如，美团通过大数据及动态算法与智能硬件在最适当的时间和地点自动向配送员推送订单并实时导航，进行路况播报并提供安全驾驶提醒，实现高达 20% 的成本节约。盒马鲜生则通过集单率优化模拟筛选出最适合派送的单量。自提柜等终端自提设备则通过对终端配送点的汇集，大幅度缩短配送员的等待时间及末端配送距离。以丰巢和速递易为例，使用自提快递柜后平均派送时长节约最高可达 5 分钟以上，人力成本平均节省高达 0.5 元 / 单。

在技术优化和新型硬件投入之外，商业模式革新也是重要的降本方向。例如，达达等平台通过汇集整合社会闲散运力，显著降低配送的人工成本。该类平台不自建团队，因而固定人工成本显著减少，同时配送员自备车辆、服装等，无需设备与能源成本。目前盒马、饿了么、美团等绝大多数配送平台采用众包与自营或第三方加盟商相结合的方式。

人工成本及设备投入较低的众包模式，虽然在时效性及服务质量方面相较自营及专业第三方运力有所差距，但 20% 以上的成本节约机会已经使其成为不可忽视的力量，而充分实现众包模式的潜力需要在调度系统及制度、奖励等环节加大投入并进行细致的设计。

除运力众包外，京东、菜鸟等自建或加盟的前置化自提点和快递站也有助于仓储下沉，如菜鸟驿站。此类自提点往往设置在社区中央，通过让消费者迈出家门的方式，将仓储进一步下沉至社区层面，实现物流配送的标准化和集中化，从而显著减轻配送员的工作难度并提高其日单效率。

5. 供应链数字化，打通上下游

新零售时代的零售不仅仅要看商品的销售，还要看批发、制造和设计。换言之，生产与流通要做到贯通与融合。当供应链前端的零售环节成为消费数据的采集触点与用户的体验中心之后，供应链的上游也应进一步延伸，来完善面向广大消费者的服务能力。而打通供应链上下游的关键在于数字化。例如，盒马鲜生实现了真正的数字化运营，创新性地将整个数字化系统搬到“云”端，ERP 系统、门店 POS 系统、门店物流系统、配送系统、App 系统作为一整套系统将所有环节打通，包括数据库和界面接口。它的核心是会员、营销、商品、交易、供应链、门店作业，实现了全面的数字化，这正是盒马新零售商业模式能够实现的基础。很多传统行业零售商过去采用层层分销的方式，除了部分大型经销商外，并不具备到次级经销商及门店的数据可见度。此外，许多企业内部不同渠道、不同区域间的数据也尚未打通，无法做到全局协同。

新零售下供应链数字化的作用表现在以下两个方面：

（1）实现面向消费者的供应链价值共创。新零售模式下，面对消费升级的趋势，伴之全渠道融合带来的海量消费数据，供应链各节点企业通过合理使用数据共同来创造价值。通过供应链数字化路径分析，可以得到供应链价值共创过程包含用户数据资源获取、数据资源整合分析和供应链价值实现三个阶段。首先，企业通过设置全渠道用户触点网络实现与消费者的持续互动，收集消费行为数据汇集到线上数据共享平台。其次，利用智能算法、云计算、人工智能等数字技术为关键技术，进行数据资源的整合、分类与分析。最后，以反映市场需求的数据信息为指导，升级产品品类、改善产品品质、优化物流配送服务，最终实现效率提升和成本降低。

（2）提升供应链能力。供应链能力提升主要通过供应链前端（需求端）和供应链后端（供给端）的数字化升级得以实现。

一方面，通过数字技术的创新应用实现基础设施的信息化、智能化升级，包括以智能信息系统为代表的软件基础设施和以无人机配送为代表的硬件物流基础设施，并以此为基础实现各环节的信息连接。此时的供应链能力提升过程表现为以大数据、云计算、智能算法为关键技术，实现供应链各节点业务活动数据线上共享，通过洞察需求变化锁定顾客，提高商品研发过程中的客户参与度以确保产品的独特性，进而实现供应链的个性化升级。

另一方面，传统供应链中的供给端与需求端被割裂，各节点信息难以实现有效协同，因此常出现“货不应求”的尴尬情况。然而，通过数字化驱动，供应链中的“信息孤岛”得以打破，需求端有望直接参与供给端的产品生产制造，提高对终端需求变化的反应速度，实现敏捷化运营。

事实上，需求端的数字化已经逐渐完成，任何消费者的画像都能够通过消费数据清晰地刻画出来。然而，供给端的数字化改造才刚刚起步。究其原因，供应链上除了核心企业外，其他绝大多数都是小微企业与传统企业，信息化程度普遍偏低，其内部的业务流程和信息传递方式远不能适应当今信息化时代的要求，这就导致整个供应链无法对瞬息万变的市场需求做出快速响应，需求的不确定性增加和预测的准确度降低，也是造成成本高企不下与库存积压的决定性因素。

因此，对供给端诸多企业进行数字化改造，是新零售时代供应链升级得以实现的前提。这就需要以大数据、云计算、物联网以及智能终端等信息基础设施为依托，围绕人、货、场进行更加深入的数据采集，从而形成消费者、产品、服务、营销、渠道、物流的全面数字化体系，实现整个供应链体系数据的彻底打通。

任务实施

做一做：查找关于盒马鲜生的相关资料，并结合材料分析下列问题。

1. 试分析“新零售”下的“客户体验”指的是什么？盒马鲜生提升“客户体验”的措施有哪些？
2. 盒马鲜生的供应链管理内容涉及哪些方面？与传统零售商供应链管理内容的异同有哪些？
3. “新零售”的“新”体现在哪些方面？

拓展实训

实训一　新零售下商品的分仓方案设计

实训背景

某传统电商企业实施新零售战略，通过合资、购买等方式整合线下门店 677 家，这些门店大部分分布在三线及以上城市。为提升物流的时效性，提升消费者体验，同时维持合理的物流成本，该企业委托第三方物流企业重构其分销物流体系，构建了二级仓储体系，通过自建和租赁的方式在全国建了 8 个一级仓和 175 个前置仓，线上客户和线下门店均由这些仓库供货。请根据该企业每月的销售数据，选出适合分仓存储的品类，设计合理的分仓方案。

实训目的

通过实训掌握 ABC 分类法在分仓选品中的应用。

实训组织

1. 教师提供该企业各月度仓库出货数据。
2. 学生采用 ABC 分类法对各月售出的货品按畅销程度分类。
3. 基于分类结果，确定最终分仓存储方案。

实训评价

教师从 ABC 分类法使用是否正确（50%）、分仓方案是否合理（30%）、步骤是否完整清晰（20%）三个方面进行评价。

实训二　大型连锁超市的新零售布局调研

实训背景

自从“新零售”概念提出以来，各大电商平台开始布局线下，如京东、阿里等，而传统的零售巨头也开始布局线上，并实施线上线下融合的全渠道战略。对传统大型零售连锁线上渠道的布局策略开展调研，分析传统零售巨头实施新零售路径及供应链运营策略，是学习新零售供应链管理的重要途径。

实训目的

通过对大型连锁超市的新零售布局进行调研，归纳总结传统零售商转型新零售模式及供应链管理策略。

实训组织

1. 学生自由组合，每组 3 ～ 4 人。
2. 各小组自行选择一家大型连锁超市，对其新零售布局现状及供应链管理情况展开调研。
3. 撰写调研方案，制作 PPT，全班交流分享。

实训评价

教师从调研方案对企业线上线下运营模式及现状的描述是否完整清晰（20%）、对供应链前端管理策略（15%）和供应链后端管理策略（物流体系、配送模式、价格控制、合作伙伴等，50%）分析是否透彻，以及方案格式是否清晰整洁（15%）四个方面进行评价。

项目测评

一、单选题

1. 零售商的供应链管理要围绕（　　）这一目标展开。

A. 物流成本　　B. 产品价格

C. 产品质量　　D. 客户满意度

2. 客户关系管理系统简称是（　　）。

A. MRP　　B. CMR　　C. CRM　　D. COT

3. （　　）不属于网络渠道实体化的方法。

A. 店中店　　B. 虚拟化妆间　　C. 产品标准化　　D. 引入社交电商

4. 在新零售模式下，线上线下物流融合可以带来降低成本的效果，其中降低成本最显著的是（　　）。

A. 管理成本　　B. 仓储成本　　C. 库存成本　　D. 干线运输成本

5. 目前，成本较低、可行性较高的终端配送模式是（　　）。

A. 自营配送　　B. 外包第三方　　C. 众包模式　　D. 共同配送

6. 下列措施不能有效降低“最后一公里”配送成本的是（　　）。

A. 自提柜及自提点　　B. 优化调度与智能派单

C. 自营配送　　D. 配送众包

7. 在新零售模式下，供应链成本控制的难点是（　　）。

A. 采购成本　　B. 营销成本　　C. 制造成本　　D. 物流成本

二、多选题

1. 客户关系管理工作的三个方向是（　　）。

A. 开发新客户

B. 从现有的客户中获取更大的收入

C. 处理好客户投诉

D. 留住重点客户

E. 为客户提供优质服务

2. 对消费者来说，新零售带来的新体验包括（　　）。

A. 购买不受时间、空间的约束

B. 购买形式多样

C. 各渠道价格统一

D. 各渠道质量、服务统一

E. 价格低廉

3. 新零售的“新”体现在（　　）。

A. 多种渠道的创新与融合

B. 产品种类多

C. 产品性价比高

D. 物流时效性高

E. 大数据、云计算等各种新技术的使用

三、简答题

1. 零售商主导的供应链有哪些特点？

2. 零售商客户关系管理的主要内容有哪些？

3. 什么是新零售下的人、货、场？

4. 新零售环境下供应链管理的主要内容有哪些？

四、论述题

1. 试述客户关系管理产生的过程及意义。

2. 试述新零售对供应链管理提出的新要求。

项目七

供应链集成服务

学习目标

知识目标：

1. 了解服务供应链的产生背景。
2. 掌握服务供应链的特点和管理内容。
3. 了解供应链集成服务的概念、特点和类型。
4. 掌握供应链集成服务的运作模型和能力基础。

技能目标：

能根据具体案例，分析供应链集成服务的管理要点。

素养目标：

1. 理解供应链集成服务中的创新精神、合作精神。
2. 养成诚信服务、团队合作的职业素养。

项目导学

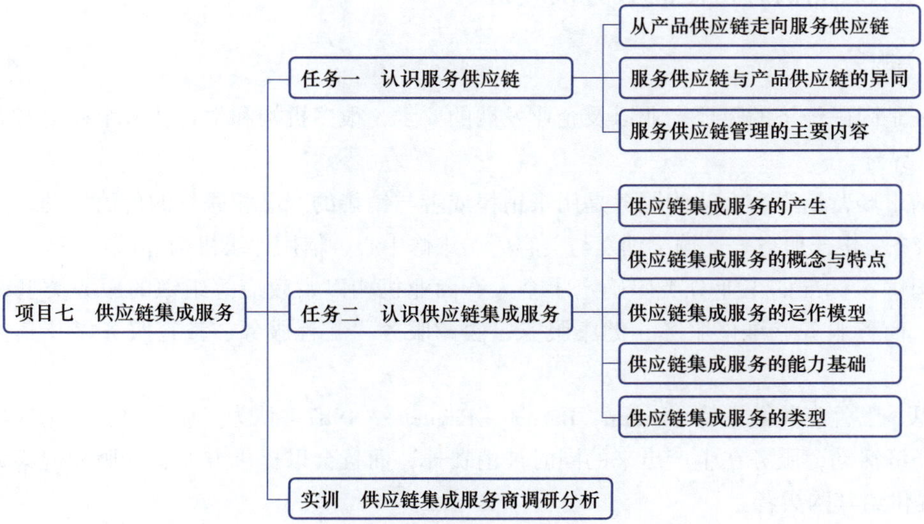

任务一 认识服务供应链

随着服务业的不断发展，以及产品加工和制造业中服务要素在最终产品中的比重不断增加，服务供应链逐渐成为企业竞争优势的重要来源，并在经济发展中发挥着重要作用。

学习导入

一达通：为中小外贸企业“全程服务”

深圳市一达通企业服务公司（以下简称“一达通”）成立于2001年，建立了国内第一家面向中小企业的进出口流程外包服务平台，通过互联网（IE+IT）一站式为中小企业和个人提供通关、物流、外汇，退税、金融等所有进出口环节服务。

对中小企业而言，如果自己完成进出口过程，成本很可能要占外贸额的30%至50%。一达通的创新商业模式在于利用长尾理论，从这盘看似杂乱的散沙中，收集它们碎片化需求，小单汇聚成大订单，挖掘出隐藏在巨大企业数量背后的组团潜力。一达通通过互联网技术优势为外贸企业提供快捷、低成本的通关、收汇、退税及配套的退税融资、国际物流服务，通过电子商务手段，解决外贸企业流通环节的服务难题。

思考：

1．该公司的出现对传统外贸公司有什么影响？

2．该公司主要提供哪些供应链服务？

知识学习

一、从产品供应链走向服务供应链

（一）服务

服务是国民经济的重要产业以及企业发展的要素，很多机构和学者从多个视角对服务的内涵进行了界定。

美国市场营销联合会认为服务是用来销售或者与销售的产品相联系的价值活动，其内容涉及酒店服务、电子服务、运输、理发与美容店、维修中心、信用评级机构等。

美国国家标准的工业分类码确定了个人、商业机构以及政府等组织的服务类型，包括酒店服务、商务服务、维修服务、健康服务、法律服务、工程服务、教育服务以及其他专业性服务。

昆恩、巴鲁克和帕克特（Quinn，Baruch，Paquette，1987）认为，服务是输出为非实体产品的所有经济活动，服务在生产出来的同时被消费掉，而且会以提供方便、舒服和健康为增加值的形式提供给其购买者。

穆迪克、伦德尔和拉塞尔（Murdick，Render，Russell，1990）认为，服务是以节省顾客时间、提供地点的便利、以有用的形式和心理的效用来满足顾客需求的经济活动。

泽丝曼尔和比特纳（Zeithaml，Bitner，1996）认为服务是行为、过程和效果。这表明服务不是看得见、摸得着的东西，但是服务没有完全与实物产品相分离，它通常会在与产品集成的同时才能体现。

格罗路斯（Gronroos，2000）认为，服务是在与顾客的交互过程中，直接或间接地利用各种资源进行一系列的活动，不断满足顾客既定需求的过程。

瓦戈和勒斯克（Vargo，Lusch，2004）总结了关于服务的三种定义并在此基础上提出了服务的定义：一是基于传统的产品概念来界定服务，认为服务仍然是产品，只不过是一种无形的产品；二是基于附加值的概念来界定服务，认为服务是附属在实物产品上的附加品；三是基于服务业服务供应链来界定服务，认为医院、学校和政府等机构的工作就是提供服务的过程，认为服务是为了其他主体和自身的利益，运用各种专业能力（包括知识和技能）而进行的各种行为和活动。

由于服务的特殊性，使其具有很多不同于实物产品的特征。首先，服务是无形的。不同于一般的实物产品，服务通常不具备非常具体的实物形态。与有形的工业品与消费品相比，服务在很多情况下不能触摸和用肉眼看到，服务在被购买之前无法像有形产品一样被消费者看到、尝到或感知到。其次，服务具有即时性。服务的即时性表现在不可分割性和不可存储性两个方面。不可分割性是指服务的生产和消费过程通常是同时发生的，不像实物产品那样在到达消费者之前，需要经历一系列中间环节；不可存储性是指服务无法像有形产品一样，在生产之后可以储存待售，即服务不能被存储。再次，服务具有高度的异质性。即同一种服务受时间、地点及人员等因素的影响很大。最后，服务具有综合性。即服务与实物产品存在着一定的替代性和统一性，产品与服务往往是连为一体、不可分离的结合体。

（二）服务外包

1. 服务外包的兴起

企业是一系列资源和能力的结合体，大多数产品和服务是通过一系列活动生产出来并实现价值增值的。典型的价值链包括基本活动和辅助活动。每一项活动都需要很多相关的资源和能力，没有任何一家企业拥有足够的资源和能力以完成所有的基本活动和辅助活动。完成整个价值链中多个阶段的业务活动，对企业来讲是非常困难的，在这种情况下，企业常常会选择将部分业务外包给其他接包企业去完成，或者说由外部供应商来采购。

近年来，不仅是生产加工业务经常被外包，很多服务业务如信息技术、人力资源、物流等也被外包出去，其主要原因在于，许多原来被企业认为是行业中特殊的业务活动，现在在行业中被认为是普遍存在的业务。服务供应商的兴起，一方面促使客户企业将非核心业务剥离出去，更专注于其自身的核心业务活动和核心竞争力；另一方面，外包服务商通过为更多客户服务获取较大的规模效益，其服务的专业化水平也会不断提高。20 世纪 90 年代以来，随着信息技术的迅速发展，特别是互联网的广泛应用，服务外包得到蓬勃发展。例如，IT 领域的翰威特和万宝盛华，合同制造方面的伟创力和鸿海，物流服务领域的中外运、中远、美国联合包裹（UPS）等，都为客户带来了巨大的服务效益。许多跨国公司如通用电气、惠普等能够使用全球劳动力资源，把相关服务业务外包给其他国家的公司以获得技术支持、客户服务支持和产品设计。服务外包的不断增长，为服务供应链的形成与发展奠定了坚实的基础。

2. 服务外包的定义

关于服务外包的定义，有很多机构和学者给出了不同的解释。

根据毕博管理咨询公司（Bearing Point）的定义，服务外包是指企业为了将有限的资源专注于其核心竞争力，以信息技术为依托，利用外部专业服务商的知识、劳动力，来完成原来由企业内部完成的工作，从而达到降低成本、提高效率、提升企业对市场环境迅速应变能力并优化企业核心竞争力的一种服务模式。

温迪·冯·德·沃尔克（Wendy van der Valk，2009）等也认为服务外包是一种互动式的知识和要素的交换过程，这一过程与产品服务具有很大的差异。

服务外包与制造外包的差异来源于服务的四个特点，即服务的无形性、即时性、异质性和综合性。服务的无形性使得购买方很难事前或事后对采购进行确实的核查，因此，需要服务供应商帮助客户构建服务的参考框架和维度。服务的即时性是指服务的提供者和购买者是在互动的过程中产生和消费服务要素，作为服务的外包方或购买者往往发挥了双重角色，即客户既是服务的消费者也是服务的协同创造者，在这种状况下，往往很难明确区分服务外包双方的责任与义务。由于服务过程涉及基于人力资本的知识、技能和诀窍的交换，因此，从本质上讲，服务要素本身是变动的和异质的，服务提供很难做到一致性。最后，由于服务很难储存，往往存在于生产过程，因此，人们非常注重服务的恢复流程以弥补不精确的预测和规划。正是因为上述特点，服务外包与制造外包的结构安排是有差异的：在制造外包中，服务的购买者有效地控制着与供应商和客户之间的互动，三者之间的关系是一种线性关系；而在服务外包中，服务外包者、服务承办方与客户之间呈现出三角互动的关系，即服务外包过程中互动的关系更为复杂。

服务供应链中的服务外包是指在基于互动和产业价值链综合优化的基础上，客户企业将特定资源活动，或者具有较高增值性的资源活动外包给特定的服务供应商，由其完成部分或整体活动，从而共同创造知识和价值，并为各方实现竞争力的行为过程。

（三）走向服务供应链

在制造经济时代，供应链管理主要集中在产品供应链，采购、供应、供应链的运作管理方法仍然主要面向制造业部门。但随着服务外包的兴起，越来越多的企业选择合作与联盟，任何一个服务企业都不能涵盖服务所需要的一切资源，转而通过服务供应链的构建为客户提供服务。随着企业竞争的日益加剧，特别是管理活动的流程化、网络化发展，服务主导型供应链（服务供应链）得到了广泛关注。研究表明，在当今企业的供应链管理实践中，服务性活动本身产生的绩效已经占到了整个供应链管理收入的 24% 和利润的 45%。服务活动本身所创造的价值，已逐渐超越了产品制造供应链，这是供应链管理领域的新动向。

服务供应链是以服务为主导的集成供应链。当客户向一个服务集成商提出服务请求后，服务集成商立刻响应客户请求，向客户提供基于整合操作性资源和被操作性资源的系统集成化服务，并且在需要的时候分解客户服务需求，向其他服务提供者外包部分服务性活动。这样从客户的服务请求出发，通过处于不同服务地位的服务提供者对客户请求逐级分解，由不同的服务提供者彼此合作，构成一种供应关系，同时服务集成商承担各种服务要素、环节的整合和全程管理，称为服务供应链（见图 7-1）。

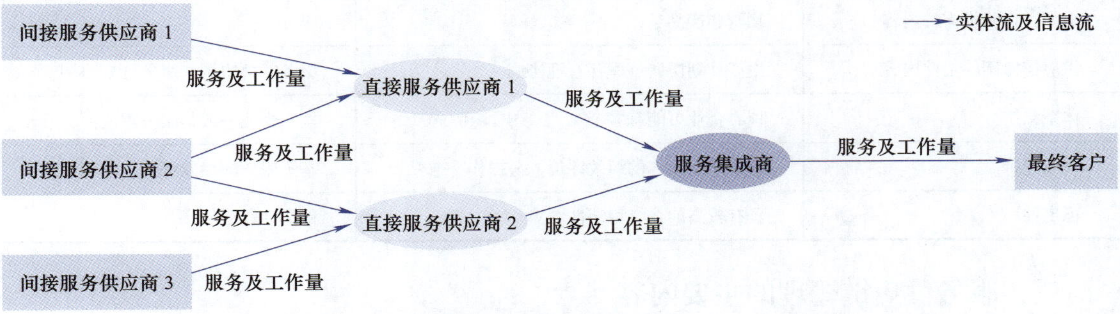

图 7-1　服务供应链简图

从这个角度出发，服务供应链的概念有几点是非常关键的：其一，服务供应链并不是指产品制造供应链中的服务环节，也不仅限于服务业，或单纯的服务业供应链，而取决于供应链是否从供需之间的互动和共同价值形成出发，以资源整合和服务集成为主导而构建的。在一定意义上，服务供应链延续了现代供应链管理中以客户为中心的理念，用服务拉动整条供应链的管理和运作，以期通过服务的整合满足客户多样化的需求。其二，服务集成商是整条服务供应链构建和管理的主导，通过对客户需求的预测和客户关系管理，能够把握需求的变动和更新，不断开发和寻求新的价值增长点。其三，服务集成商通过对供应商绩效的评价和供应商关系管理，整合间接服务供应商和直接服务供应商的资源和能力，基于基本的产品和服务，创造增值服务，向客户提供完善的服务，从而构建起以服务为节点的实体和信息流通的网络。

服务供应链的概念

二、服务供应链与产品供应链的异同

服务供应链具有与产品供应链相同的特征，如产生背景都是由于专业化趋势和核心竞争力的发展，使得业务外包成为必然；主要管理内容都是围绕供应、计划、物流、需求等开展的；管理目标都是满足既定的服务水平，系统总成本最小；集成内容等都包括业务集成、关系集成、信息集成和激励机制集成。

但是服务供应链与产品供应链有着本质的区别（见表 7-1）。两者的区别主要来源于服务产品与制造产品的本质区别。服务产品具有不同于制造产品的特征，包括顾客影响、不可触摸、不可分割性、异质性、易逝性、劳动密集等。这些特征使服务供应链在结构上需要更多地采取较短的供应链渠道，典型的结构为功能型服务提供商—服务集成商—客户；在供应链协调的主要内容上更多的是服务能力协调、服务计划协调等；在稳定性方面，服务供应链的稳定性较低，主要原因是最终客户的不稳定性，而且异质化的客户服务需求使服务企业所选择的服务供应商会随需求的变化而及时调整。

表 7–1 服务供应链与产品供应链的区别

项目	产品供应链	服务供应链
渠道	较长的供应链渠道：原料供应商—制造商—批发商—销售商—客户	较短的供应链渠道：功能型服务提供商—服务集成商—客户
上下游之间供需的内容	物资和产品	服务
供应链协调的主要内容	生产计划协调、库存管理协调	服务能力协调、服务计划协调
体系结构	核心企业可能有多个	核心企业一般是服务集成商
绩效评价	基于产品运作的绩效评价，易操作	基于服务的绩效评价，比较主观
稳定性	具有较高的系统稳定性	稳定性较低

三、服务供应链管理的主要内容

目前，产品供应链的研究已经比较成熟，相关的供应链基础理论已获得较大发展。由于服务供应链具有与产品供应链截然不同的特征，如何结合服务供应链自身特点并将产品供应链的相关理论应用到服务供应链，加强对服务供应链基础理论的研究将成为一种趋势。

从服务供应链管理的内容来看，主要包括以下内容：

（1）服务供应链的设计。优秀的服务供应链对服务绩效将起到重要作用，而服务供应链的设计和合作伙伴的选择作为服务供应链运营管理的前期重要工作，兼有产品供应链的特性，但也存在差异。

（2）服务供应链合作伙伴的选择。由于服务供应链中功能型服务提供商通常是利用自己的能力直接完成客户所需要的服务，因此，服务集成商如何选择合作伙伴并维持合作伙伴关系是服务供应链管理的重要内容。

（3）服务供应链的信息技术支撑体系。技术进步推动了现代服务业的高效发展。信息技术革命使信息技术投资不断增长，现代服务业日益成为密集使用信息技术成果的行业。构建合适的信息技术支撑平台、促进服务供应链的迅速发展，成为服务供应链管理的重要内容之一。

（4）服务供应链的流程管理。在服务供应链环境下，服务集成商的服务流程不再是单一的服务生产与经营的角色，而是需要与其他功能型服务提供商协调运作，以此来完成服务提供。因此，如何构建最佳的服务供应链运作流程、给客户提供满意的服务是服务供应链管理中值得重视的问题。

（5）服务供应链质量控制。由于服务具有一定的无形性，服务供应链中服务协议和服务质量水平的控制非常重要，尤其是非对称信息条件下的服务供应链的质量监督和质量控制。

（6）服务供应链的评价。由于在服务供应链评价中人的主观因素影响较大，需要构建合适的服务供应链绩效评价指标体系和测度方案。

（7）服务供应链能力协调。这包括服务供应链中服务能力的传递、控制与执行问题，如服务能力的牛鞭效应。服务能力的协调需要考虑功能型服务提供商的服务能力大小、客户服务需求的变动性、不同服务能力之间的匹配等。

任务实施

物流业作为现代服务业中的一类重要产业，在经济发展中扮演着重要的角色。随着产业融合的增强、市场竞争的加剧以及专业分工的细化，现代物流业出现了不同的物流组织形态。随着物流服务外包整体性和复杂性的提高，这些物流组织以客户的物流需求为起点，经过互为供需关系的服务流程，形成了一个完整的物流服务供需过程，这种多级供需关系构成了物流服务供应链，并作为产品供应链的一条子供应链，为其提供集成化物流服务。

做一做：查找关于物流服务供应链的相关资料，绘制物流服务供应链的简图，并分析物流服务供应链与产品供应链的异同。

任务二 认识供应链集成服务

20世纪90年代以来，竞争日益激烈的市场环境对生产和管理过程均提出了高质量、高柔性和低成本的要求。把企业内部以及节点企业之间的各种业务看成一体化的整体流程，实施供应链集成化管理是必然趋势，企业希望服务商能够提供一体化、个性化、专业化的供应链集成服务。

学习导入

物产中大集团的供应链集成服务

物产中大集团依托强大的资源组织、网络渠道、品牌运营等专业优势，通过集购分销、配供配送、增值服务、期现结合、“大平台＋小前端”等集成化和平台化运营模式，联动商流、物流、资金流、信息流，为上下游供应链合作业务伙伴提供原材料采购、加工、分销、出口、物流、金融、信息等高效率的供应链集成服务，致力成为客户价值导向的定制化敏捷供应链服务集成商。

作为集团主营业务板块，供应链集成服务涵盖了金属材料（铁矿砂）、汽车、化工、能源、橡胶、跨境电商六大板块。物产中大集团在国内首先提出并深入践行“流通 4.0”，即以互联网、物联网、大数据、云计算等现代信息技术为支撑，以消费者驱动为理念，以大型流通企业为核心，以供应链上的供应商、制造商、消费者等利益相关方跨界融合、共建生态圈、实现共生共赢为宗旨，以平台化、集成化、金融化、智能化、国际化运营为特征，以卖商品向卖服务转变的流通业发展新阶段，如图 7–2 所示。

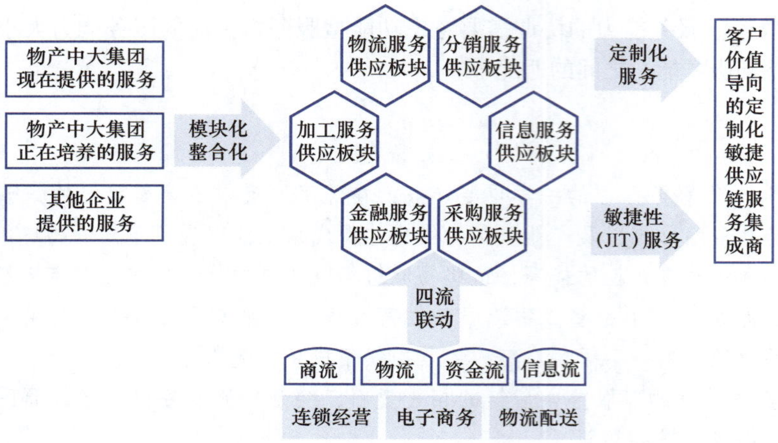

图 7–2　物产中大集团供应链集成服务商业模式

2018 年 8 月，物产中大集团在浙江海宁经编产业园设立浙江物产经编供应链有限公司（以下简称“物产经编”），该公司的最大使命就是探索基于区域产业集群的供应链集成服务平台模式，探索将资源产品优势转化为服务优势。

浙江海宁经编产业园区是中国经编产业的腹地，拥有经编企业 500 多家，经编机设备 3 500 台（套），形成了从原料、织造到深加工、成品较为完善的产业链结构，但是企业规模普遍偏小，存在着融资难、融资贵、自身资源整合能力弱等问题。物产经编供应链项目，把供应商、制造商、金融机构、物流企业等紧密联系起来，建立大宗商品交易平台，提供集中采购、供应链金融、仓储中心、出口整合等服务，着力解决经编企业融资难、原材料议价能力弱、仓储空间紧张等“痛点”。物产经编的常态服务内容主要有融资授信、代理采购、风险管理、存货质押、仓储物流、信息服务等板块。以融资授信为例，物产中大集团作为特大型国有控股企业，有信用优势、品牌优势和资源整合能力。物产经编以此为基础取得金融授信，开展供应链金融服务，以缓解海宁经编产业园区内众多中小企业普遍面临的融资难问题。此外，平台内部通过“物产商票”的双向流通，也可以降低企业的资金成本，逐步搭建起平台“自金融”体系。该平台的创新服务还体现在一个名为“蜂巢计划”的智能共享仓储体系上。据介绍，除平台自建中央智能仓之外，该平台着手盘活区域内各生产企业的闲置仓储资源，形成共享，以此为基础建立分布式智能化仓储体系。这样，物流环节的智能化就有了基础。以该平台首批加盟企业——春晟经编为例，通过智能仓储系统，从原料采购到入库、领用，加工完成后的成品胚布入库、产品销售都能形成可视化轨迹跟踪。

物产经编通过打造供应链集成服务平台，不到 1 年时间就实现了快速发展，为园区 200 多家中小型企业提供原料采购、配送、仓储监管、产品销售等一揽子集成服务。同时应用区块链技术，联合有关银行，已为相关企业提供供应链金融服务项目 2 500 多个，融资金额超 7 亿元，助推产业园转型升级。

思考：结合案例，查找资料，说明物产经编为客户提供的服务内容。

知识学习

一、供应链集成服务的产生

随着社会分工的发展和客户需求的变化，一些传统的采购代理商、流通商、物流商等开始拓展业务范围，通过搭建供应链集成服务平台，为客户提供一体化的供应链集成服务。供应链集成服务是产品供应链与服务供应链的融合，其产生动因如图 7–3 所示。

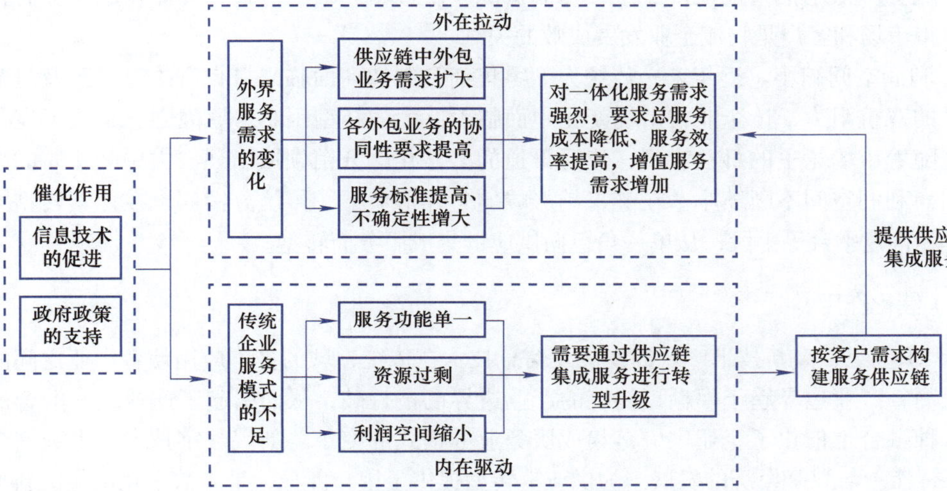

图 7–3　供应链集成服务的产生动因

（一）外在服务需求的变化

商业运作的全球化及工商企业服务外包规模的不断扩大，供应链中外包业务需求扩大。2023 年我国企业承接服务外包合同额 28 666 亿元，执行额 19 591 亿元，同比分别增长 17.6% 和 18.6%。其中，承接离岸服务外包合同额 14 871 亿元，执行额 10 398 亿元，同比分别增长 12.9% 和 16.2%。

（1）服务标准提高，不确定性增加。随着客户需求的不断提高，服务的标准化程度也日益提高。以物流服务为例，工商企业对于物流商企业信用十分重视，同时期待降低物流成本和提升物流服务水平。随着客户需求的变化，服务商需要根据客户需求提供个性化的创新的增值服务，如供应链金融服务、供应链信息服务等。

（2）各外包业务的协同性要求提高。供应链中多个环节进行外包，原本一体化的业务可能外包给不同的服务商，企业期待外包业务能进行协同性管理，从而降低总外包成本。通过供应链集成服务商的平台搭建，可实现集成服务商与客户之间、集成服务商与功能商之间更加频繁的交互，降低交易成本，促进合作。

上述为客户需求的外在拉动，体现为客户对一体化、集成化供应链服务的需求。客户要求总服务成本降低，服务效率提高，同时客户期待供应链集成服务商能提供更多的增值服务。

（二）内在驱动

从内在驱动力看，传统企业一般只能提供单一服务业务，如物流商、批发商、采购代理商等，存在一些不足。

（1）服务功能单一。客户需求的发展及技术的进步导致服务业务存在大量的创新，而传统服务企业只能提供较少的几个主要服务模块。例如，传统物流企业往往只能将自己的服务功能定位在运输、仓储等模块，但随着客户需求的发展，很多物流增值服务伴随而生。

（2）资源过剩。单一的服务功能往往造成部分资源的严重过剩，以物流业为例，长期以来，国内的物流资源低水平重复建设严重，物流资源严重过剩。因此，整合物流资源、提高自身竞争力、赢得市场和客户是物流企业发展成败的关键。

（3）利润空间缩小。近年来，传统大型零售商和制造商面临来自自有决策体系及复杂的供应链体系的双重阻力，让企业在市场变化中面临着巨大的转型困难。原因之一是线下庞杂的分销网络。随着市场竞争的日益激烈，流通渠道的多样化，分销领域出现"去中间化"的变革，传统分销商利润空间不断缩小。在越来越严峻的生存形势下，传统分销商也在探索转型，通过资源整合、构建平台等手段，从单一角色向供应链集成服务商转型。

（三）催化作用

进入 21 世纪，高新技术产业的发展及信息技术在传统领域的推广应用使各产业之间的技术趋同性提高，产业边界趋于模糊，传统的产业边界已被打破，从而引起了产业之间融合的新的拓展。这种融合也催化了企业供应链集成服务业务模式的变革。新兴数字技术（大数据、物联网、人工智能）与数字经济的发展，为供应链转型提供土壤与养分，带来数字化供应链新形态。数字化供应链是以客户为中心的平台模型，通过多渠道实时获取并最大化利用数据，实现需求刺激、匹配、感知与管理，以提升企业业绩，并最大限度地降低风险。数字化供应链是用户需求驱动下全新的、协同一体化的供应链网络，参与者从相互分离走向数据连接下的协同与一体化，这为供应链集成服务创造了基础条件。

政府政策的支持也是企业供应链集成服务业务模式变革的关键。2017 年，国务院办公厅印发《关于积极推进供应链创新与应用的指导意见》（国办发〔2017〕84 号）指出，鼓励批发、零售、物流企业整合供应链资源，构建采购、分销、仓储、配送供应链协同平台。引导传统流通企业向供应链服务企业转型，大力培育新型供应链服务企业。推动建立供应链综合服务平台，拓展质量管理、追溯服务、金融服务、研发设计等功能，提供采购执行、物流服务、分销执行、融资结算、商检报关等一体化服务。2017 年，第四次修订的国家标准《国民经济行业分类》（GB/T 4754—2017）明确将供应链管理服务单列统计类别。2018 年，工业和信息化部、中国物流与采购联合会等八部门联合发文开展供应链创新与应用试点，从全国各省市和 1 400 多家申报企业中遴选了 55 个试点城市和 265 家试点企业的供应链创新与应用试点。2020 年商务部发布《关于进一步做好供应链创新与应用试点工作的通知》，要求推动供应链协同复工复产，强调利用供应链金融服务实体企业和"试点企业"的带头作用。党的二十大报告中强调"着力提升产业链供应链韧性和安全水平"。

因此，供应链集成服务商开始和供应商、客户甚至竞争对手建立密切的商业伙伴关系，把自己看作整个供应链中的一员，与其他成员共享信息、协同计划和处理业务流程，以全新的商业模式一起为客户提供快速、灵活、高效的支持和服务，即供应链集成服务。作为供应链系统的组织者和管理者，供应链集成服务商需要最大限度地发挥供应链的竞争与增值功能，跨越各企业的边界，对供应链中流转的商流、物流、信息流、资金流进行有效的控制和协调，达到全局动态最优。

供应链集成服务的产生背景

二、供应链集成服务的概念与特点

供应链集成服务是指以市场需求为起点，利用现代信息技术，与供应链重要节点、重要供应商和客户结成稳定的联盟合作伙伴关系，整合供应链资源，根据供应链上的服务需求，提供集交易、融资、结算、物流配送、品牌培育、营销推广等于一体的供应链集成服务模式，实现产业链上下游的资源整合、优势互补和协调共享。

供应链集成服务商可以为客户企业提供流通、采购、物流及供应链系统设计、实施和运作服务，其主要特点是服务集成性和协同性。

（一）服务集成性

供应链集成服务由供应链资源集成、信息集成和管理集成有机整合而成，它们之间相互联系、相互依存、相互作用。供应链资源集成是供应链集成服务的基础，也是供应链价值创造的基础。资源集成的规模、结构、效率和质量直接体现供应链集成服务的价值量。信息集成能广泛地搜集、整合资源与市场信息，进行价值模拟和有效管理。管理集成则能从战略高度提高资源、市场、信息和整个供应链服务的集成度，增加供应链的价值。

例如，物产中大集团试图利用互联网、物联网、云计算等信息技术，通过线上线下结合的平台，把产业生态链的供应链、制造商、消费者和利益相关方有机联系在一起，从而提供标准化、精益化、智能化、柔性化的供应链集成服务，其商业模式充分体现了供应链的资源集成、信息集成和管理集成。内外部的物流资源、财务资源和信息资源在这一层通过整合形成客户量身定制的解决方案；资源的集成涉及大量的信息，要依靠信息集成系统来实现；管理集成是供应链集成服务的外在表现，可以向客户提供可选择的服务菜单。

（二）协同性

一个集成的供应链服务流程框架包括整个端到端的供应链内的所有协同，包括供应协同、需求协同、物流协同和资金流协同。

1. 供应协同

供应链集成服务商与供应商通过信息资源的实时共享与业务数据的及时传递，实现供应与生产的高度配合，提高企业与供应商的作业效率，并能够敏捷地应对生产和市场的变化。

2. 需求协同

供应链集成服务商与客户通过构建业务协同平台，及时掌握需求进度和需求数量，实现及时供应和平准化配送，提高供应保障能力，降低库存成本及缺货成本，提升客户服务质量。

3. 物流协同

供应链集成服务商通过在上下游之间搭建物流信息平台，能够实时掌握物流运输过程，包括计划发到货时间、运输线路、配载情况、到货验收、异议处理等相关信息，可以提高现场服务的前瞻性和敏捷性，同时能够有效控制质量风险及传统验收过程中可能存在的管理漏洞。

4. 资金流协同

供应链集成服务商与上下游客户、银行、电子商务平台等开展合作，借助互联网、大数据技术对接物流、资金流和信息流，依托参与各方的数据共享形成的风险控制及信用体系，为供应链上下游企业提供在线授信、保理、资金集中结算与支付等一体化的金融服务，帮助客户降低供应链融资成本，提高供应链金融服务效率。

三、供应链集成服务的运作模型

在服务供应链环境下，供应链集成服务商积极与上游的功能型服务提供商、下游的客户紧密协作，形成战略伙伴关系，并充分发挥各自的竞争优势。供应链集成服务是在营销管理、能力管理、质量管理和绩效管理的基础上，基于企业与企业之间集成的要求而产生的，从而发挥了更大的资源配置优势。供应链集成服务的运作模型如图 7–4 所示。

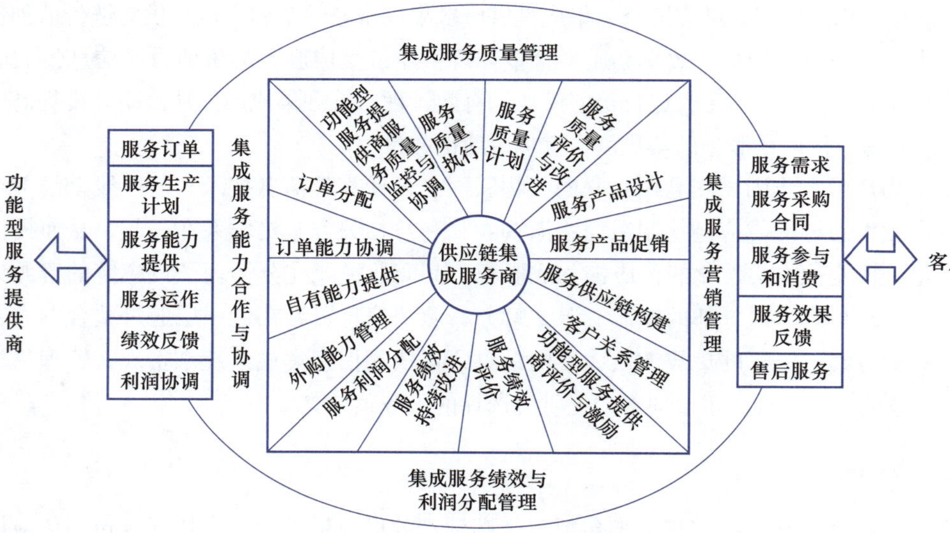

图 7–4 供应链集成服务的运作模型

图 7–4 体现了供应链集成服务的集成化设计思想。供应链集成服务商需要与功能型服务提供商建立战略合作伙伴关系，而功能型服务提供商需要与供应链集成服务商进行服务能力的合作与协调，对订单任务分配与匹配、订单能力数量协调等能力问题进行沟通和谈判，共同完成客户的服务需求。供应链服务集成商在制订服务生产计划时，充分考虑功能型服务提供商的实际情况、不确定性对能力提供和服务水平的影响，从而从供应链整体出发进行全面的优化控制。同时，供应链集成服务商还充分考虑客户的需求，与客户保持密切沟通，对服务需求、服务采购合同、服务参与和消费、服务效果反馈等进行全面了解和掌握，充分了解用户需求并与功能型服

务提供商在生产经营上保持协调一致，实现信息共享和资源集成，以客户化的需求来驱动客户化的服务运作计划，获得柔性敏捷的市场响应能力。

供应链集成服务商的供应链管理内容包括以下几点：

（1）集成服务营销管理，包括服务产品设计、服务产品促销、服务供应链构建、客户关系管理等。

（2）集成服务能力合作与协调，包括订单分配、订单能力协调、自有能力提供、外购能力管理。

（3）集成服务质量管理，包括功能型服务提供商服务质量监控与协调、服务质量执行、服务质量计划、服务质量评价与改进等。

（4）集成服务绩效与利润分配管理，包括服务利润分配、服务绩效持续改进、服务绩效评价、功能型服务提供商评价与激励等。

四、供应链集成服务的能力基础

为实现成功运营，供应链集成服务商要有对所服务产业的深度认识能力和判断能力，有供应链集成服务的专业能力（即能够节约供应链各环节的交易成本并保障供应链网络的稳定运营），因此，它需要各种能力做支撑。

1. 供应链服务方案的设计能力

随着利润在价值链不同环节之间的转移，供应链集成服务商应当随时关注并迅速响应客户需求的变化，为客户设计供应链的一体化服务方案。这要求供应链集成服务商能够对所服务产业具有一定的判断能力和分析能力，能够根据客户需求，设计包括采购、生产、分销、物流配送、进出口通关等涉及供应链集成服务所需环节的一体化最佳方案，通过信息系统支持对全过程进行运行与调整，从而实现供应链成本最低、增值最多的目标。

2. 供应链动态组织能力

随着互联网、物联网技术的发展，供应链管理已逐渐发展到智慧供应链阶段，原有的组织合作方式与业务流程会被重新组合与重构，供应链中的供应商、服务商、客户、潜在竞争者的关系也是动态变化的。供应链动态组织能力是指供应链集成服务商整合、构建及配置内外部资源，从而应对客户及市场快速变化的能力。根据不同客户的不同需求，供应链集成服务商能够动态调整、配置相对应的操作流程或供应链服务方案。

供应链动态组织能力包括供应链的动态协同能力、动态整合能力与动态配置能力。协同能力是指有效配置资源和任务，促使各方协同合作共同达成目标，从而具备规划多方资源的运作能力；整合能力是指组织利用和吸收内外部资源和信息，从而促进整个供应链活动完成的能力；配置能力是指业务流程适应供应链环境变化的能力，要求供应链集成服务商能够对资源配置快速执行。

3. 供应链物流服务能力

供应链物流服务的范围不仅包括采购 / 销售物流和生产物流，还包括回收物流、退货物流、废弃物流等反向物流。采购 / 销售物流服务不仅是围绕核心客户的单阶段的物流服务（即供应商到客户、客户到分销商、分销商到零售商的相对独立的采购 / 销售物流活动），还包括所服务客户所在供应链从原材料获取到最终客户的全过程的协同式的采购 / 销售物流服务。供应链集成服务商需要具备对物流的控制能力，拥有先进的物流系统。

例如，怡亚通经过多年专业化发展和对物流行业的深耕细作，构建“全国仓网 + 干线运输 + 终端配送”的一体化物流服务网络体系，实现产品物流在地理空间上的安全传递，为品牌商、渠道商和中小零售商的流通提供及时、可靠的供应链响应和面向定制化的高效协同，消除企业之间的隔离带，纵向上打造从研发、原材料采购、生产到市场营销、分销、零售等各环节的全程一站式物流服务。

4. 供应链信息服务能力

供应链集成服务从方案设计到方案实施、全程监控、运营调整都必须依托有效的信息系统支持。供应链集成服务商要建立覆盖供应链全部环节及集成、实施、先进的信息系统，以及供应商管理数据库、客户网络数据库、物流系统数据库、金融服务数据库、信用评估系统、风险评估系统等，以提高供应链信息服务的能力。通过物联网、大数据等技术手段，建立与供应链各节点企业的数字化信息交互能力，确保供应链管理的“可视性”。

例如，准时达构建了大规模定制和智能制造（Component to Manufacture to Customer，C2M2C）全链条参与的供应链协同平台，统筹合作资源，为供应链整体优化提供支持。同时，针对仓储、运输、外贸服务、跨境等各类服务场景，准时达可以提供相应的软件产品，以数据技术赋能客户服务。

5. 供应链金融服务能力

供应链集成服务中，客户的上下游企业一部分是中小企业，它们难以获取传统融资，资金链的紧张会造成整个供应链的风险。供应链集成服务商可以与客户合作，为这些中小节点企业提供供应链金融服务，实现对供应链资金流的管理。

例如，物产中大集团与多家银行建立了良好的合作关系，同时物产融资租赁、物产金属小额贷款、跨国公司外汇资金集中管理试点等成功获批，通过运营内部银行、票据池、商业票据、网上信用证、银行保函、仓单质押、物流质押、保理业务等，可为客户提供应收货款融资、未来货权融资及融通仓融资等多种形式的供应链金融服务，解决上下游企业资金不足的问题，提升客户满意度，同时也从中盈利。

6. 供应链风险控制能力

供应链集成服务所面临的市场环境存在大量的不确定性，只要存在不确定性，就存在一定的风险。在供应链集成服务过程中，存在着各种产生内在不确定性和外在不确定性的因素，因此需要供应链集成服务商具备较强的风险预测、评估、控制能力，降低供应链金融的风险。供应链集成服务商在设计和构建供应链集成服务方案时，就应识别供应链的各种风险，并制定风险管理目标，合理选择风险预防措施及工具。同时，通过加大供应链信息共享程度、加强供应商及客户关系管理、构建供应链的诚信合作关系、制定供应链风险应急措施等手段来控制供应链风险。

五、供应链集成服务的类型

供应链集成服务不同于普通产品市场中那样仅仅涉及交换，而是服务生产和消费同步进行，在服务提供者与其他合作伙伴、客户的交互过程中，通过差异化、多样化的服务形态和组合，共同创造服务的价值。因此，针对不同的客户需求或价值诉求，必然存在不同的服务类型。

1. 流程一体式服务

流程一体式服务强调的是以产业流程为基础，针对客户的价值诉求，综合流程运作中的产品和服务，推出完善的供应链集成服务方案，从而既能通过产业价值链活动的有效整合，降低流程衔接中的各类成本费用，为客户带来更大的价值，同时又能因为这种打包式产品和服务赢得客户的极大忠诚，并且通过续签服务和产品不断获得收益。供应链集成服务商可以通过合同管理控制外部资源，实现内外部资源的整合，以流程化为依托，为客户提供完整的供应链服务方案。

例如，物产中大化工集团与实体企业合作，利用多层次商品市场、物联网、互联网、信息化、现代金融、高科技等资源，开展从原辅材料供应、生产加工到成品销售的一体化智慧供应链集成服务，以供应链客户的需求为导向，通过与核心客户构建双方共享的供应商资源网络、物流配送网络、终端分销网络及综合服务网络，在为客户提供原材料的同时，还为其销售产品，提供物流、金融、信息、商务、技术等集成服务。

2. 综合模块式服务

综合模块式服务是指依托整个产业链，将物流服务、商品服务、信息服务、资金服务以及组织管理、财务管理、质量管理、绩效管理等服务和管理职能综合在一起，构筑服务的基础平台，通过模块组合的形式满足客户定制化服务的价值诉求。供应链集成服务商充分掌握所服务产业链的结构特征、发展趋势、环境风险，一般具有较强的自有资源和服务优势，如分销渠道、物流服务等，依托产业链，整合大量资源和能力，形成相对稳定的综合服务能力，通过各种组合的方式满足客户的多样化需求，以较低的运营成本提供供应链集成服务。

例如，物产中大化工集团打造垂直产业链，打通从基础产品、原辅材料直至终端消费的产业链，如化纤产业链（苯二甲酸—聚酯—经编）、粮油产业链（玉米种植、大豆压榨—饲料、生物乙醇）、轮胎产业链（橡胶、炭黑、钢帘线—轮胎）等，提供基于产业链的供应链集成服务。

3. 平台生态链式服务

近年来，随着大数据等技术的不断进步，互联网、物联网的渗透，行业边界趋于模糊甚至消失，企业竞争和合作范围无限扩大，企业进入“无疆界”的竞合时代。在这“万物互联”的时代，商业生态圈的构建显得尤为重要。

在流程一体式服务、综合模块式服务发展的基础上，供应链集成服务商以供应链集成服务为核心，以产业生态组织者的角色打造生态平台，整合各方优势资源共同构建生态圈，并帮助生态圈内企业实现供应链变革，实现价值创造。在前期构建供应链集成服务网络的基础上，不断扩大自身的服务规模，探索新的服务模式，通过整合相关的供应链服务提供商而形成供应链服务生态圈。平台内的不同服务业务相互依存，并从外部引进资本、技术、人才等要素，自身平台和合作伙伴之间通过竞合的方式不断拓展服务范围，实现多方的合作共赢。

例如，物产海宁经编产业平台可为园区内200多家中小型企业提供原料采购、物流配送、仓储监管、产品销售等一揽子集成服务，同时应用区块链技术，联合有关银行，提供供应链金融服务。同时，通过构建企业资产数据、经营数据、生产数据、库存数据，形成企业的“数字画像”，建立数据集成服务中心，促进企业转型升级。又如，怡亚通以供应链服务为载体，以物流为基础，以互联网为共享手段，打造第三代互联网生态公司。依托互联网、物联网、大数据和云计算等现代信息技术，打造服务标准化、管理精细化、业务金融化和运营市场化的O2O（线上到线下）运营管控平台。

任务实施

怡亚通的供应链集成服务

深圳市怡亚通供应链股份有限公司（简称“怡亚通”）成立于1997年，是我国第一家上市供应链企业，业务领域覆盖快速消费品、信息技术、通信、医疗等20多个领域。怡亚通通过整合各方资源，打造一个集商流、物流、资金流、信息流四流合一的一站式供应链集成服务平台，专业承接企业客户的非核心业务外包，根据客户的个性化需求，量身定制适合的供应链服务方案。怡亚通紧密聚合品牌企业、经销商/渠道商、物流商、金融机构、增值服务商等各大群体，力图打造一个跨界融合、共享共赢的B2B2C（新型电商网络购物模式）、O2O（将线下的商务机会与互联网结合）供应链商业生态圈。

怡亚通整合城市商贸物流资源，建设集商贸交易、仓储服务、流通加工、干线运输、城市配送、金融监管仓、高端“智慧物流”仓、产品产销中心、智慧托管、信息系统服务于一体的供应链体系，加快流通的资源整合、业务整合和项目整合，推动产业转型升级。怡亚通的供应链服务内容如图7–5所示。

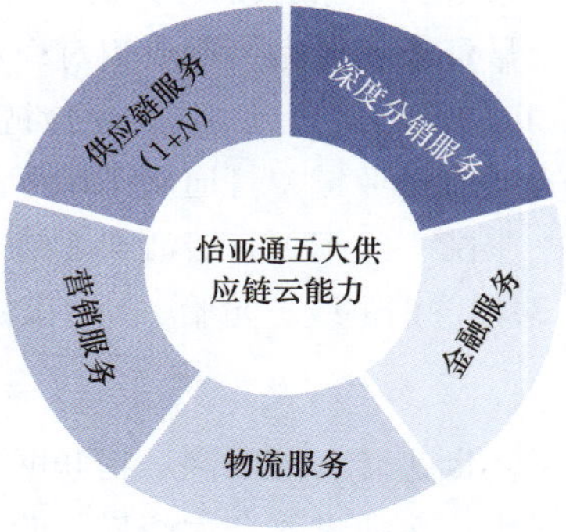

图7–5 怡亚通的供应链服务内容

其中，供应链金融服务平台专注供应链上下游的资金融通服务，依托怡亚通供应链商业生态圈，深挖供应链大数据，整合各类金融机构、物流商、征信服务商等社会资源，全力打造领先的创新型“链式金融”服务平台。其业务涵盖商业保理、反向保理、票据融资、信用贷款、融资租赁、货押融资等，并提供综合金融、专案定制、数据风控、金融科技以及资源整合等服务，将核心企业与上下游企业紧密衔接，有力推动供应链金融服务在中小微企业的应用和发展。

做一做：

1. 结合背景材料分析：该公司为客户提供哪些供应链服务？它不做哪些业务？
2. 查找资料，选择一个典型客户，绘制该公司供应链服务流程图。

拓展实训

实训 供应链集成服务商调研分析

实训背景

随着经济全球化与业务外包、横向一体化的兴起，企业专注于自身核心业务的发展。供应链管理的特点要求供应链的集成化，于是供应链集成服务商应时而生。作为供应链系统的组织者和管理者，供应链集成服务商需要最大限度地发挥供应链的竞争与增值功能，跨越各企业的边界，对在供应链中流转的商流、物流、信息流、资金流进行有效的控制和协调，达到全局动态最优。

实训目的

通过对供应链集成服务商的调研分析，加深学生对供应链集成服务的认识和理解，掌握供应链集成服务的内容和特点。

实训组织

（1）学生自由组合，组成小组。

（2）选择一个供应链集成服务商。

（3）进行调研分析，了解该企业的供应链集成服务发展历程、服务内容、服务特点等。

（4）形成调研报告并进行小组展示。

实训评价

从调研报告内容的完整性、展示效果、报告规范性、工作态度等方面进行综合评价。

项目测评

一、单选题

1. 服务供应链是以（　　）为主导的集成供应链。

A. 服务　　B. 产品

C. 产品和服务　　D. 供应商

2. 服务产品具有不同于制造产品的六个特征，即顾客影响、不可触摸、不可分割性、异质性、易逝性、劳动（　　）等。

A. 强度大　　B. 密集性

C. 强度小　　D. 分散性

3．服务供应链的核心企业一般是（　　）。

A．制造企业　　B．流通企业

C．物流企业　　D．服务集成商

4．（　　）集成是供应链集成服务的基础。

A．信息　　B．供应商

C．资源　　D．管理

5．供应链集成服务的协同性不包括（　　）协同。

A．生产　　B．供应

C．资金流　　D．物流

二、简答题

1．服务供应链与产品供应链有哪些不同之处？

2．实施供应链集成服务需具备哪些能力？

项目八

常用的供应链管理方法

学习目标

知识目标：

1. 掌握供应链下的准时制采购。
2. 掌握常用的库存补给策略。
3. 掌握供应商管理库存（VMI）的方法和流程。
4. 熟悉联合库存管理（JMI）的方法和流程。
5. 熟悉协同计划、预测及连续补货（CPFR）的运行原理和步骤。

技能目标：

1. 能够根据企业实际选择合适的库存补给策略。
2. 能够根据企业实际参与 VMI、JMI、CPFR 的运作。

素养目标：

1. 理解并认同供应链管理中的合作、创新精神，增强社会责任感。
2. 养成分工协作、精益求精的职业素养。

项目导学

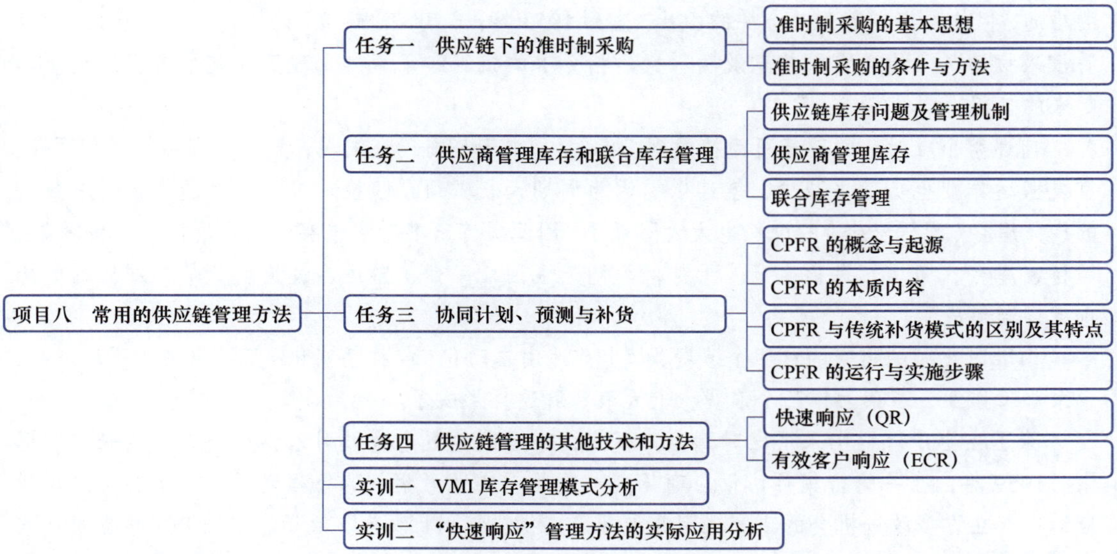

任务一 供应链下的准时制采购

准时制（Just in Time，JIT）管理理念起源于日本的丰田汽车公司。除了在生产流程中采用准时制生产模式，这一概念也被引入供应链上游的采购管理中。

学习导入

丰田是如何实现准时化生产的?

1945 年，丰田汽车公司复工，很快发现当时的生产计划不合理，遂将当时的月计划改成日计划，其大意是：当时丰田一个月需生产约 500 部卡车，前一个月的月底就将月计划下达给车间，车间按计划将每个零件或部件都生产足 500 个之后，再向下道工序转移。这种“批量等待”（等待成为一批，如 500 个）的生产方式造成前后工序的等待与忙闲不均，于是将月计划（每月 500 台）改成日计划（平均每日 20 台），并要求做完 20 个就向下道工序转移。结果发现流动速度加快了，周期时间缩短了，库存积压时间缩短，流动资金的需求也缓解了。因此产生了第一个在丰田生产方式中占重要地位的概念：降低生产和移动批量，可以加快流动速度、缩短周期、降低库存积压、减少对资金的需求。当然，这种日平均量的概念也成为后来的“平准化生产”的滥觞。

直到 1950 年，丰田公司才深刻体会到准时化的重要性，真正下定决心要更加深入地实现准时化。为了缩短生产周期，公司开始着手分析整个生产过程的时间浪费情况，发现大部分时间是在各种等待中浪费掉的，所以在早期（1952 年以前），消除各种等待时间便成为其最主要的攻关课题。

在这个缩短生产周期的改善过程中，丰田公司首先发现等待浪费出现最严重的地方就是流程的断裂点，因此以“流程合并”策略来清除流程中的断裂点，解决了许多缩短生产周期的难题，但依然存在着无法合并的困扰。直到 1953 年，丰田从“超市”的概念中获得启发，“以看板来拉动”（传递需求信息及物料搬运指令）的机制终于帮其实现了让整个流程完全流动起来的梦想。

前述整个准时化的改善行为持续到 1958 年，丰田公司逐渐发现，只要周期缩短了，库存、重复搬运作业也会随之减少，就连以前因为周期太长必须冒险提前投产、制造超出需求数量的产品库存（积压资金）的风险也大大降低了，因此提炼出准时化未实现之前的四大浪费现象：等待、库存、搬运、过量生产。于是，等待是主因，库存、搬运、过量生产是并发症的概念也就逐渐形成了。

由准时化归纳出来的这四个浪费，加上前述由自动化（或称精实化）归纳出来的不良产品、多余加工作业、多余动作三个浪费，七大浪费就这样形成了。

除了在生产流程中采用准时制生产模式，准时制的概念也被引入供应链上游的采购管理中。1959 年，在一轮密集拜访供应商（现地现物、实地考察）的行程之后，丰田公司发现供应链中存在许多改进机会的事实，因此展开了“供应链 JIT 改善”活动。丰田公司根据日平均排产计划，为供应商制订了“每天的零部件需要量都一样”（只会出现小幅波动）的采购计划，并借此要求供应商拨出特定的设备，来为丰田公司生产和供应“每天数量几乎都相同”的零部件。这个策略非常巧妙地解决了“与供应商的其他客户共享设备资源，大家共同接受供应商的排产计划”的排队问题，大大缩短了采购周期，并降低了丰田公司与供应商之间的“零部件库存”。因此，丰田生产方式中“以平准化订单，换取供应商提供专用设备的承诺，打破需求信息流的迂回流转过程，实现向供应商的直接拉动，以缩短采购周期、降低库存”的供应链管理概念就此形成。连带的丰田生产方式中的平准化生产、设备专用化等相关专业词汇就此出现。

到了 1968 年，丰田公司所有一级供应商都已成功建立了全面质量管理（Total Quality Control，TQC）系统，供应商质量问题得到解决，进料检验的多余环节被清除，终于具备了进料免检的条件。

1968 年下半年，丰田公司又建立了“工位零件需求排序表”，使用供应商看板，每天分时段循环拉动供应商的零件供应，取消仓库的中间环节，实现“以同步化物流直接供料到指定工位”的理想，同步化物流的机制至此终于成形。

思考：准时制生产、准时制采购给供应链体系带来了什么变化？为什么会出现这些变化？

知识学习

一、准时制采购的基本思想

准时制采购也称 JIT 采购，是一种先进的采购模式，也是一种管理观念。它的基本思想是：在恰当的时间、恰当的地点，以恰当的数量、恰当的质量提供恰当的物品。

准时制采购是从准时制生产发展而来的，是为了消除库存和不必要的浪费而进行的持续性改进。要进行准时制生产必须有准时的供应，因此准时制采购是准时制生产管理模式的必然要求。它和传统的采购方法在质量控制、供需关系、供应商的数量、交货期的管理等方面有许多不同，其中供应商的选择（数量与关系）、质量控制是其核心内容。

准时制采购包括供应商的支持与合作，以及制造过程、货物运输系统等一系列内容。准时制采购不但可以降低库存，还可以加快库存周转、缩短提前期、提高购物的质量、获得满意交货等。

准时制采购对于供应链管理思想的贯彻实施有重要的意义。供应链环境下的采购模式和传统采购模式的不同之处在于采用订单驱动的方式。订单驱动使供需双方都围绕订单运作，也就实现了准时化、同步化运作。要实现同步化运作，采购方式就必须是并行的，即当采购部门产生一个订单时，供应商便开始着手物品的准备工作。与此同时，采购部门编制详细的采购计划，制造部门也进行生产的准备过程。当采购部门把详细的采购订单提供给供应商时，供应商就能很快地将物资在较短的时间内交给用户。当用户需求发生改变时，制造订单又驱动采购订单发生改变。对于这样一种快速的改变过程，如果没有准时制采购方法，供应链企业就很难适应多变的市场需求，因此，准时制采购增加了供应链的柔性和敏捷性。准时制采购与传统采购的区别如表 8–1 所示。

表 8–1 准时制采购与传统采购的区别

项　目	准时制采购	传统采购
采购批量	小批量，送货频率高	大批量，送货频率低
供应商的选择	长期合作，单源供应	短期合作，多源供应
供应商评价	主要评价质量、交货期、柔性	主要评价质量、价格、交货期
检查工作	逐渐减少，最后消除	收货、点货、质量验收
协商内容	长期合作关系、质量和合理价格	获得最低价格
运输	准时送货，买方负责安排	较低的成本，卖方负责安排
文书工作	文书工作量小，改变交货期和交货质量的采购订单少	文书工作量大，改变交货期和交货质量的采购订单多
产品说明	供应商创新，强调性能宽松要求	买方关心设计，供应商没有创新
包装	标准化容器包装	普通包装，无特别说明
信息交流	快速、可靠	一般要求

从表 8–1 中我们可以看出，准时制采购和传统采购有许多不同之处，主要表现在以下几个方面：

1. 供应商的数目不同

传统的采购模式一般是多头采购，供应商的数目相对较多。从理论上讲，采用单源供应比多源供应好：一方面，管理供应商比较方便，也有利于降低采购成本；另一方面，有利于供需双方建立长期稳定的合作关系，质量方面比较有保障。但是，采用单源供应也有风险，如供应商可能因意外原因中断交货，以及供应商缺乏竞争意识等。

在实际工作中，许多企业也不是很愿意成为单一供应商。原因很简单：一方面，供应商是具有较强独立性的商业竞争者，不愿意把自己的成本数据披露给用户；另一方面，供应商不愿意成为用户的一个产品库存点。实施准时制采购，需要降低库存，库存成本以前是在用户一边，但现在转移给了供应商。因此，用户必须意识到供应商的这种忧虑。

2. 对供应商的选择标准不同

在传统采购模式中，供应商是通过价格竞争选择的，供应商与用户的关系是短期的合作关系，当用户发现供应商不合适时，可以通过市场竞标的方式重新选择供应商。但在准时制采购模式中，由于供应商和用户是长期的合作关系，供应商的合作能力将影响企业的长期经济利益，因此对供应商的要求比较高。在选择供应商时，需要对供应商进行综合评估。在评估供应商时，价格不是主要因素，质量是最重要的标准，这种质量不单指产品的质量，还包括工作质量、交货质量、技术质量等多方面的内容。高质量的供应商有利于建立长期的合作关系。

3. 对交货准时性的要求不同

准时制采购的一个重要特点是要求交货准时，这是实施精细化生产的前提条件。交货准时取决于供应商的生产与运输条件。对供应商来说，要使交货准时，可从两个方面着手。一方面，不断改进企业的生产条件，提高生产的可靠性和稳定性，减少延迟交货或误点现象。作为准时制供应链管理的一部分，供应商同样应该采用准时制的生产管理模式，以提高生产过程的准时性。另一方面，为了提高交货准时性，必须重视运输问题。特别是全球的供应链系统，由于运输过程长，而且可能要使用不同的运输工具或需要中转运输等，因此要进行有效的运输计划与管理，使运输过程准确无误。

4. 对信息交流的需求不同

准时制采购要求供需双方信息高度共享，保证供应与需求信息的准确性和实时性。由于双方的战略合作伙伴关系，企业在生产计划、库存、质量等方面的信息都可以及时交流，以便出现问题时能够及时处理。

5. 制定采购批量的策略不同

准时制采购

小批量采购是准时制采购的一个基本特征。准时制采购和传统采购的一个重要不同之处在于，准时制生产需要减少生产批量，直至实现“一个流生产”，因此采购的物资也应采用小批量办法。当然，小批量采购自然会增加运输次数和成本，对供应商来说，这是很为难的事情，特别是供应商在国外等远距离的情形下，实施准时制采购的难度就更大了。对此，解决办法是：采用混合运输、代理运输等方式，或尽量使供应商靠近用户等。

二、准时制采购的条件与方法

1. 准时制采购成功实施的条件

为了保证准时制采购的成功实施，应做好以下几方面的工作：

（1）供需双方建立战略联盟。企业与供应商应建立一种长期的、互惠互利的战略合作伙伴关系。这种合作关系能确保供需双方之间合作的诚意，并有利于调动双方参与解决共同问题的积极性。

（2）建立完善的供应商网络。建立有不同层次的供应商参与的供应网络，并逐步减少同类供应商的数量，同时加强与他们的合作。一般而言，供应商数量越少越有利于双方的合作。但企业的产品对原材料或零部件的需求是多元化的，因此，采购方应根据本企业的需要选择适当数量的供应商，建立并逐步完善供应商网络。

（3）采购与供应过程须严格实行需求拉动。供应链环境下的采购是一种订单驱动的采购模式，供需双方都围绕订单开展工作，目的是实现准时化、同步化运作。为此，必须实施并行作业，即当企业对原材料、零部件、产成品及其他外购件产生需求时，供应商就必须着手准备供应工作。与此同时，企业的采购部门根据生产部门的需要编制详细的采购计划，当采购部门把详细的采购订单发送给供应商时，供应商就能在较短的时间内交付企业所需的物资。当客户需求发生变化时，企业的制造订单又拉动采购订单发生改变。这样一种快速变化的过程，如果企业不实施准时制采购，供应链就很难适应不断变化的市场需求。因此，准时制采购必须严格实行需求拉动。

（4）协调供应商的供应计划。一般而言，供应商可能同时向多家生产企业供应原辅料，同时参与多条供应链的运作。在供应资源有限的情况下，必然会出现多家生产企业争夺供应商资源的局面。因此，生产企业的采购部门应主动参与供应商供应计划的协调工作。理想的情况是实现资源共享，确保供应，保证供应链的正常运作，维护企业的利益。

（5）高效率、低成本的物流运输。多频次、小批量的准时制采购，必然会增加运输、配送的次数和成本，若是全球采购，实施的难度就更大了。因此，需要实现整合运输，即将多个供应商的小批量货物集中起来作为一个运输单位进行运输、配送以保证按时交货，并节约物流成本。此外，引入第三方物流，寻找货运代理公司，或尽量就近选择供应商等也是较好的支持途径。

（6）决策层的支持。准时制采购需要企业最高决策层的大力支持。准时制管理思想认为，库存使企业负债，因而库存是一种浪费。准时制采购是企业准时制管理体系的一部分。实施准时制管理，要求对企业整个体系进行变革，需要大量投资并花费管理者很多的时间和精力，也存在较大的风险。如果没有企业最高决策层的支持，或者是资源投入不足，或者是部门之间缺乏协调，准时制采购将难以取得成功，更难以发挥其优势。因此，准时制采购是“一把手工程”，需要企业最高决策层的大力支持。

2. 有效实施准时制采购的方法

（1）创建准时制采购班组。世界一流企业的专业采购人员有三个责任：寻找货源、商定价格、发展与供应商的协作关系并不断改进。因此，专业化的高素质采购队伍对实施准时制采购至关重要。为此，首先应成立两个班组：一个是专门处理供应商事务的班组，该班组的任务是认定和评估供应商的信誉、能力，或与供应商谈判签订准时制订货合同，向供应商发放免检签证等，同时负责对供应商的培训与教育。另一个是专门从事消除采购过程中浪费的班组。班组成员对准时制采购的方法应有充分的了解和认识，必要时需进行培训，如果这些人员本身对准时制采购的了解和认识都不彻底，就不可能指望供应商的配合了。

（2）制订计划，确保准时制采购策略有计划、有步骤地实施。制定采购策略，包括当前的采购方式、减少供应商的数量、正确评价供应商、向供应商发放签证等内容。在这个过程中，要与供应商一起商定准时制采购的目标和有关措施，保持经常性的信息沟通。

（3）精选少数供应商，建立伙伴关系。选择供应商应考虑以下几个方面：产品质量、供货情况、应变能力、地理位置、企业规模、财务状况、技术能力、价格、对其他供应商的可替代性等。

（4）进行试点工作。先从某种产品或某条生产线试点开始，进行零部件或原材料的准时制供应试点。在试点过程中，取得企业各个部门的支持是很重要的，特别是要得到生产部门的支持。通过试点，总结经验，为正式实施准时制采购奠定基础。

（5）做好供应商的培训，确定共同目标。准时制采购是供需双方共同的业务活动，单靠企业采购部门的努力是不够的，需要供应商的配合。只有供应商也对准时制采购的策略和运作方法有了认识与理解，才能获得他们的支持和配合，因此需要对供应商进行教育培训。通过培训，大家取得一致的目标，相互之间就能够很好地协调，做好准时制采购。

（6）向供应商颁发产品免检合格证书。准时制采购和传统采购的不同之处在于买方不需要对采购产品进行比较多的检验。要做到这一点，需要供应商提供百分之百的合格产品，当其做到这一要求时，企业即发放免检证书。

（7）实现配合准时制生产的交货方式。准时制采购的最终目标是实现企业的生产准时化，为此，要实现从预测的交货方式向准时制交货方式转变。

（8）继续改进，扩大成果。准时制采购是一个不断完善和改进的过程，需要在实施过程中不断总结经验教训，从降低运输成本、提高交货的准确性和产品的质量、降低供应商库存等各个方面改进，不断提高准时制采购的运作绩效。

任务实施

戴尔公司的 7 小时库存

戴尔公司的供应链高度集成，上游或下游联系紧密，成为捆绑的联合体。戴尔公司在装配和市场上做足了功夫。信息技术行业有其特殊性，“电脑配件放在仓库里一个月，价格就要下降 1 ~ 2

个百分点”。如果没有一个很好的供应链管理和生产控制，电脑的利润只会更低。戴尔公司的运营方式是直销，在业界号称“零库存、高周转”。在直销模式下，戴尔公司接到订货单后，将电脑部件组装成整机，而不是像很多企业那样，根据对市场预测制订生产计划，批量制成产品。真正按客户需求定制生产，这需要在极短的时间内完成，速度和精度是考验戴尔公司的两大难题。

戴尔公司的做法是，利用信息技术全面管理生产过程。通过互联网，戴尔公司和其上游配件制造商能迅速对客户订单做出反应：当订单传至戴尔公司的控制中心时，控制中心把订单分解为子任务，并通过网络分派给各独立配件制造商进行排产。各制造商按戴尔公司的电子订单进行生产组装，并按戴尔公司控制中心的时间表来供货。戴尔公司所需要做的只是在成品车间完成组装和系统测试，剩下的就是客户服务中心的事情了。

“经过优化后，戴尔公司供应链每20秒钟汇集一次订单。”通过各种途径获得的订单被汇总后，供应链系统软件会自动地分析出所需原材料，同时比较公司现有库存和供应商库存，创建一个供应商材料清单。而戴尔公司的供应商仅需要90分钟的时间来准备所需要的原材料并将它们运送到戴尔公司的工厂，戴尔公司再花30分钟时间卸载货物，并严格按照制造订单的要求将原材料投放到组装线上。由于戴尔公司仅需要准备手头订单所需要的原材料，因此工厂的库存时间仅有7个小时。这一切取决于戴尔公司雄厚的技术基础——装配线由电脑控制，条码使工厂可以跟踪每一个部件和产品。在戴尔公司内部，信息流通过自己开发的信息系统，与企业的运营过程及资金流同步，信息极为通畅。精密的直接结果是用户的体验，一位戴尔公司的员工说：“我们跟用户说的不是‘机器可能周二或者周三到你们那里’，我们说的是‘周二上午9点到’。”

做一做：结合给定的情景，查找资料，分析戴尔公司实现“零库存”的原因和条件。

任务二　供应商管理库存和联合库存管理

供应链是一个整体，只有协调各方活动，才能取得最佳的运作效果。合作管理库存有利于从根本上改进供应链的整体运作效率，从而能够更好地进行市场需求预测和采取有效的库存补给计划。

学习导入

家乐福：从VMI中受益无穷

家乐福在引进快速响应（Quick Response，QR）系统后，一直努力寻找合适的战略伙伴以实施供应商管理库存（Vender Managed Inventory，VMI）计划。经过慎重挑选，家乐福最终选择了雀巢公司等供应商。就家乐福与雀巢公司的既有关系而言，双方只是单纯的买卖关系，唯一特殊的是，家乐福对雀巢公司来说是一个重要的零售商客户。在双方的业务往来中，家乐福拥有十足的决定权，决定购买哪些产品与购买数量。

两家公司经协商，决定由雀巢公司建立整个VMI计划的机制，总目标是提高商品的供应效率，降低家乐福的库存天数，缩短订货前置时间，以及降低双方物流作业的成本率等。由于双方各自有独立的内部ERP系统，彼此并不相容，因此家乐福决定与雀巢公司以EDI连线方式来实施VMI计划。在VMI系统的经费投入上，家乐福主要负责EDI系统建设的费用，没有其他额外的投入；雀巢公司除了建设EDI系统外，还引进了一套VMI系统。经过近半年的VMI实际运作，雀巢公司对家乐福配送中心产品的到货率由原来的80%左右提升至95%（超越了目标值）。家乐福配送中心对零售店铺产品到货率也由70%提升至90%左右，并仍在继续改善；库存天数由原来的25天左右降至15天以下；在订单修改方面也由60%～70%降至10%以下，每日商品销售额则上升了20%左右。总体而言，VMI计划使家乐福受益无穷，极大地提升了其市场响应能力和市场竞争能力。相对家乐福的受益而言，雀巢公司也受益匪浅，最大的收获便体现在与家乐福的关系改善方面。过去雀巢公司与家乐福只是单向买卖关系，所以家乐福要什么就给它什么，甚至还要尽可能地推销产品，彼此都忽视了真正的市场需求，导致好卖的商品经常缺货，而不畅销的商品却有很多存货。这次合作使双方愿意共同解决问题，从而有利于从根本上改进供应链的整体运作效率，并使雀巢公司容易掌握家乐福的销售资料和库存动态，以便更好地进行市场需求预测和采取有效的库存补给计划。

雀巢和家乐福的VMI

思考：

1．VMI的基本原则是什么？

2．如何才能实现VMI模式？

知识学习

一、供应链库存问题及管理机制

供应链环境下的库存问题和传统的企业库存问题有许多不同之处，这些不同点体现了供应链管理思想对库存的影响。

（一）供应链环境下的库存问题

目前，供应链环境下的库存控制存在的主要问题有三大类：信息类问题、供应链的运作问题、供应链的战略与规划问题。这些问题可综合成以下几个方面的内容。

1．没有供应链的整体观念

虽然供应链的整体绩效取决于各个供应链的节点绩效，但是各个部门都是独立的单元，都有各自的目标与使命。有些目标和供应链的整体目标是不相干的，更有可能是冲突的。因此，这种各行其是的“山头主义”行为必然导致供应链整体效率的低下。

一般的供应链系统都没有针对全局供应链的绩效评价指标，这是普遍存在的问题。有些企业采用库存周转率作为供应链库存管理的绩效评价指标，但是没有考虑对客户的响应时间与服务水平。客户满意应该成为供应链库存管理的一项重要指标。

2. 对客户服务的理解与定义不恰当

供应链管理绩效的好坏应该由客户来评价，或者以对客户的响应能力来评价。但是，对客户服务的理解与定义各不相同，导致对客户服务水平的差异。许多企业采用客户满意率来评估对客户的服务水平，这是一种比较好的客户服务考核指标。但是客户满意率本身并不检测运作问题。例如，一个电脑制造商要满足一份包含多种产品的订单要求，产品来自多个供应商，客户要求一次性交货，制造商要等各供应商的产品都到齐后才能一次性装运给客户。这时，采用总的客户满意率来评价制造商的客户服务水平是恰当的，但是，这种评价指标并不能帮助制造商发现是哪家供应商交货迟了或早了。

传统的订货满足率评价指标也不能评价订货的延迟水平。两条同样具有 90% 订货满足率的供应链，在如何迅速补给余下的 10% 订货要求方面差别是很大的。其他的服务指标也常常被忽视，如总订货周转时间、平均回头订货量、平均延迟时间、提前或延迟交货时间等。

3. 不准确的交货状态数据

当客户下订单时，他们总是想知道什么时候能交货。在等待交货的过程中，也可能会对订单交货状态进行修改，特别是当交货被延迟以后。不能否定一次性交货的重要性，但必须看到，许多企业并没有及时而准确地把推迟交货的订单修改数据提供给客户，其结果当然是客户不满意。

4. 低效率的信息传递系统

在供应链中，各个节点企业之间的需求预测、库存状态、生产计划等都是供应链管理的重要数据，这些数据分布在不同的节点企业之间，要做到有效而快速地响应客户需求，就必须将其实时地传递，为此需要对供应链的信息系统模型做相应的改变，通过系统集成的办法，使供应链中的库存数据能够实时、快速地传递。但是，目前许多企业的信息系统并没有很好地集成起来，当供应商需要了解客户的需求信息时，常常得到的是延迟的信息和不准确的信息。由于延迟引起的误差和对库存量精确度的影响，短期生产计划的实施也会遇到困难。企业为了制订一个生产计划，需要获得关于需求预测、当前库存状态、订货的运输能力和生产能力等信息，这些信息需要从供应链的不同节点企业的数据库中获得，数据调用的工作量很大。数据整理完后制订主生产计划，然后运用相关的管理软件制订物料需求计划，这样一个过程一般需要很长时间。时间越长，预测误差越大，制造商对最新订货信息的有效响应能力也就越弱，生产出过时的产品和造成过高的库存也就不奇怪了。

5. 忽视不确定性对库存的影响

供应链运作中存在诸多的不确定因素，如订货提前期、货物运输状况、原材料的质量、生产过程的时间、运输时间、需求的变化等。为减少不确定性对供应链的影响，应先了解不确定性的来源和影响程度。很多企业并没有认真研究和跟踪其不确定性的来源和影响，错误地估计供应链中物料的流动时间（提前期），造成有些物品库存增加而有些物品库存不足的现象。

6. 库存控制策略简单化

无论是生产企业还是物流企业，库存控制的目的都是保证供应链运行的连续性和应付不确定性需求。了解和跟踪不确定性状态的因素是第一步，第二步是要利用跟踪到的信息去制定相应的库存控制策略。这是一个动态的过程，因为不确定性也在不断地变化。有些供应商在交货与质量方面的可靠性好，而有些则相对差些；有些物品的需求可预测性大，而有些物品的需求可预测性小。库存控制策略应能反映这些情况。

许多企业对所有的物品采用统一的库存控制策略，物品的分类没有反映供应与需求中的不确定性。在传统的库存控制策略中，多数是面向单一企业的，采用的信息基本上来自企业内部，其库存控制方法没有体现供应链管理的思想。因此，如何实施有效的库存控制方法并能体现供应链管理的思想，是供应链库存管理的重要内容。

7. 缺乏合作与协调性

协调的目的是使满足一定服务质量要求的信息可以无缝、流畅地在供应链中传递，从而使整个供应链能够根据客户的要求步调一致，形成更为合理的供需关系，适应复杂多变的市场环境。例如，当客户的订货由多种产品组成而各产品又由不同的供应商提供时，如果客户要求所有的商品同时交货，这时企业必须对不同供应商的交货期进行协调。如果企业和供应商间缺乏协调与合作，就会导致交货期延迟和服务水平下降，库存水平也会因此增加。

供应链的各个节点企业为了应付不确定性，都设有一定的安全库存。设置安全库存是企业采取的一种应急措施。问题在于，在全球化的供应链中，组织的协调涉及更多的利益群体，相互之间的信息透明度不高。在这样的情况下，企业不得不维持一个较高的安全库存水平，并为此付出了较大的代价。

企业之间存在的障碍有可能使库存控制变得更为困难，因为各自都有不同的目标、不同的绩效评价尺度、不同的仓库，谁也不愿意与其他部门共享资源。在分布式的组织体系中，企业之间的障碍对库存集中控制的阻力更大。

要进行有效的合作与协调，企业之间需要一种有效的激励机制。在企业内部一般有各种各样的激励机制以加强部门之间的合作与协调，但是当涉及企业之间的激励时，困难就大得多了。问题还不止于此，信任风险的存在加深了问题的严重性，相互之间缺乏有效的监督机制和激励机制是供应链节点企业之间合作不稳固的原因。

8. 产品的过程设计没有考虑供应链上库存的影响

现代产品设计与先进制造技术的出现，使产品的生产效率大幅度提高，而且具有较高的成本效益，但是供应链库存的复杂性常常被忽视。结果，所有节省下来的成本都被供应链上的分销与库存成本给抵消了。同样，在引进新产品时，如果不进行供应链规划，就会由于如运输时间过长、库存成本高等因素而无法获得成功。

在设计供应链的结构时，同样需要考虑库存的影响。要在一条供应链中增加或关闭一个工厂或分销中心，一般是先考虑固定成本与相关的物流成本。至于网络变化对运作的影响因素，如库存投资、订单的响应时间等常常是放在第二位的，但是这些因素对供应链的影响不可低估。

（二）供应链库存管理机制

供应链库存管理机制是怎样运行的？作为供应链中库存的真正管理者，供应链库存管理机制有其自身的特点和运作方式。供需双方必须从合作的精神出发，建立供需双方计划协调管理的机制，明确各自的目标和责任，建立合作沟通的渠道，为供应链协同库存管理提供有效的机制。

建立现代供应链库存管理机制主要应该从以下三个层次着手。

1. 建立供需计划协调管理机制

（1）建立共同的合作目标，如客户满意度、利润的共同增长和风险的降低等。

（2）建立库存优化的计划协调控制方法，包括如何在多个需求商之间进行调节与分配库存，库存的最大量、最低库存水平和安全库存的确定，需求的预测等。

（3）建立一种信息沟通的渠道或系统，以保证需求信息在供应链中的畅通和准确性。

（4）建立利益的分配和激励—约束机制。要有效运行基于供需计划协调管理机制的库存管理，必须建立一套公平的利益分配机制，对参与的各个企业进行有效的激励和约束。

（5）建立风险分担机制，用以明确界定各节点企业的责任和风险。

2. 建立供应链库存运行机制

供应链库存运行机制包括在供应链节点企业之间订立的合同规则、协作交易规则、库存信息共享规则、处理订单补货规则和应收应付的财务结算规则等与供应链中库存物流运作相关的各种规则。

3. 建立供应链库存绩效评价体系

例如，通过财务指标、内部流程指标等来考核企业之间的合作程度和经营状况。

二、供应商管理库存

供应链中的不同组织如果根据各自的需要独立运作，会导致重复建立库存，无法达到供应链全局的最低成本，整个供应链系统的库存会随着供应链长度的增加而发生需求扭曲。在供应链环境下，供应链各个环节的活动都应该是同步进行的，供应商管理库存（VMI）打破了传统的各自为政的库存管理模式，体现了供应链的集成化管理思想，适应了市场变化的要求，是有代表性的库存管理思想。

（一）VMI 的基本思想

VMI 是一种在用户和供应商之间的合作性策略，对双方来说都是以最低的成本优化产品的可获性，在一个相互同意的目标框架下由供应商管理库存，这样的目标框架被经常性监督和修正，以产生一种连续改进的环境。VMI 是一种供应链集成化运作的决策代理模式，它把用户的库存决策权代理给供应商，由供应商代理分销商或批发商行使库存决策的权力。VMI 系统能够突破传统的条块分割的库存管理模式，以系统的、集成的管理思想进行库存管理，使供应链系统能够获得同步化的运作。

VMI 是一种很好的供应链库存管理策略，其关键措施主要体现在以下几个方面：

（1）合作精神（合作性原则）。在实施该策略时，相互信任与信息透明是很重要的，供应商和用户（零售商）都要有较好的合作精神，只有这样，才能够相互保持较好的合作。

（2）使双方成本最小（互惠原则）。VMI 不是关于成本如何分配或谁来支付的问题，而是关于降低成本的问题。通过实施该策略使双方的成本都得以降低。

（3）框架协议（目标一致性原则）。双方都明白各自的责任，观念上达成一致的目标。例如，库存放在哪里、什么时候支付、是否要管理费、要花费多少等问题都要回答，并且体现在框架协议中。

（4）连续改进原则。供需双方要能共享利益和消除浪费。VMI 的主要思想是供应商在用户的允许下设立库存，确定库存水平和补给策略，拥有库存控制权。

精心设计与开发的 VMI 系统，不仅可以降低供应链的库存水平，降低成本，而且可以使用户获得高水平的服务，改善资金流，与供应商共享需求变化的透明性并获得更高的用户信任度。

（二）VMI 的实施方法

实施 VMI 策略，要先改变订单处理的方式，建立基于标准的托付订单处理模式。首先，供应商和批发商一起确定供应商的订单业务处理过程所需要的信息和库存控制参数；其次，建立一种订单处理的标准模式，如电子数据交换（Electronic Data Interchange，EDI）标准报文；最后，把订货、交货和票据处理各种业务功能集成在供应商一边。

库存状态透明性（对供应商）是实施 VMI 策略的关键。供应商能够随时跟踪和检查销售商的库存状态，从而快速响应市场的需求变化，对企业的生产（供应）状态做出相应的调整。为此需要建立一种能够使供应商和用户（分销商、批发商）的库存信息系统透明连接的方法。VMI 的实施流程如图 8-1 所示。

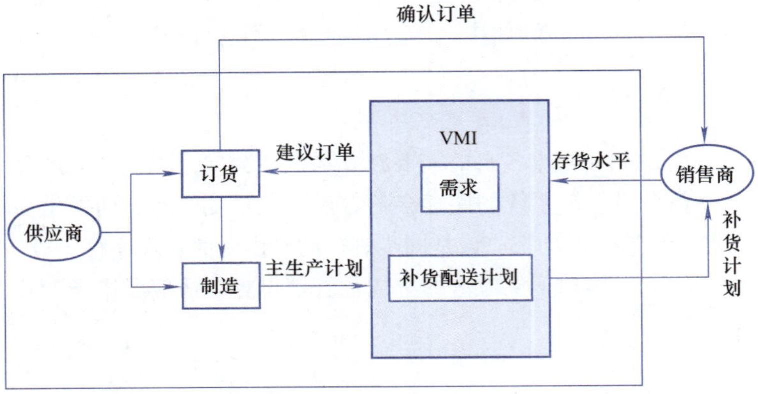

图 8-1 VMI 的实施流程

VMI 策略可以分为以下几个实施步骤：

（1）建立用户情报信息系统。要有效地管理销售库存，供应商必须获得用户的有关信息。通过建立用户的信息库，供应商能够掌握需求变化的有关情况，把由批发商（分销商）进行的需求预测与分析功能集成到供应商的系统中来。

（2）建立销售网络管理系统。供应商要很好地管理库存，必须建立起完善的销售网络管理系统，保证自己的产品需求信息和物流畅通。为此，必须做到以下几点：①保证自己产品条码的可读性和唯一性；②解决产品分类、编码的标准化问题；③解决产品存储运输过程中的识别问题。目前，已有许多企业开始采用制造资源计划（Manufacture Resource Plan，MRP Ⅱ）或企业资源计划（Enterprise Resource Planning，ERP）系统，这些软件系统都集成了销售管理功能。通过对这些功能的扩展，可以建立完善的销售网络管理系统。

（3）建立供应商与分销商（批发商）的合作框架协议。供应商和分销商（批发商）通过协商，确定处理订单的业务流程以及控制库存的有关参数（如再订货点、最低库存水平等）、库存信息的传递方式（如 EDI 或互联网）等。

（4）组织机构的变革。这一点也很重要，因为 VMI 策略改变了供应商的组织模式。过去一般由客户经理处理与客户有关的事情，引入 VMI 策略后，在订货部门产生了一个新的职能岗位负责客户库存控制、库存补给和服务水平。

一般来说，在以下情况下适合实施 VMI 策略：零售商或分销商没有 IT 系统或基础设施来有效管理它们的库存；制造商实力雄厚并且比零售商市场信息量大；有较高的直接存储交货水平，制造商能够有效地规划运输。

（三）VMI 的支持技术

VMI 的支持技术主要包括 ID 代码、EDI/ 互联网、条码、连续补给程序等。

1. ID 代码

供应商要有效地管理用户的库存，必须对用户的商品进行正确识别。为此，应对供应链商品进行编码，通过获得商品的标识（Identity Document，ID）代码并与供应商的产品数据库相连，以实现对用户商品的正确识别。目前，国外企业已建立了应用于供应链的 ID 代码的类标准系统，如 EAN-13（UPC-12）、EAN14（SCC14）、SSCC-18 以及位置码等，我国也制定有关于物资分类编码的国家标准。供应商应尽量使自己的产品按国际标准进行编码，以便用户在库存中对本企业的产品进行快速跟踪和分拣。因为用户（如批发商、分销商）的商品多种多样，所以有来自不同的供应商的同类产品，也有来自同一供应商的不同产品。实现 ID 代码标准化有利于采用 EDI 系统进行数据交换与传送，提高了供应商对库存管理的效率。

2. EDI/ 互联网

供应商要有效地对用户（分销商、批发商）的库存进行管理，采用 EDI 进行供应链的商品数据交换，是一种安全可靠的方法。为了能够实现供应商对用户的库存进行实时测量，供应商必须每天都了解用户的库存补给状态。因此，采用基于 EDIFACT 标准的库存报告清单能够提高供应链的运作效率，每天的库存水平（或定期的库存检查报告）、最低的库存补给量都能自动地生成，从而大大提高了供应商对库存的监控效率。

分销商（批发商）的库存状态也可以通过 EDI 报文的方式通知供应商。在 VMI 系统中，供应商一方有关装运与发票等工作都不需要特殊的安排，主要的数据是用户需求的物料信息记录、订货点水平和最小交货量等，需求一方（分销商、批发商）唯一需要做的就是接受 EDI 订单确认和配送建议，以及利用该系统发送采购订单。

3. 条码

条码是目前国际上供应链管理中普遍采用的一种技术手段。为有效实施 VMI 系统，应该尽可能地使供应商的产品条码化。条码技术对提高库存管理的效率是非常显著的，是实现库存管理电子化的重要工具，它使供应商对产品的库存控制一直可以延伸到和销售商的销售时点信息系统（POS 系统）进行连接，实现用户库存的供应链网络化控制。

4. 连续补给程序

连续补给程序（Continuous Replenishment Program，CRP）策略将用户向供应商发出订单的传统订货方法，变为供应商根据用户库存和销售信息决定商品的补给数量。这是一种实现 VMI 策略的有力工具。为了快速响应用户降低库存的要求，供应商通过和用户（分销商、批发商或零售商）建立战略合作伙伴关系，主动提高向用户交货的频率，使供应商从过去单纯地执行用户的采购订单变为主动为用户分担补充库存的责任，从而在加快供应商响应用户需求速度的同时，也使用户降低了库存水平。

CRP 补货计划的制订过程如下。

（1）每天了解批发商的库存量和出库的实际情况。

（2）根据前一周的出库实际情况，同时参考零售店促销计划，来预测下周各批发商仓库的日出库量。

（3）预测库存量及出库量，并制订合适的库存量及下周补货计划（如在星期几该补何种商品）。

三、联合库存管理

（一）联合库存管理的基本思想

联合库存管理（Jointly Managed Inventory，JMI）是一种风险分担的库存管理模式。联合库存管理的思想可以从分销中心的联合库存功能谈起。地区分销中心体现了一种简单的联合库存管理思想。传统的分销模式是分销商根据市场需求直接向工厂订货。例如，汽车分销商（或批发商）根据用户对车型、款式、颜色、价格等的不同需求向汽车制造商订的货，需要经过较长一段时间才能收到。因为用户不想等这么久，因此，各个分销商不得不进行库存备货，这样一来，大量的库存使分销商难以承受，以致破产。传统的分销模式如图 8–2 所示，每个销售商直接向工厂订货，每个销售商都有自己的库存。

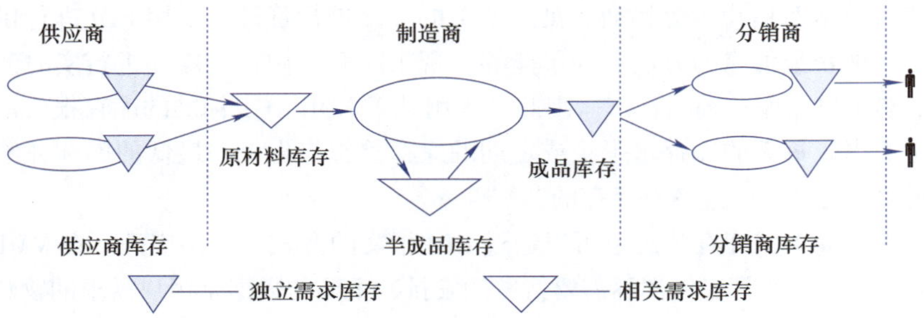

图 8–2　传统的分销模式

而图 8–3 为采用分销中心后的销售模式，各销售商只需要少量的库存，大量的库存由地区分销中心储备，也就是各销售商把其库存的一部分交给地区分销中心负责，从而减轻了自己的库存压力。分销中心起到了联合库存管理的功能，它既是一个商品的联合库存中心，也是需求信息的交流与传递枢纽。根据分销中心的功能，供应链库存管理模式进行了新的拓展和重构，提出了联合库存管理新模式——基于协调中心的联合库存管理系统。

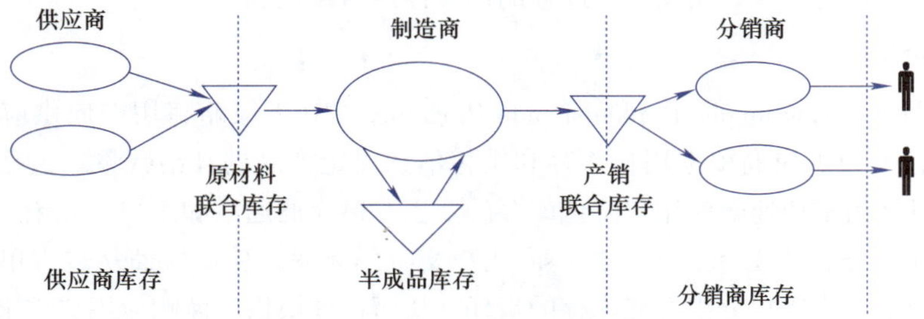

图 8–3　采用分销中心后的销售模式

近年来，在供应链节点企业之间的合作关系中，更加强调双方的互利合作关系，JMI 就体现了供应商战略联盟的新型企业合作关系。

传统的库存管理把库存分为独立需求和相关需求两种库存模式来进行管理。独立需求库存问题采用订货点办法处理，相关需求库存问题采用物料需求计划处理。一般而言，产成品库存管理为独立需求库存问题，而在制品和零部件以及原材料的库存控制问题为相关需求库存问题。

在整个供应链过程中，从供应商、制造商到分销商，各个供应链节点企业都有自己的库存。供应商作为独立的企业，其库存（即其产品库存）为独立需求库存。制造商的材料、半成品库存为相关需求库存，而产品库存为独立需求库存。分销商为了应对顾客需求的不确定性也需要库存，其库存也为独立需求库存。

联合库存管理是解决供应链系统中由于各节点企业的相互独立库存运作模式导致的需求放大现象，提高供应链的同步化程度的一种有效方法。联合库存管理和供应商管理用户库存不同，它强调双方同时参与，共同制订库存计划，使供应链中的每个库存管理者（供应商、制造商、分销商）都从相互之间的协调性考虑，使供应链相邻的两个节点企业之间的库存管理者对需求的预期保持一致，从而消除了需求变异放大现象。任何相邻节点需求的确定都是供需双方协调的结果，库存管理不再是各自为政的独立运作过程，而是供需连接的纽带和协调中心。

基于协调中心的库存管理模式和传统的库存管理模式相比，具有以下优点：

（1）为实现供应链的同步化运作提供了条件和保证。

（2）减少了供应链中的需求变异现象，降低了库存的不确定性，提高了供应链的稳定性。

（3）库存作为供需双方的信息交流和协调的纽带，可以暴露供应链管理的缺陷，为改进供应链管理水平提供依据。

联合库存管理

（4）为实现零库存管理、准时制采购以及精细供应链管理创造了条件。

（5）进一步体现了供应链管理的资源共享和风险分担的原则。

JMI 系统把供应链管理系统进一步集成为上游和下游两个协调中心，从而部分消除了供应链环节之间的不确定性和需求信息扭曲现象导致的供应链库存波动。通过协调中心，供需双方共享需求信息，从而起到了提高供应链运作稳定性的作用。

（二）联合库存管理的实施策略

1. 建立供需协调管理机制

为了发挥联合库存管理的作用，供需双方应从合作的精神出发，建立供需协调管理机制，明确各自的目标和责任，建立合作沟通的渠道，为供应链的联合库存管理提供有效的机制。没有供需协调管理机制，就不可能进行有效的联合库存管理。

建立供需协调管理机制，要从以下几个方面着手。

（1）建立共同的合作目标。要建立联合库存管理模式，供需双方必须本着互利互惠的原则，建立共同的合作目标。为此，要理解供需双方在市场目标中的共同之处和冲突点，通过协商形成共同的目标，如客户满意度、利润的共同增长和风险的降低等。

（2）建立联合库存的协调控制方法。联合库存协调中心扮演着协调供需双方利益的角色，起着协调控制器的作用。因此，需要对库存优化的方法进行确定。这些内容包括库存如何在多个需求商之间调节与分配，库存的最大量、最低库存水平和安全库存的确定，需求的预测等。

（3）建立一种信息沟通的渠道或系统。信息共享是供应链管理的特色之一。为了提高整个供应链的需求信息的一致性和稳定性，减少由于多重预测导致的需求信息扭曲，应增加供应链各方对需求信息获得的及时性和透明性。为此，应建立一种信息沟通的渠道或系统，以保证需求信息在供应链中的畅通和准确性。要将条码技术、扫描技术、POS 系统和 EDI 集成起来，并且要充分利用互联网的优势，在供需双方之间建立一个畅通的信息沟通桥梁和联系纽带。

（4）建立利益的分配、激励机制。要想有效运行基于协调中心的库存管理，必须建立一种公平的利益分配制度，并对参与协调中心的各个企业（供应商、制造商、分销商或批发商）进行有效的激励，防止机会主义行为，增加协作性和协调性。

2. 发挥两种资源计划系统的作用

为了发挥联合库存管理的作用，在供应链库存管理中应充分利用目前比较成熟的两种资源管理系统——MRP Ⅱ和配送资源计划（Distribution Requirements Planning，DRP）。原材料联合库存协调中心应采用 MRP Ⅱ系统，而在产品联合库存协调中心则应采用 DRP 系统，并在供应链系统中把两种资源计划系统地结合起来。

3. 建立快速响应系统

快速响应（QR）系统是在 20 世纪 80 年代末从美国服装行业发展起来的一种供应链管理策略，目的在于减少库存，最大限度地提高供应链的运作效率。QR 系统在美国等西方国家的供应链管理中被认为是一种有效的管理策略，其经历了三个发展阶段：第一阶段为商品条码化，通过对商品的标准化识别处理，加快订单的传输速度；第二阶段是内部业务处理的自动化，采用自动补库与 EDI 系统提高业务自动化水平；第三阶段是采用更有效的企业间合作，消除供应链节点企业之间的障碍，提高供应链的整体效率，如通过供需双方合作，确定库存水平和销售策略等。

4. 发挥第三方物流系统的作用

第三方物流系统（Third Party Logistics，TPL）是供应链集成的一种技术手段。第三方物流系统也称为物流服务提供者（Logistics Service Provider，LSP），它为用户提供各种服务，如产品运输、订单选择、库存管理等。第三方物流系统一方面是由一些大的公共仓储公司通过提供更多的附加服务演变而来，另一方面是由一些制造企业的运输和分销部门演变而来。

把库存管理的部分功能委托给第三方物流系统管理，可以使企业更加集中精力于自己的核心业务。第三方物流系统起到了连接供应商和用户的桥梁作用，为企业带来诸多好处。

面向协调中心的第三方物流系统使供应与需求双方都取消了各自独立的库存，增强了供应链的敏捷性和协调性，并且能够大大提高供应链的用户服务水平和运作效率。

任务实施

VMI 在“美的空调”的应用

美的空调在 2002 年便开始导入 VMI 模式，开始实践“用信息替代库存”这一经营理念。美的空调是供应链中的“链主”，通常也叫核心企业，供应商则追求 JIT 供货方式。以出口为例，美的出口机型都在顺德生产，美的空调在顺德总部建立了很多仓库，把仓库分成很多片区。运输距离长、运货时间需 3 ～ 5 天的外地供应商，一般会租赁一个片区，并把零配件放在片区里面储备，仓库所有权归美的。美的空调要使用这些零配件则提前通知供应商，进行资金划拨并取货，零配件的产权由供应商转移到美的。

美的空调的供应商有300多家，用于出口和内销的零配件加起来有3万多种。其中，60%的供货商是在总部顺德周边，还有部分供应商位于距顺德车程3天以内的地方，如广东清远一带。因此，只要15%的供应商在美的周边租赁仓库就可以了。实现供应商管理库存的难度并不大。

此外，美的空调经二次开发与供应商建立了直接的交货平台。供应商在自己的办公地点就能看到美的的订单内容，包括品种、型号、数量和交货时间。供应商不用安装这种交货平台系统，而是通过网络登录到美的的页面上。

原来供应商与美的空调每次采购交易要签订的协议非常多，而现在程序大为简化。年初确定供货商时签订一个总协议。价格定下来后，美的就在网上发布采购信息，然后由供应商确认信息，一张采购订单就已经合法化了。

实行供应商管理库存以后，美的零部件库存周转率达到7 080次左右，零部件库存由平均保存5～7天缩短为3天。而且这3天的库存也是由供应商管理的。周转率提高后，资金占用少了，资金利用效率提高，资金风险下降，库存成本随之下降。

做一做：结合给定的情景，查找资料，绘制VMI库存管理的供应链架构图，分析VMI实施过程中必须遵守的基本原则。

任务三 协同计划、预测与补货

沃尔玛是很早采用协同计划、预测与补货（Collaborative Planning Forecasting and Replenishment，CPFR）的企业，通过全盘管理、网络化运营的方式来管理供应链中的贸易伙伴。CPFR项目的实施可以帮助零售商和供应商节约大量的库存维护成本，并促使零售商大大降低缺货率和库存成本。

学习导入

沃尔玛的需求预测和CPFR

山姆·沃尔顿于1962年在美国阿肯色州的罗杰斯成立了沃尔玛公司。长期致力于让顾客满意和“保持低价格”，使沃尔玛成为世界领先的零售商之一。沃尔玛被认为是世界上最好的供应链运营商之一，其商品成本要比主要竞争对手低5%～10%，这给沃尔玛带来了竞争优势。

沃尔玛是很早就采用了CPFR的企业。CPFR帮助沃尔玛建立起一套针对每件商品的短期预测方法用来指导订货。这种由相互协商确立的短期预测成为改进需求管理的动力，实现了对供给和库存水平的更好控制。CPFR的实施帮助沃尔玛和供应商节约了大量的库存维护成本，并促使沃尔玛逐步成为一个准时制系统。

沃尔玛实施了一个数据库项目，在一台中央服务器上汇总历史数据并进行分析，从数据中更好地了解商业环境，并做出决策。最初系统只收集销售点和运输数据，之后数据库包括了65周的库存数据、预测数据、人口统计数据、降价数据、退货和市场数据，这些数据按照每件商品、每个商店和每一天进行归类。数据库中除了沃尔玛的运营数据以外，还包括竞争对手的数据。这些数据向沃尔玛的买家、中间商、物流提供商和预测相关人员以及3 500家合作伙伴开放。例如，沃尔玛的竞争对手开设了一家杂货商店，它就会努力分析其设立对自身销售的影响。预测过程从数据库开始。沃尔玛采用的数据挖掘软件可以用来分析一年的销售点销售数据，并向美国的商店提供购进各种商品的贸易伙伴信息。其目标就是节约库存成本，更好地应对季节性和每周的销售变化，针对顾客需求和市场变化制订商业计划。

下面以华纳－兰伯特与沃尔玛的合作为例说明预测的过程。20世纪90年代中期，沃尔玛将糖果类产品的管理职责交给华纳－兰伯特。沃尔玛的买家提交一份初步的预测，这个数据会显示在华纳－兰伯特实施CPFR的服务器上。华纳－兰伯特的计划人员根据数据将意见和建议分享给沃尔玛的计划制订者，最后再将经协调统一的每件产品的预测结果用于华纳－兰伯特的生产和沃尔玛的仓库管理。

沃尔玛和它的供应商使用同样的系统，经常会通过数据挖掘软件发现一些有趣的事情。例如，每家沃尔玛门店顾客的购买模式十分不同，并且全年都保持较高库存的护齿产品和宠物食品的销售模式也十分不同。沃尔玛将这一发现应用于自动订货和供给系统。系统将7亿种商品进行组合分析，实现了将正确的商品在正确的时间以合适的价格运送到正确的商店并卖给顾客。沃尔玛不断提高预测的准确性，取得了零售行业内无法比拟的竞争优势。

思考：沃尔玛是如何实施CPFR的？CPFR的实施需要哪些基础条件的配合？

知识学习

一、CPFR的概念与起源

CPFR是指协同计划、预测与补货系统。该系统模式的形成始于沃尔玛所推动的协同、预测与补货系统（Collaborative Forecast and Replenishment，CFAR）。CFAR是利用互联网通过零售企业与生产企业的合作，共同做出商品预测，并在此基础上实行连续补货的系统。后来，在沃尔玛的不断推动之下，基于信息共享的CFAR又向CPFR发展。CPFR是在CFAR共同预测和补货的基础上，进一步推动共同计划的制订，即不仅合作企业实行共同预测和补货，同时原来属于各企业内部事务的计划工作（如生产计划、库存计划、配送计划、销售规划等）也由供应链各企业共同参与。1995年，沃尔玛与其供应商华纳－兰伯特、管理信息系统供应商SAP、供应链软件商迈极信息（Manugistics）、美国咨询公司Benchmarking Partners五家公司联合成立了工作小组，进行CPFR的研究和探索。1998年，美国召开零售系统大会时又加以倡导。参与实验的零售企业有沃尔玛等全球知名零售企业，生产企业有宝洁、金佰利、惠普等多家著名企业，CPFR是供应链管理在信息共享方面的发展。从CPFR实施后的绩效看，华纳－兰伯特公司零售商品满足率从87%提高到98%，新增销售收入800万美元。在CPFR取得初步成功后，组成了由零售商、制造商和方案提供商等30多个实体参加的CPFR委员会，与美国产业共同商务标准（Voluntary Inter-industry Commence Standards，VICS）协会一起致力于CPFR的研究、标准制定、软件开发和推广应用工作。据估计，全面成功实施 CPFR 可以减少零售商品供应链库存的 15% ～ 25%，即 1 500 亿～ 2 500 亿美元。

二、CPFR 的本质内容

1. 协同

从 CPFR 的基本思想看，供应链上下游企业只有确立共同的目标，才能使双方的绩效都得到提升，取得综合性效益。CPFR 这种新型的合作关系要求双方长期承诺公开沟通、信息分享，从而确立其协同性的经营战略。尽管这种战略的实施必须建立在信任和承诺的基础上，但这是买卖双方取得长远发展和良好绩效的唯一途径。正是因为如此，协同的第一步就是保密协议的签署、纠纷机制的建立、供应链计分卡的确立以及共同激励目标的形成（如不仅包括销量，还确立了双方的盈利率）。应当注意的是，在确立这种协同性目标时，不仅要建立起双方的效益目标，更要确立协同的盈利驱动性目标，只有这样，才能使协同性体现在流程控制和价值创造的基础之上。

2. 计划

1995 年沃尔玛与华纳 - 兰伯特合作的 CFAR 系统为消费品行业推动双赢的供应链管理奠定了基础，此后当 VICS 协会定义项目公共标准时，认为需要在已有的结构上增加 "P"，即合作规划（品类、品牌、分类、关键品种等）以及合作财务（销量、订单满足率、定价、库存、安全库存、毛利等）。此外，为了实现共同的目标，还需要双方协同制订促销计划、库存政策变化计划、产品导入和中止计划以及仓储分类计划。

3. 预测

CPFR 强调买卖双方必须做出最终的协同预测。比如季节因素和流行趋势等信息，对服装及相关品类的供应方和销售方都是十分重要的，基于这类信息的共同预测能大大减少整个价值链体系的库存，提高供应链运作效率，促进产品销售，节约供应链的资源。与此同时，最终实现协同促销计划是实现预测精度提高的关键。CPFR 所推动的协同预测还有一个特点，即它不仅关注供应链上的供需双方共同做出最终预测，同时也强调双方都应参与预测反馈信息的处理和预测模型的制定与修正，特别是如何处理预测数据的波动等问题，只有把数据集成、预测和处理的所有方面都考虑清楚，才有可能真正实现共同的目标。

4. 补货

销售预测必须利用时间序列预测和需求规划系统转化为订单预测，并且供应商约束条件，如订单处理周期、前置时间、订单最小量、商品单元以及零售商长期形成的购买习惯等都需要供需双方加以协商解决。根据 VICS 协会发布的 CPFR 指导原则，协同运输计划是补货的主要因素。此外，例外事件的出现也需要转化为存货的百分比、预测精度、安全库存水平、订单实现比例、前置时间以及订单批准比例，所有这些都需要在双方公认的计分卡基础上定期协同审核。潜在的分歧，如基本供应量、过度承诺等，双方事先应及时加以解决。

三、CPFR 与传统补货模式的区别及其特点

在传统的供应链运营中，供需双方各自收集数据、预测和制订计划，在这些业务过程中基本上是互不相干的；而在 CPFR 模式中，供需双方首先要确定合作协议，共享商业信息，以此进

行预测和制订计划，为了确保预测的可靠性和精确性，还要对例外事件进行识别、判断和处理，最后形成对订单的预测和生成最终的订单。

在新型的CPFR运营中，所有这些业务过程都是由供需双方共同参与、协同进行的，因而提高了预测的准确性，提高了供应链的效率和响应速度，减少了库存，提高了客户满意度，同时也改善了业务伙伴之间的合作关系。它将供应链运作建立在整个链条的价值基础之上，即将供应链上升为价值链的运作。

1. CPFR的指导性原则

CPFR的指导性原则有以下三条：

（1）具有面向价值链的业务联盟伙伴协议框架结构和以客户为中心的运作过程。

（2）合作伙伴要共同负责建立一个单一的、共享的客户/消费者需求预测系统，这个系统驱动了整个价值链计划和业务活动。

（3）合作伙伴均承诺共享预测并在消除供应过程约束上共担风险。

2. CPFR的主要特点

（1）是基于互联网的企业对企业（B2B）的信息动态交流的工作流程。

（2）可以在降低库存的同时提高客户服务水平和销售能力。

（3）使交易双方制订统一的预测计划，并定期更新。

（4）通过促成促销时间安排、库存信息等的交流，可以改善企业预测能力，从而缩短交货期，并促成预测系统与补货系统的集成。

（5）CPFR是一种优化企业与供应商、客户之间信息共享和计划协作伙伴关系的解决方案。

（6）作为增加销售、降低成本的重要解决方案，CPFR在需求与计划复杂、交易伙伴必须加强协作的行业（如品牌产品分销/零售行业）中，发展非常迅速。

随着市场竞争的加剧，销售及订单履行周期不断缩短，交易伙伴之间的合作关系日益紧密，实施CPFR已经从企业的竞争优势逐步变为企业运营的必备要素。

四、CPFR的运行与实施步骤

CPFR的运行分为三个阶段，即计划阶段、预测阶段和补货阶段，共有九个实施步骤。其中，计划阶段包括第一至二步，预测阶段包括第三至八步，补货阶段是第九步。具体如下：

（1）建立业务联盟伙伴协议框架结构。供应链上的合作伙伴，包括供应商、生产商、分销商和零售商等共同建立一个通用业务框架协议，包括合作的指南、目标、任务与职责、业务规则、绩效评测、保密协议和资源授权等内容。它是一个所有业务活动的总纲领。

（2）共同制订业务计划。根据共同的发展战略，由合作各方共同基于共享的业务信息制订联合业务计划。合作伙伴首先建立合作伙伴关系战略，然后定义分类任务、目标和策略，并建立合作项目的管理细节（如订单最小批量、交货期、订单间隔和提前期等）。

（3）生成销售预测。合作方根据因果关系，利用零售商POS系统或其他有关预测数据与事件信息进行预测，由预测来驱动各自单独的和共同的业务，完成一个支持共同业务计划的销售预测。

（4）销售预测异常识别。每个事件是否为例外，需要依据在步骤（1）中得到一致认同的准则来进行判断。

（5）协同处理销售预测中的例外事件。找出例外事件后，合作方通过查询共享数据，采用各种交流方式协商，共同解决销售预测中的例外情况，并将产生的变化反馈给步骤（3）“生成销售预测”。

（6）生成订单预测。通过合并POS系统数据、因果关系信息与其他预测数据和库存策略，产生一个支持共享销售预测和共同业务计划的订单预测，提出分时段的实际需求数量，并通过产品及接收地点反映库存目标。订单预测周期内的短期部分用于产生订单，长期部分用于计划。

（7）订单预测异常识别。根据在步骤（1）中已建立的例外准则来识别和判断例外事件，如果是例外事件，到步骤（8）去处理这些事件，否则转去步骤（9）生成订单。

（8）协同处理订单预测中的例外事件。找出例外事件后，合作方通过查询共享数据、采用各种交流方式调查研究订单预测例外情况，经过协商、共同解决订单预测中的例外情况，并将产生的变化反馈给订单预测步骤（6）“生成订单预测”。

（9）生成订单。将订单预测转变为已承诺的订单，订单生成可由生产商或分销商根据自己的资源、能力和系统来完成。这样，就完成了补货工作。

CPFR实施流程如图8-4所示。

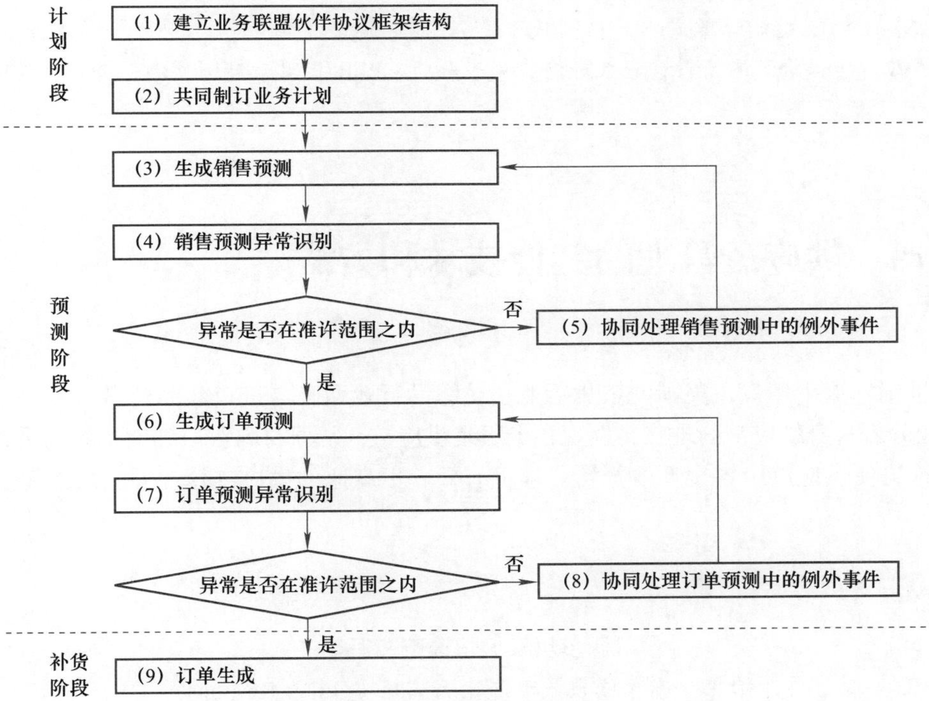

图8-4　CPFR实施流程图

上述九个步骤完成了从业务联盟伙伴协议框架结构的建立到生成订单和实现补货的CPFR全部过程。CPFR通过反复交换数据和业务情报，提高了制订需求计划的能力，建立了一个企业间的价值链运行环境，得到了一个基于POS系统的消费者需求的单一和共享的预测，来协同生产商与零售商的供给业务，优化了供应链库存，改善了客户服务。

任务实施

宝洁—沃尔玛协同商务模式

宝洁和沃尔玛是一条供应链上一对供应商和零售商，两家企业合作进行供应链的创新，采取了一种新的供应链创新模式——协同商务。具体作业流程是：沃尔玛的每个店铺都制定了一个安全库存水平，一旦现有库存低于这个水平，设在沃尔玛的计算机则通过网络自动向宝洁公司的纸尿裤工厂订货。宝洁公司在接到订单后，将订购商品配送到各个店铺，并实施库存管理。与整个商品前置时间缩短相适应，两个企业采用电子支付（Electronic Funds Transfer，EFT）系统，通过这个系统，企业之间的财务结算就不需要通过传统的支票等物质形式来进行，而是通过计算机以及 POS 终端系统等电子设备来完成。在持续补货的基础上，宝洁又和沃尔玛合力启动了 CPFR 流程，构成了一个可持续提高的循环。CPFR 流程实施的结果是双方的经营成本和库存水平都大大降低，沃尔玛分店中的宝洁产品利润增长了 48%，存货接近于“零”。而宝洁在沃尔玛的销售收入和利润也大幅增长了 50% 以上。基于以上成功的尝试，宝洁和沃尔玛接下来在信息管理系统、物流仓储体系、客户关系管理、供应链预测与合作体系、零售商联系平台以及人员培训等方面进行了全面、持续、深入而有效的合作，宝洁公司甚至设置了专门的客户业务发展部，以项目管理的方式密切与沃尔玛等合作伙伴的关系，以求最大限度地降低成本、提高效率。

做一做：结合给定的情景，查找资料，列表分析 CPFR 相对于传统预测、补货方法的优势。

任务四 供应链管理的其他技术和方法

20 世纪六七十年代，美国的杂货行业、纺织品行业面临与进口商品的激烈竞争。美国纺织品行业分析自身供应链的现状，发现整个服装供应链，从原材料获取到消费者购买，周期为 66 周。这迫使供应链中各个环节开始寻求更有效、更高速的供应链管理方法来缩短产品的生产周期。

学习导入

沃尔玛实施快速响应策略

1986 年沃尔玛开始在物流管理领域建立快速响应（Quick Response，QR）系统，主要功能是开展订货业务和付款通知业务，通过 EDI 系统发出订货明细清单和受理付款通知，提高订货速度和准确性，节约相关事务的作业成本。其具体运作流程如下：

（1）沃尔玛设计 POS 系统数据的输送格式，通过 EDI 系统向供应商传送 POS 系统数据。

（2）供应商基于沃尔玛传送来的 POS 系统信息，可及时了解沃尔玛的商品销售状况，把握商品的需求动向，并及时调整生产计划和材料采购计划。供应商利用 EDI 系统在发货之前向沃尔玛传送预先发货清单（Advanced Shipping Note，ASN）。这样，沃尔玛事前可以做好进货准备工作，同时可以省去货物数据的输入作业，提高商品检验作业效率。

（3）沃尔玛在接收货物时，用扫描读取机读取包装箱上的物流条码，把扫描读取机读取的信息与预先储存在计算机内的发货清单进行核对，判断到货和发货清单是否一致，从而简化了检验作业。

（4）在此基础上，沃尔玛利用 EFT 系统向供应商支付货款。同时只要把 ASN 数据和 POS 系统数据做比较，就能迅速知道商品的库存信息。这样做使沃尔玛不仅节约了大量事务性作业成本，而且压缩了库存、提高了商品周转率。

（5）沃尔玛还把零售店的进货和库存管理职能转移给供应商，由供应商对沃尔玛的流通库存进行管理和控制，即采用供应商管理库存（VMI）的方式。沃尔玛让供应商与之共同管理、运营流通中心。但在流通中心保管的商品所有权属于供应商，供应商对 POS 系统信息和 ASN 信息进行分析，把握商品的销售动向和沃尔玛公司的库存动向，在此基础上决定发货时间、发货商品类型、发货方式以及发货店铺。发货信息预先以 ASN 形式传送给沃尔玛，高频率、小数量地连续进行库存补充，即采用连续补充库存方式（Continuous Replenishment Program，CRP）。由于采用 VMI 和 CRP，供应商不仅能减少自身的库存，还能减少沃尔玛的库存，实现了双方库存水平最小化。另外，对沃尔玛来说，省去了商品进货的业务，节约了成本，同时能集中精力于销售活动。并且，事先能得知供应商的商品促销计划和商品生产计划，能够以较低的价格进货，这些为沃尔玛进行价格竞争提供了条件。

思考：

1．沃尔玛是如何利用快速响应系统实现缩短供应链周期的目标的？

2．在快速响应系统实施的过程中会运用到哪些技术手段？

知识学习

一、快速响应（QR）

（一）QR 的内涵

QR 是美国纺织与服装行业发展起来的一项供应链管理策略，是美国零售商、服装制造商以及纺织品供应商开发的整体业务概念，目的在于减少从原材料到销售点的时间和整个供应链上的库存，最大限度地提高供应链的运作效率。QR 的重点是对消费者的需求做出快速反应，它关系到一个厂商能否及时满足客户的服务需求。信息技术提高了在尽可能短的时间里交付货物和减少存货的能力，可以减少传统的按预期顾客需求过度储备存货的情况。QR 要求供应链成员企业之间建立战略合作伙伴关系，利用 EDI 等信息技术进行信息交换与信息共享，用“高频率、小数量”的配送方式补充商品，以缩短交货周期，减少库存，提高客户服务水平和企业竞争力。QR 是零售商和供应商密切合作的策略。零售商和供应商通过共享 POS 系统信息、联合预测未来需求、发现新产品营销机会等对消费者的需求做出快速反应。从业务操作的角度来讲，贸易伙伴需要用 EDI 来加快信息的流动，并共同重组其业务活动以将订货前导时间和成本最小化。

（二）QR 的优点

QR 的实施对于供应商和零售商都有好处。

1. QR 对供应商的优点

（1）更好地服务客户。QR 可为零售商提供更好的服务，最终为客户提供更好的店内服务。由于供应商送来的货物与承诺的货物是相符的，因此供应商能够很好地协调与零售商的关系。长期的良好客户服务会增加市场份额。

（2）降低了流通费用。由于集成了对客户消费水平的预测和生产规划，可以提高库存周转速度，因此需要处理和盘点的库存量减少了，从而流通费用也降低了。

（3）降低了管理费用。因为不需要手工输入订单，所以采购订单的准确率提高了；额外发货的减少，也降低了管理费用；货物发出之前，仓库对运输标签进行扫描并向零售商发出提前运输通知……这些措施都降低了管理费用。

（4）生产计划准确。由于可以对销售进行预测并能够得到准确的销售信息，因此供应商可以准确地安排生产计划。

2. QR 对零售商的优点

（1）提高了销售额。条码和 POS 系统数据使零售商能够跟踪各种商品的销售和库存情况，在库存真正降低时才订货，降低了订货周期；实施自动补货系统，使用库存模型来确定在什么情况下需要采购，以保证客户在需要商品时可以得到现货。

（2）减少了降价损失。由于具有更准确的客户需求信息，零售商可以更多地储存客户需要的商品，减少客户不需要商品的存货，这样就减少了降价损失。

（3）降低了采购成本。商品采购成本是零售商完成采购职能时发生的费用，这些职能包括订单准备、订单创建、订单发送及订单跟踪等。实施 QR 后，上述业务流程大大简化，使采购成本降低。

（4）降低了流通费用。供应商使用物流条码标签后，零售商可以扫描这个标签，这样就减少了手工检查到货所发生的成本。物流条码支持商品的直接出货，即配送中心收到货物后不需要检查，可立即将货物送到零售商的店铺。供应商发来的提前发货通知可使配送中心在货物到达前有效地调度人员和库存空间，而且不需要进行异常情况处理，因为零售商准确掌握了供应商的发货信息。

（5）加快了库存周转。零售商能够根据客户的需要频繁地小批量订货，降低了库存投资和相应的运输成本。

（6）降低了管理成本。管理成本包括接收发票、发票输入和发票例外处理时所发生的费用。由于采用了电子发票及预先发货清单技术，管理成本大幅度降低了。

3. QR 的收益

零售商需要投入销售额的 1.5% ～ 2% 以支持条码、POS 系统和 EDI 的正常运行。这些投入包括 EDI 启动软件、现有应用软件的改进、租用增值网、产品查询、开发人员费用、教育与培训、EDI 工作协调、通信软件、网络及远程通信费用、CPU 硬件成本、条码标签打印的软件与硬件成本等。

实施 QR 的收益是巨大的，且远远超过其投入。美国的针织品与运动衫协会（Knitwear and Sportswear Association，KSA）调查分析认为，实施 QR 系统后供应链效率大大提高：缺货现象大大减少，通过供应商与零售商的联合协作，保证 24 小时供货；库存周转速度提高 1 ～ 2 倍；通过敏捷制造技术，企业产品中有 20% ～ 30% 是根据客户的需求而制造的。QR 系统需要供需双方的密切合作，因此，库存协调管理中心的建立，为 QR 系统发挥更大的作用创造了有利条件。根据布莱克本（Blackburn）的研究，QR 的效果如表 8-2 所示。

表 8-2　QR 的效果

对象商品	实施 QR 的企业	实施 QR 的效果
休闲裤	零售商沃尔玛（WalMart） 服装生产商 Semiloe 面料供应商美利肯（Milliken）	销售额：增加 31% 商品周转率：提高 30%
衬衫	零售商杰西・潘尼（J. C. Penney） 服装生产商 Oxford 面料生产商伯灵顿（Burlinton）	销售额：增加 59% 商品周转率：提高 90% 需求预测误差：降低 50%

（三）QR 的实施条件

1. 必须改变传统的经营方式，革新企业的经营意识和组织结构

企业必须改变只依靠独自的力量来提高经营效率的传统经营意识，要树立通过与供应链各方建立战略合作伙伴关系，努力运用各方资源来提高经营效率的现代经营意识。零售商在垂直型 QR 系统中起主导作用，零售店铺是垂直型 QR 系统的起始点。通过 POS 系统数据等销售信息和成本信息的相互公开和交换可以提高各个企业的经营效率。明确垂直型 QR 系统内各个企业之间的分工协作范围和形式，消除重复作业，建立有效的分工协作框架。通过利用信息技术实现事务作业无纸化和自动化，改变传统事务作业的方式。

2. 必须开发和应用现代信息处理技术

这些信息技术有商品条码技术、物流条码技术、电子订货系统（Electronic Ordering System，EOS）、POS 数据读存系统、EDI 系统、预先发货清单技术、电子支付系统、供应商管理库存、连续补给程序等。

3. 必须与供应链各方建立战略合作伙伴关系

具体内容包括以下两个方面：一是积极寻找和发现战略合作伙伴；二是在合作伙伴之间建立分工和协作关系。合作的目标是既要削减库存，又要避免缺货现象的发生，降低商品风险，避免出现大幅度降价现象，减少作业人员和简化事务性作业等。

4. 必须改变传统企业对商业信息保密的做法

将销售信息、库存信息、生产信息、成本信息等与合作伙伴交流分享，并在此基础上，要求各方共同发现问题、分析问题和解决问题。

5. 供应商必须缩短生产周期，降低商品库存

缩短商品的生产周期，进行多品种、小批量生产和高频次、小数量配送，降低零售商的库存水平，提高客户服务水平；在商品实际需求将要发生时，采用准时制生产方式组织生产，降低供应商的库存水平。QR 的具体策略包括商品即时出售、自动物料搬运等。

（四）实施 QR 的四个阶段

阶段 1：对所有的商品单元条码化，即对所有商品消费单元用 EAN/UPC 条码标识，对商品储运单元用 IFT-14 条码标识，而对贸易单元则用 UCC/EAN-128 条码标识。利用 EDI 系统传输订单报文和发票报文。

阶段 2：在阶段 1 的基础上增加与内部业务处理有关的策略。例如，自动补库与商品即时出售等，并采用 EDI 系统传输更多的报文，如发货通知报文、收货通知报文等。

阶段 3：与贸易伙伴密切合作，采用更高级的 QR 策略，以对客户的需求做出快速反应。一般而言，企业内部业务优化相对较为容易，但在贸易伙伴间进行合作时，往往会碰到诸多障碍。在 QR 实施的阶段 3，每个企业必须把自己当成集成供应链系统的一个组成部分，以保证整个供应链的整体效益。

阶段 4：零售商利用电子支付手段向供货商支付货款，同时零售商只要把预先发货通知资料与商品销售资料进行比较，就可以迅速了解商品库存信息。

（五）QR 实施的步骤

（1）安装条码和 EDI 系统等技术设备。零售商首先必须安装条码（UPC 码）、POS 扫描系统和 EDI 系统等技术设备，以加快销售点情报管理系统（POS 机）的收款速度，获得更准确的销售数据并使信息沟通更加流畅。

（2）固定周期自动补货。QR 的自动补货要求供应商更快、更频繁地运输新订购的商品，以保证店铺不缺货，从而提高销售额。自动补货是指基本商品销售预测的自动化作业。

（3）成立先进的补货联盟。成立先进的补货联盟是为了保证补货业务的流畅。

（4）管理零售空间。零售空间管理是指根据每个店铺的需求模式来规定其经营商品的品种和补货业务。

（5）联合开发产品。这一步的重点不再是一般商品和季节性商品，而是服装等生命周期很短的商品。供应商和零售商联合开发新产品，其关系的密切程度超过了购买与销售业务的关系，缩短了从新产品概念到新产品上市的时间，而且供应商经常在店内对新产品进行试销。

（6）QR 的集成。通过重新设计业务流程，将前五步的工作和企业的整体业务集成起来，以支持企业的整体战略。这一步要求零售商和供应商重新设计其整个组织、业绩评估系统、业务流程和信息系统，设计的中心应围绕消费者而不是传统的企业职能。

二、有效客户响应（ECR）

有效客户响应（Efficient Consumer Response，ECR）首先出现在美国食品杂货行业，是美国食品杂货行业构建供应链体系的一种实践。

（一）ECR的内涵

ECR 是供应商和销售商为消除系统中不必要的成本和费用，给客户带来更多效益而进行密切合作的一种战略。因为食品杂货行业与纺织服装行业经营产品的特点不同，所以它与 QR 的主要目标——对客户的需求做出快速反应有所不同。食品杂货行业经营的产品多数是功能型产品，每种产品的生命周期相对较长（生鲜食品等除外），因订购产品数量过多或过少的损失相对较小。纺织服装行业经营的产品多属创新型产品，每种产品的生命周期相对较短，因订购产品数量过多或过少造成的损失相对较大。

ECR 是由生产商、批发商和零售商等供应链节点组成的各方相互协调和合作，以提供更好、更快的服务和以更低成本满足客户需求为目的建立的供应链管理系统。

ECR 是以满足客户需求和最大限度地降低物流过程费用为原则，能及时做出准确反应，使提供的物品供应或服务流程最佳化的一种供应链管理策略。

ECR 的最终目标是建立一个具有高效反应能力和以客户需求为基础的系统，使零售商及供应商以业务伙伴方式合作，提高整个食品杂货行业供应链的效率，而不是单个环节的效率，从而大大降低整个系统的成本、库存和物资储备，同时为客户提供更好的服务。

ECR 是一种观念，不是一种新技术。它的主要目的在于消除整个供应链运作流程中没有为消费者增值的成本，将供给推动的推式系统转变成更有效率的需求拉动的拉式系统，并将这些效率化的成果回馈给消费者，期望能以更快、更好、更经济的方式把商品送到消费者的手中，满足消费者的需求。

ECR 的推广对象主要以快速移转消费产品（Fast Moving Consumer Goods，FMCG）以及食品杂货为主，而其实施重点包括需求面的品类管理改善、供给面的物流配送方式改进等。

ECR 的作业流程如图 8-5 所示。

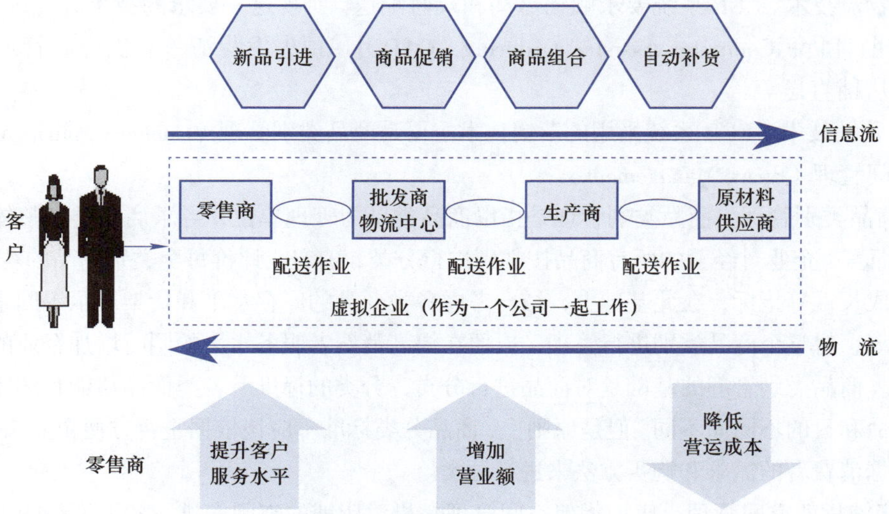

图 8-5　ECR 的作业流程

由于在流通环节中削减了不必要的成本，零售商和批发商之间的价格差异随之降低，这些节约了的成本最终将体现在客户身上，各贸易商也将在激烈的市场竞争中赢得一定的市场份额。

对客户、零售商和生产商来说，除这些有形的利益以外，ECR还有着重要的不可量化的无形利益：客户增加了选择性和购物的便利性，减少了无库存货品，货品更新鲜；零售商提高了信誉，更加理解客户的情况，改善了与生产商的关系；生产商减少了缺货现象，加强了品牌的完整性，改善了与零售商的关系。

（二）ECR系统的构建

1. ECR的四大要素

ECR包含以下四大要素：

（1）有效的新产品引进，即有效地开发新产品，制订产品的生产计划，以降低成本。

（2）有效的促销，即提高仓储、运输、管理和生产效率，降低预先购买、供应商库存及仓储费用，使整个系统的交易和促销效率提高。

（3）有效的店铺配置，即运用ECR系统提高商品的分销效率，优化库存和商店空间的使用率。在有限的店铺空间内，选择最佳的陈列方式，增加畅销商品，减少滞销商品。

（4）有效的补货，即借助EDI系统、以需求为导向的自动连续补货系统和计算机辅助订货系统，使补货系统的时间和成本最优化。

2. ECR系统的构建技术

构建ECR系统的具体目标，是实现低成本的流通基础设施建设，消除组织间的隔阂，协调合作，满足消费者的需求。组成ECR系统的技术要素主要有信息技术、物流技术、营销技术和组织革新技术。

（1）信息技术。ECR系统应用的信息技术主要有EDI系统和POS系统。

（2）物流技术。ECR系统要求顺畅流动和及时配送。实现这一要求的技术有连续补给程序、计算机辅助订货（Computer Assisted Ordering，CAO）、预先发货清单、供应商管理库存、直接转拨和店铺直送等。

（3）营销技术。ECR系统采用的营销技术主要是商品类别管理（Category Management）和店铺货架空间管理（Space Management）。

1）商品类别管理。商品类别管理是指以商品类别为管理单位，寻求商品类别整体收益最大化。具体而言，企业对经营的所有商品按类别进行分类，确定或评价每个类别商品的功能、作用、收益性、成长性等指标，在此基础上，结合考虑各类商品的库存水平和货架展示等因素，制订商品品种计划，对整个商品类别进行管理，以便在提高消费者服务水平的同时增加企业的销售额和收益水平。商品类别管理的基础是对商品进行分类，分类的标准、各类商品功能和作用的设定依企业的使命和目的不同而不同。但是原则上，商品分类标准不应该依据是否方便企业来进行分类，而应该依据消费者的需求和购买方法来进行分类。

2）店铺货架空间管理。店铺货架空间管理是指对店铺的空间安排、各类商品的展示比例、商品在货架上的布置等进行最优化管理。在ECR系统中，店铺货架空间管理和商品类别管理同时进行，相互作用。在综合店铺管理中，对于该店铺的所有类别商品进行货架展示面积的分配，对于每个类别下的不同品种的商品进行货架展示面积分配和展示布置，以提高单位营业面积的销售额和收益率。

（4）组织革新技术。ECR 系统需要供应链成员间及各成员企业内部部门的紧密协调和合作，因此想要成功地应用 ECR 系统，需要对企业的组织体系进行革新。

1）企业内部革新技术。在企业内部的组织革新方面，需要把采购、生产、物流、销售等按职能划分的组织形式，改变为以商品流程为基础的职能横断型组织形式。

2）企业间的革新技术。组成供应链的企业需要建立双赢的合作伙伴关系。具体而言，生产商和零售商都需要在企业内部建立以商品类别为管理单位的组织。这样双方相同商品类别的管理团队就可聚集在一起，讨论从材料采购、生产计划制订到销售状况、消费者动向的有关该商品类别的全盘管理问题。另外，需要在企业之间进行信息交换和信息分享。当然，这种合作伙伴关系的建立有赖于企业最高决策层的支持。

3）成本会计的革新技术。前面已经谈到，ECR 是供应链各方通过推进真诚合作来实现消费者满意和实现基于各方利益的整体效益最大化的过程。这就引出下一个问题，即由供应链全体协调合作所产生的利益如何在各个企业之间进行分配。为了解决这个问题，需要搞清楚什么活动带来多少效益，什么活动花费多少成本。这样，需要把按部门和产品区分的成本计算方式改变为基于活动的成本计算方式（如 ABC 作业成本法）。

任务实施

上海华联实施 ECR 管理有以下三个案例。

案例一：上海华联超市婴儿护理产品推广人员通过调研顾客对婴儿护理品类的需求发现，顾客对于婴儿护理品的种类需求繁杂，但是目前该商场品类有限，于是向超市反馈了这个情况。为了满足更多人的需求，超市决定引进新品，在店内划出一个区域，设立店内的“婴儿护理中心”，进行婴儿用品大类（超级品类）的品类组合，然后优化组合品类内部的品牌和品项，并进行组合式的市场营销活动，给顾客提供“一站式购买”便利和其他服务（如深度咨询服务）。

案例二：在对洗发水品类的测试与推广中，工作人员发现，因为连锁超市企业各单体门店在地理位置、经营面积、促销活动方面存在差异，该品类产品销量不理想。上海华联超市对品类管理采取品类优化、货架管理等措施。根据对 50 家测试门店的统计，品类管理成功地降低了品类的总脱销率（由 11% 降至 5%），洗发水品类销量当月提高 7%。所谓品类优化，是指通过数据评估超市中某个品类下各规格单品的销售业绩，比照市场数据，做出品类规格决策；货架管理则是指在各规格单品销售份额的基础上，合理安排货架。

案例三：随着连锁经营规模的迅速扩大，上海华联与供应商紧密合作，建立 EDI 自动补货系统。上海华联要求供应商全面配置电脑，并由上海华联安装 EDI 接口。实施 EDI 自动补货系统后，其物流中心的库存周转天数从 35 天下降到 15 天左右，部分供应商充分利用这一信息分享渠道，实现与华联库存信息的交换，在服务水平上有很大的提高，从而也提高了华联对门店服务的水平，最终提高了顾客的满意度。

做一做：结合给定的情景，查找资料，绘制 ECR 实施的流程，分析上海华联实施 ECR 管理的重点及 ECR 给企业带来的效益。

拓展实训

实训一　VMI 库存管理模式分析

实训背景

A 公司是一家合资的电子产品生产企业，从几年前开始实施 VMI。石英制品是该公司在库量较大的品种，每年都有 300 万～ 500 万元的库存，由于长期有大量资金沉淀，资金运营成本很高。后来，该公司与主要供应商谈判，把库存交给供货商管理，按照 JIT 方式付款。即只有在货品出库后，才算达成购买，没出库时，产权和成本都由供应商承担。由于竞争激烈，这家供应商迫于压力与 A 公司签订了实施 VMI 协议。该公司认为这种做法在成本方面带来的好处有两点：一是延后了付款时间，使资金成本直接降低；二是管理更灵活，间接降低了资金成本。例如，在传统的采购模式下，某批货品有 100 桶，1 月 1 日入库，60 天保质期，到 3 月 1 日，假如只使用了 80 桶，只能把剩下的 20 桶报废处理。而在 VMI 模式下，用多少就采购多少，原料的保质责任转移到供应商身上。

实训目的

了解 VMI 的原理及运行机制。

实训组织

（1）学生自由组合，组成小组。

（2）阅读案例，绘制库存管理模式图。

（3）分析案例中的 VMI 库存管理方式，提出供应商和客户之间关于库存管理实施的具体建议。

（4）分析案例中的库存管理模式和传统库存管理模式的差异性，以及实施该库存管理策略后对供应商和客户的影响。

实训评价

教师从调研报告内容的完整性、展示效果、报告规范性、工作态度等方面进行综合评价。

实训二　“快速响应”管理方法的实际应用分析

实训背景

快速响应（QR）是指企业抓紧了解市场，搜集信息，把市场信息快速反馈到决策者手中，经过科学的论证，明确产品调整的具体目标并采取强有力的措施，快速组织实施，将适应消费需求和引导消费新潮流的产品快速投放市场的一整套相互联结、互为依存、互为促进的企业经营机制。按照 QR 的管理特点，试分析优衣库在电商的竞争压力下仍然保持业绩不断增长的原因。

实训目的

了解 QR 的原理及运行机制。

实训组织

（1）调查优衣库的经营模式，选取一家优衣库的实体店分析 QR 在该企业中的操作流程。

（2）简述优衣库实体店经营的基本特点。

（3）分析优衣库相对于传统服装企业的经营管理特色。

按照以上三点内容整理 QR 在优衣库中的应用，并以 PPT 形式按小组汇报。

实训评价

教师从调研报告内容的完整性、展示效果、报告规范性、工作态度等方面进行综合评价。

项目测评

一、判断题

1．QR 和 ECR 都重视供应链的核心业务，对业务进行重新设计，以消除资源的浪费。（　　）

2．实施 QR 的初衷是为了对抗进口商品，最后也证明了这种方法在对抗进口商品方面是很有效的。（　　）

3．有效客户响应首先出现在美国食品杂货行业，是美国食品杂货行业开展供应链体系构造的一种实践。（　　）

4．无论是生产企业还是物流企业，库存控制的目的都是为了保证企业生产运作的连续性和应付不确定性的需求。（　　）

5．供应商管理库存是指供应商在用户的允许下来管理用户的库存。（　　）

6．上、下游企业之间的信息互通是供应链有效运作的保证之一。（　　）

7．供应链不仅是一条连接供应商到用户的物料链、信息链、资金链，而且是一条增值链。（　　）

8．供应链的各个不同组织如果根据各自的需要独立运作，会导致重复建立库存，无法达到供应链全局的成本最低，整个供应链系统的库存会随着供应链长度的增加而发生需求扭曲。（　　）

9．ECR 是以满足客户需求和最大限度地降低物流过程费用为原则，能及时做出准确反应，使提供的物品供应或服务流程最佳化的一种供应链管理策略。（　　）

10．降低安全库存总是和服务水平的提高相矛盾。（　　）

二、单选题

1．以下不是有效客户响应四大要素的是（　　）。

A．有效的新品引入　　B．有效的促销

C．有效的店面装修　　D．有效的补货

2．在 QR 的实施过程中，成立先进的（　　）是为了保证补货业务的流畅。

A．销售联盟　　B．补货联盟

C．客户关系管理系统　　D．快速响应系统

3. 有效客户响应的主要目标是（　　）。

A. 降低供应链各环节的成本，提高效率

B. 对客户的需求做出快速反应，并快速补货

C. 大幅度增加销售额

D. 提高客户服务水平

4. 实施 QR 的前提条件之一，供应商必须（　　）。

A. 缩短生产周期，降低商品库存

B. 实现产品标准化

C. 完全为客户量身定做

D. 实现大批量生产

5. JIT 的基本原理是（　　）。

A. 以需定供，适时适量生产

B. 大批量生产

C. 以产定销

D. 集中生产

三、简答题

1. 简述实施 QR 对零售商的好处。
2. 简述实施 QR 的六个步骤。
3. 企业库存水平较高有什么优点和缺点？库存水平低有什么优点和缺点？
4. 简述有效客户响应的特点。

四、论述题

随着市场经济的发展，企业对于客户满意度的重视程度日益增强。为了保证向下游客户及时的现货供应能力，应付市场波动，众多企业必须保有大量的库存，由此导致了库存占用大量资金、库存成本不断加大等后果。基于以上认识，我国某企业在 21 世纪初引入了一套先进的 VMI 系统，并取得了较好的经济效益。该企业是一家合资的电子产品生产厂商，从 2002 年开始实施 VMI。石英制品是该企业在库量较大的品种，每年都有 300 万～ 500 万元的库存，由于长期有大量资金沉淀，资金运营成本很高。后来，该企业与主要供应商谈判，把库存交给供货商管理，按照 JIT 方式付款。即只有在货品出库后，才算达成购买，没出库时，产权和成本都由供应商承担。由于竞争激烈，这家供应商迫于压力与该企业签订实施 VMI 协议。该企业认为这种做法在成本方面带来的好处有两点：一是延后了付款时间，使资金成本直接降低；二是管理更灵活，间接降低了资金成本。例如，在传统的采购模式下，某批货品有 100 桶，1 月 1 日入库，60 天保质期，到 3 月 1 日，假如只使用了 80 桶，只能把剩下的 20 桶报废处理。在 VMI 模式下，用多少就采购多少，原料的保质责任转移到供应商身上。

结合该案例试回答下列问题：

（1）实施 VMI 要求企业内部与企业之间建立紧密的合作关系。这表现在哪些方面？

（2）实施 VMI 要求建立企业战略联盟，并从组织上促进企业间的信息共享，在信息、库存和物流等方面进行系统管理。简述实施 VMI 主要包括几个步骤。

Module three

模块三

供应链管理拓展

项目九

供应链金融

学习目标

知识目标：

1．了解供应链金融的产生背景。

2．掌握供应链金融的含义。

3．熟悉供应链金融的特征。

4．掌握应收账款融资模式、库存融资模式、预付款融资模式、战略关系融资模式的操作要点。

5．理解供应链金融的风险与控制方法。

技能目标：

1．能够根据企业实际进行供应链金融的业务模式分析。

2．能够识别供应链金融业务的风险。

素养目标：

理解供应链金融中的创新理念、契约精神和法治要求，增强社会责任意识和法治意识。

项目导学

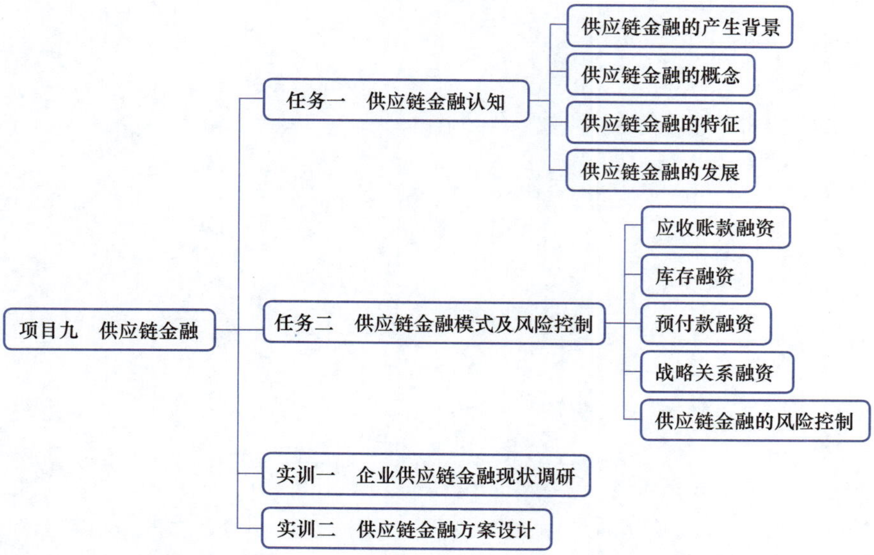

任务一 供应链金融认知

资金犹如企业的“血液”，资金不足成为中小企业发展的头号难题，制约着中小企业的发展，而供应链金融的出现为解决中小企业信贷难问题提供了新的解决方案。

学习导入

一般而言，一条产业链80%以上的企业是中小企业，由于信用和风险识别成本较高，这类企业较难从银行获取信贷资金，赊账销售已经成为此类企业最广泛的支付方式，如图9-1所示。然而，赊账销售会带来一系列问题，尤其是货款拖欠问题。货款拖欠问题会严重影响企业的现金流，企业一旦出现现金流中断，短期内筹集不到足够的资金，会影响企业的生产、信誉等一系列问题，甚至威胁到企业的生存与发展。

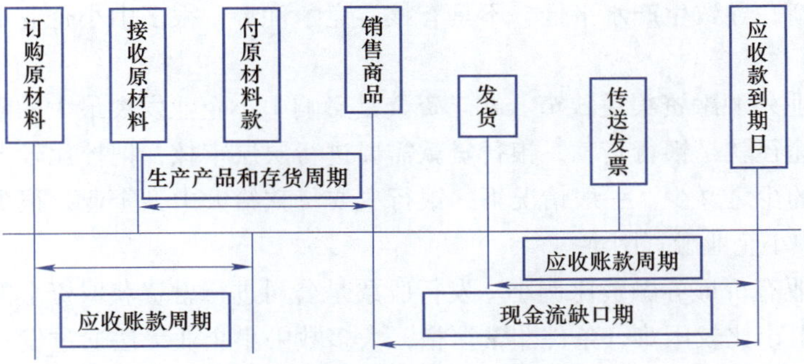

图9-1 赊账销售支付方式

A塑胶公司专为上海某知名电器集团生产零配件。A塑胶公司投资近300万元，完成基础生产线建设，产能得到了很大的提高。其下游企业某电器集团，由于家电出口量大增，已经和A塑胶公司签订了长期订单供货合同。然而，基础生产线的建设已将A塑胶公司的流动资金消耗殆尽。

A塑胶公司的上下游都是强势企业——上游的石化公司要求先付款后发货，下游的电器集团要求先发货后付款，挤占了A塑胶公司本来就已经不多的流动资金。

思考：

1. A塑胶公司目前存在什么问题？
2. A塑胶公司可以通过哪些方法解决资金问题？

知识学习

一、供应链金融的产生背景

中小企业对我国经济发展有巨大贡献。中小企业可以充分利用地方资源，解决各地供需不平衡问题，发挥“船小好调头”的优势。随着收入水平的提高，人们对生活水平和质量的要求也越来越高，追求个性化服务，中小企业可以量身定制地提供产品，以满足人们的个性化需求。我国人口众多，解决就业是一大难题，中小企业提供了大量的就业岗位，能够吸收大量的劳动力就业。但资金问题一直以来都是中小企业的关键性问题，中小企业由于资金链断裂而破产的事件层出不穷。因此，企业要想规避这些风险，就需要获得大量的资金。然而融资说起来容易，但是做起来真的很难，在这种背景下，供应链金融应运而生。

（一）中小企业融资的需要

1. 中小企业融资困难

商业银行面对众多中小企业发展的不确定性，出于自身利益的考虑，为了规避风险，限制中小企业的贷款额度，导致其信贷成本增加。很多中小企业信用等级低，经营状况不好，资金回笼周期长，银行贷款风险大，从而不利于自身的融资。

（1）中小企业自身积累较少。由于中小企业规模比较小，无法采取先进技术，缺少足够的资金进行设备更新，导致生产水平低，不具有核心竞争优势，很多中小企业负债经营，发展壮大比较困难。

（2）中小企业外源融资渠道狭窄。缺乏资金是影响中小企业发展最大的问题，而中小企业取得资金的重要途径就是银行贷款，银行贷款需要进行层层审核，把控比较严格，中小企业符合银行贷款条件的少之又少。一般情况下，银行主要贷款给大中型企业，很少为中小企业提供中长期贷款，使中小企业融资困难。

（3）中小企业有价证券融资比例小。发行股票是公司进行融资获取资金的重要途径之一，但是在我国企业上市比较困难，条件非常严格，大多数中小企业无法通过发行股票来融资，而自有资金又非常有限，很难做大做强。

（4）其他融资渠道杯水车薪。正是由于正规渠道融资比较困难，很多中小企业依靠非正式渠道进行融资，如民间借贷，但是这种行为缺乏有效的法律保障，利率高，风险高，部分中小企业在民间借贷融资，偿还本金和高额利息后，资不抵债导致破产的事情时有发生。

2. 中小企业融资困难的影响

一个国家的经济发展除了靠大型支柱企业外，中小企业是重要补充，如果中小企业缺少资金难以为继，那么势必会影响整个国民经济的发展。这是因为很多中小企业关系民生，同时在技术创新、带动就业等方面发挥了重大作用，但是中小企业融资困难、效益低下，生产规模萎缩，无法为快速发展的国民经济提供持续的动力和支持，在一定程度上阻碍了国民经济的发展。

中小企业的发展比较困难，很多是在夹缝中生存。随着人们生活水平的提高，房租、用工成本、原材料等费用日增，导致很多中小企业只能负债运营，急需资金以维持生存。缺乏资金严重制约了中小企业的技术革新和先进设备引进，使其发展非常缓慢。

（二）物流、信息流和资金流集成管理的需要

首先，资金流和物流在商品流通中是紧密联系在一起的，一般情况下，商品在流通过程中，一手交钱，一手交货，资金流伴随着物流的产生而产生，并且在物流的运输过程中不断进行相应

的调整。市场经济的快速发展，使物流与资金流周转的速度越来越快，一方面，物流使得商品得以流通，是资金流运行的前提和条件；另一方面，资金流的运行为商品的流通提供了价值保障，从而为物流保驾护航。

物流和资金流的区别在于：物流主要实现的是商品空间位置的移动，如从杭州到北京，地理位置发生了改变，实现了商品的空间效用；而资金流主要是实现商品的所有权发生转移，如通过物流实现了商品所有权从甲变成了乙，实现了等价交换。

物流和资金流在运行的过程中，又形成了信息流，记录了商品流通过程中的详细数据与信息，反过来为物流和资金流的运行提供支持，掌握物流和资金流的运行状况。总之，在现代社会，物流、资金流和信息流成为不可分割的整体，也是商品流通运行过程的必然结果，伴随着商品的流动，产生了商品使用价值的转移过程，也完成了商品价值的转移。利用大数据产生的信息流可以随时掌控物流与资金流的流动状况，可以指导和控制物流与资金流的运行轨迹，更好地为市场经济的运行提供决策依据。

当前物流、资金流、信息流的有效运行与把控能够正确地指导经济的运行，但是很多企业在思想上不够重视，技术上不支持物流、信息流和资金流的集成管理，导致企业对运行过程无法把控，一方面付款后不能及时收到货物，另一方面交货后不能及时收到货款，导致企业在运行过程中资金周转困难，甚至出现经营危机。

供应链金融服务不仅能够实现物流、资金流和信息流的实时更新，而且可以帮助企业解决收付款问题，从而揭示企业的运行过程，最大限度地实现资源的充分利用，解决收付款问题，避免不必要的麻烦。

（三）开展“有前景的获利方式”的需要

在国际上，供应链金融已成为有前景的获利方式，供应链的核心企业和供应链成员企业，甚至金融企业都积极参与供应链金融活动，并且从中获益，大大提高了企业的效率和效益，推动了企业的快速发展。例如，世界著名的船公司马士基和快递公司 UPS（联合包裹）都是供应链金融活动的参与者，而且供应链金融已经成为这两个超大型公司重要的利润来源。

（四）银行等金融机构缓解竞争压力的需要

存贷利差目前仍然是我国银行利润的主要来源，存款规模决定了银行的盈利水平，各家银行为了吸拉储户存款，竞争激烈。我国加入世界贸易组织后，于 2006 年按照“入世”时的承诺全面放开金融业，外资银行的进驻带来了更加激烈的竞争。在众多的中小企业中，不乏有竞争力的企业，有很强的发展潜力，成为中小企业中的佼佼者，这些企业贷款业务市场和潜力巨大，成为银行争夺的对象。目前很多银行通过供应链金融等创新模式在中小企业中开展业务，打破了传统的审查模式，另辟蹊径，不仅拓宽了业务，更重要的是控制了信贷风险。

（五）第三方物流企业避免同质化竞争、提供增值服务的需要

第三方物流企业（如申通快递、圆通快递、中通快递、韵达快递等）数量众多，提供的服务大同小异，竞争激烈，大打价格战，进入“红海”之争，使得自身的利润率低下。那么，当前对于物流企业而言，要想在激烈的竞争中胜出，必须不断进行业务模式创新，跟上时代的发展。

例如，在市场竞争日益激烈情况下，顺丰集团果断改变战略。2019 年 5 月 17 日，顺丰控股股份有限公司、顺丰投资有限公司旗下深圳丰链科技有限公司与财货通公司达成战略合作协议，双方依托各自的技术、信息、渠道等资源优势，积极开拓供应链金融市场，共同打造供应链金融新生态。包括 UPS 在内的多家大型第三方物流商在物流服务中增加了一项金融服务，将其作为争取客户的一项重要举措。

二、供应链金融的概念

供应链金融（Supply Chain Finance，SCF）是一种集物流运作、商业运作和金融管理于一体的管理行为和过程，它将贸易中的买方、卖方、第三方物流企业及金融机构紧密地联系在了一起，实现了用供应链物流盘活资金，同时用资金拉动供应链物流的作用。

换句话说，供应链金融就是创新了一种融资模式，不仅考察单个企业的发展，而且将企业及企业所在供应链作为考量的整体，根据供应链的整体运行状况，对企业提供融资信贷服务，帮助企业发展壮大。这种融资模式为中小企业融资提供了便利条件，是它们发展的及时雨。

三、供应链金融的特征

1. 现代供应链管理是供应链金融服务的基本理念

当前银行主要依靠企业的资历、信誉等来判断信贷额度，导致很多有发展前景的中小企业无法获得融资。为了解决这个问题，供应链金融主要依据供应链整体运行情况，从企业的真实贸易背景入手，判断企业的盈利状况和变现能力。

根据供应链的运行状况，银行客观判断企业的抗风险能力和运营能力，从而解决中小企业融资难的问题，同时为供应链金融的发展提供保障。

2. 大数据对客户企业的整体评价是供应链金融服务的前提

现在已进入信息时代，银行可以通过大数据分析对企业进行评价，以此来判断其是否符合提供金融服务的条件。通常银行会从三个方面对企业进行衡量和评价，即行业分析、供应链分析和企业基本信息的评价。

（1）行业分析主要是该企业所在行业是否为朝阳行业；国家的内外部环境，是战争还是和平等，因为行业的长远发展需要稳定的国内及国际环境；政府支持和政策倾向等，也是行业发展的重要因素，如新能源是国家重点支持的行业，也是未来发展的趋势。

（2）供应链分析是看该企业在整个供应链中的地位及在合作伙伴企业中的信誉度，供应链的运营状况。中小企业往往是产业交融，运作良好的供应链客户企业也是供应链金融服务的对象。

（3）企业基本信息的评价是指对企业的各项指标进行考量。当前，社会发展比较迅速，各种新事物不断产生，银行要对企业的发展趋势及盈利能力进行系统的分析。众所周知，很多企业的发展不是一蹴而就的，如网上购物、网约车等很多新事物的发展需要一个积淀的过程，但是它们却是未来发展的趋势。如果一家企业的发展能够代表未来的趋势，即便短时间内亏损也是能够接受的，它一旦发展成熟就会有更好的发展空间。银行需要对企业的基本信息进行评价，从而使其获得更好的融资环境。

为了降低信贷风险，必须在众多的供应链中找到核心企业，未来企业之间的竞争就是供应链之间的竞争，一条供应链的竞争力与核心企业有着密不可分的关系。例如，华为公司的核心业务涉及硬件、通信、消费电子，涉及数量众多的供应商，既有规模比较大的大型企业，如比亚迪、中天科技、中航光电等，也有规模比较小的中小企业。将资金注入华为公司的上下游配套企业，不仅可以解决很多中小企业的资金问题，也能为相关企业的发展壮大提供保障，使整条供应链在市场竞争中更具竞争力，从而立于不败之地。供应链金融的出现为很多中小企业的发展带来了商机，也将成为未来有竞争力的融资模式。

四、供应链金融的发展

（一）国外供应链金融的发展

国外供应链金融的发展大致可以分为三个阶段：

1. 阶段一：20 世纪中期以前

在这个阶段，供应链金融的概念还不够明晰，并且金融体系相对封闭。企业主要依赖自有资金或传统融资手段来满足其供应链中的资金需求。银行和金融机构的角色主要集中在传统的贷款和信贷领域，与供应链直接关联的金融工具和服务相对较少。

2. 阶段二：20 世纪中期至 21 世纪初

随着全球化的推进和商业模式的变革，供应链金融开始逐渐引起关注。银行和金融机构开始开发更灵活的金融工具，以满足企业在供应链中的资金需求。电子商务的崛起和信息技术的发展使得金融机构能够更有效地管理和监控供应链中的交易和资金流动。这一阶段的特点是金融产品逐渐多样化，包括应收账款融资、库存融资等。

3. 阶段三：21 世纪初至今

当前，供应链金融已经成为全球金融体系中不可或缺的一部分。信息技术的快速发展、区块链技术的应用以及数据分析等先进技术的采用，使得供应链金融更加高效、透明和智能化。金融科技公司和初创企业通过创新性的解决方案进入这个领域，提供更灵活、快速的供应链金融服务。此外，跨境贸易的增加也促使金融机构提供跨国供应链金融服务，进一步推动了这一领域的发展。

总体而言，西方供应链金融的发展经历了从相对封闭和传统的阶段到全球化、数字化和创新驱动的现代阶段的演变。这一过程中，金融工具和服务的多样化以及技术的广泛应用都对供应链金融的发展起到了推动作用。

（二）国内供应链金融的发展

深圳发展银行是我国第一家开展供应链金融业务的银行。深圳发展银行于 1999 年开始涉足“货押授信业务”，之后与中国外运股份有限公司、中储发展股份有限公司和中远国际货运有限公司开展战略合作，自此我国正式进入供应链金融快速发展的时期。招商银行在 2005 年也开始将供应链金融作为拓展业务的突破口，开始试点服务，重点拓展供应链中中小企业的信贷业务，拉动业绩的增长。上海浦东发展银行在 2006 年开始实施供应链融资方案，破解中小企业融资难、融资贵的问题，正式将供应链作为融资的重要考量依据。

中央银行出台供应链金融指导性文件，支持中小微企业融资针对中小企业融资困难的问题，中国工商银行创新推出了电子供应链融资业务，并且在沃尔玛及其供应链的上下游企业成功实施，从而促进了沃尔玛上下游企业的良性发展。中国民生银行在2005年成立了贸易金融部，响应国家政策加大金融扶持力度，支持中小企业的发展。总之，我国几乎所有的银行都在开展供应链金融业务。

（三）供应链金融的发展趋势

供应链金融是未来金融机构的发展趋势，包括银行在内的各大金融机构需要不断地创新产品和服务，挖掘供应链金融的潜力，在市场经济多元化发展的前提下，促进供应链上下游企业的发展，同时加强风险管控。在大数据的背景下，银行和其他金融机构要利用人工智能进行数据挖掘，综合分析供应链的运营状况，为中小企业提供更好的融资服务。

任务实施

厦门港口管理局与厦门市发改委合作，通过“信用＋科技＋普惠金融”模式支持中小港航企业。他们通过信用手段和金融科技工具，优化了“信易贷”平台服务功能，助力中小港航企业纾困解难。

首先，通过推动信用数据赋能，厦门市发改委与其他五部门制定了《加强信用信息共享应用促进中小微企业融资工作方案》。他们创新形成了金融领域信用信息共享专题库，覆盖全市18个单位、61个数据项、524个字段。这些数据在厦门市“信易贷”平台上共享，建设了全市信用信息在金融领域的应用生态，实现了数据赋能。

其次，通过叠加行业信用评级，厦门市“信易贷”平台融合了公共信用信息和基于厦门港口管理局信用评价体系的港航企业年度评分评级数据。这为金融机构提供了企业信用风险评估服务，帮助金融机构实现实时测算预授信额度，提升了审查效率和中小港航企业的获贷体验。

最后，厦门港口管理局创新了行业监管模式，由执法手段转变为以信用管理为基础的“三方协同监管”新机制。这使得港航企业更加自觉诚信依法经营，行业信用水平不断提升。这一模式有效地解决了中小港航企业融资难融资贵问题，为中小港航企业发展提供了信心。

“港航信易贷”成为“福建省2022年第一批优化营商环境工作典型经验做法”。在2022年1—8月，为28家企业授信共35笔，发放融资贷款额度达4.44亿元，为中小港航企业应对疫情保持生产稳定发挥了重要作用。

做一做：结合给定的材料，谈谈你对中小企业融资的看法以及相应的解决措施？

任务二　供应链金融模式及风险控制

供应链管理要有法治意识

虽然供应链金融在我国起步比较晚，但是受益于应收账款、商业票据及融资租赁市场的快速发展，我国供应链金融也取得了较为快速的发展。当前，供应链融资模式尚处于摸索阶段，可能存在某些漏洞，容易被不法分子利用，给企业造成重大影响，因此我们需要加强供应链金融风险的控制，进一步降低金融企业的信贷风险。

学习导入

2014 年 1—7 月，毕业于 ×× 大学、从商多年的任某伙同犯罪嫌疑人闫某利用其控制的泰安某化工有限公司等三家公司，虚构贸易背景，使用伪造的某石化公司华北分公司公章及法人章，与某银行济南分行、某银行泰安分行等多家银行签订三方保兑仓协议，骗取多家银行开具银行承兑汇票，票面总金额达 99 亿余元。

在整个骗局中，闫某扮演着重要的角色，其冒充某石化公司的工作人员，周旋于多家银行之间。因为任某的公司此前确实与该石化公司有过贸易往来，所以熟知其中的操作程序，而且认识该公司的两名工作人员。由于签订三方保兑仓协议，需要加盖三方的公章。每次签约前，任某和闫某就来到北京的该石化公司办公大楼，通过熟悉的那两名员工预订好一间会议室。签约当天，任某和闫某就陪着银行工作人员来到该石化公司内部的会议室。

一旦签约，闫某就称要拿着协议到财务部盖章。其实，闫某是拿着协议来到旁边的厕所，盖上事先准备的伪造公章，然后将协议带回会议室。整个过程看上去天衣无缝，即便曾有银行工作人员提出要跟着去盖章，也被闫某用恐吓的言语给吓回去了。

拿到三方保兑仓协议之后，任某和闫某就开始筹备截留银行开具的承兑汇票。一般而言，银行会将承兑汇票快递给该石化公司。作为三方之一，任某假装关心承兑汇票快递的情况，从而获知了快递单号。他们在快递到达该石化公司之前就来到其办公楼，主动打电话给快递员询问快递到达的日期。一旦快递员来到办公楼，闫某就会主动与之联系，自己签收。如此一来，银行承兑汇票就落入了任某和闫某的口袋。此后，任某和闫某就将银行承兑汇票进行贴现，在给银行贴现利息之后获取余额。

思考：该案例涉及的是哪种供应链金融模式？存在哪些风险？

知识学习

供应链金融将是未来最有发展潜力的一种融资模式，尤其是它改变了传统的以单一企业为主体的融资方式，对供应链整体的运营状况进行分析和测算，以核心企业为出发点，围绕其上下游企业，综合评估供应链的物流、资金流、信息流状况，为供应链上的多家企业提供融资服务，不仅解决了相关企业的融资问题，还使整个供应链不断增值，提升其在市场上的整体竞争力，实现了供应链和金融机构共赢的局面。供应链金融形态如图 9–2 所示。

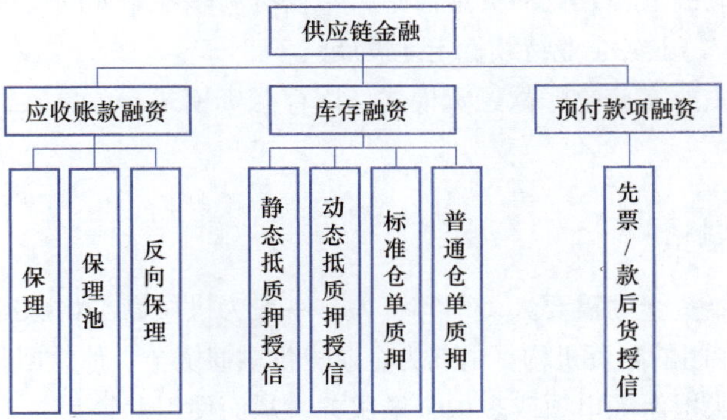

图 9–2 供应链金融形态

传统金融服务孤立关注企业和业务本身，如图 9–3 所示。

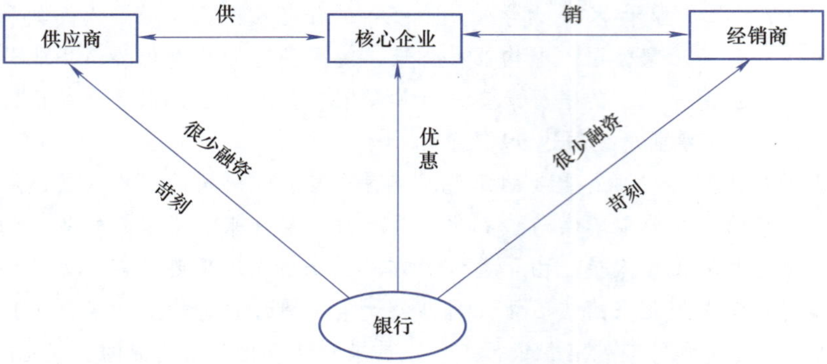

图 9–3　传统金融服务

供应链金融服务是以供应链为核心，整合交易过程中产生的物流、信息流和资金流等相关数据，并且根据动态交易过程对核心企业及其上下游企业进行综合评估，提供相应的金融服务，帮助企业解决资金短缺困难，实现供应链增值的过程，如图 9–4 所示。

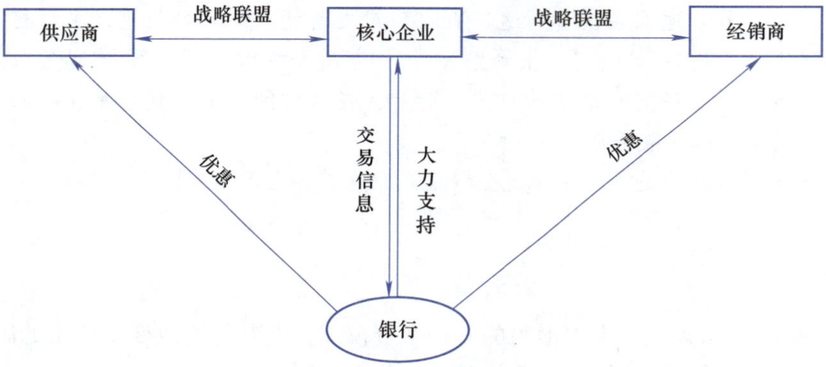

图 9–4　供应链金融服务

供应链金融从传统的模式中进行创新，单个中小企业的力量比较薄弱，无法满足银行的信贷要求，不能筹集到足够的资金来保障企业的运营。供应链金融就是打破常规模式，以供应链的视角切入，满足供应链上各企业的资金需求，不仅有利于各企业的发展，更有利于提高供应链的竞争能力，使供应链上各企业持续稳定地发展。

供应链金融模式主要有应收账款融资模式、库存融资模式、预付款融资模式、战略关系融资模式等。

一、应收账款融资

应收账款融资是指资金的需要人（即筹资人，一般为供应商）将赊销而形成的应收账款有条件地转让或质押给专门的融资机构，由其为企业提供融通资金、债款回收、销售分户账管理、信用销售控制以及坏账担保等单项或多项金融服务，从而使以赊销为主要销售方式的企业得到所需资金，加快资金的周转。应收账款融资主要有以下几种模式：

（1）应收账款质押。应收账款质押业务流程如图 9–5 所示。

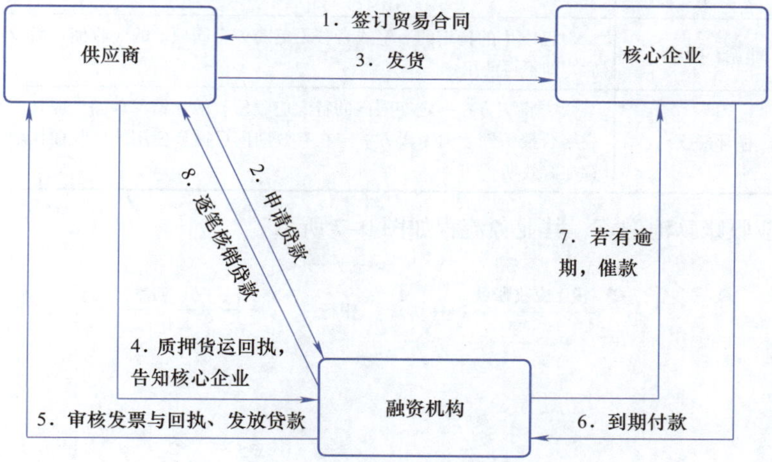

图 9–5　应收账款质押业务流程

（2）应收账款保理。应收账款保理业务流程如图 9–6 所示。

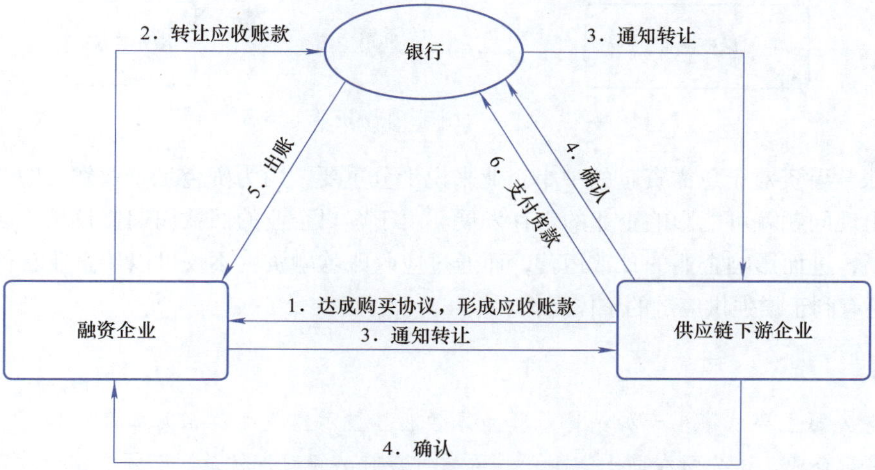

图 9–6　应收账款保理业务流程

应收账款保理分类如表 9–1 所示。

表 9–1　应收账款保理分类

分类标准	具体分类	详细描述
是否通知买方转让事宜	公开型（明保理）	应收债权转让一经发生，卖方立即以书面形式将债权转让事实通知买方，指示买方将应付款项直接给付保理商
	隐蔽型（暗保理）	债权转让一经发生，卖方在转让之时并不立即通知买方
是否保留对卖方追索权	有追索权（回购型）	是指到期应收账款收不回时，保理商保留对企业的追索权，出售应收账款的企业要承担相应的坏账损失
	无追索权（买断型）	企业将贸易型应收账款，通过无追索权形式出售给专业保理商或银行等金融机构，从而获得一种短期融资

（续）

分类标准	具体分类	详细描述
额度是否可循环使用	非循环额度	对已发生的特定的一笔或者若干笔商务合同项下的应收债权而设立，额度使用完毕后，即不再使用
	循环额度	卖方将买方在一定期限内的特定应收债权转让给保理商，保理商在买方或卖方的最高综合授信额度内为卖方核定在有效期内可循环使用的应收债权融资额度，循环额度存在有效期

（3）出口应收账款池融资，其业务流程如图 9–7 所示。

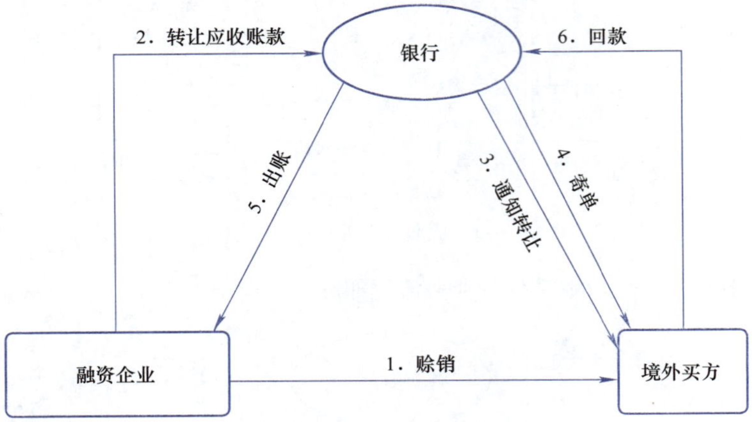

图 9–7　出口应收账款池融资业务流程

应收账款融资对于急需资金的中小企业来说十分重要，因为资金是企业发展的“血液”，某个环节出现问题就可能影响企业的生存发展。由于客户企业的回款周期比较长，会导致企业生产的中断，进而影响企业的日常运营，而通过应收账款融资，不仅可以使企业获得短期需要的资金，还有利于增强供应链的整体运作。

案例链接

某光电公司主要从事生产和销售薄膜晶体管液晶显示器成品及相关部件，其上下游企业均是强大的垄断企业。该公司在向上游企业采购原材料时必须现货付款，必须有强大的现金流，而在下游企业销售产品后，回款周期比较长，一般需要确认应收账款后 4 个月才能支付。在刚开始的发展中，该公司还能应付，但是随着公司业务量的拓展和生产规模的进一步扩大，原材料的采购以及人工成本需要大量的现金流，此时应收账款已占公司总资产的 45%，一旦资金链断裂，就会影响公司的生存，同时资金短缺进一步限制了公司的发展。

2023 年，供应链金融平台对该光电公司进行实地考察和调研，在了解客户的真实状况后，为该光电公司提供了应收账款融资业务，通过第三方物流企业为该项贷款提供信用担保，帮助该光电公司解决了流动资金短缺问题。

分析：该案例之所以能够取得成功，关键在于应收账款的性质，该光电公司的下游企业属于强大的垄断企业，资信等级非常高，只是应收账款周期长，导致现金流出现短期短缺。在这种情况下，供应链金融平台的风险非常小，同时又有第三方物流企业为其提供信用担保，这也是该光电公司获得资金的重要条件。随着供应链金融的发展，如果核心企业对上下游企业进行授信，那么该类应收账款融资也可以不需要第三方物流企业担保。

二、库存融资

库存融资与应收账款融资在西方统称为 ARIF（Accounts Receivable and Inventory Financing），是以资产控制为基础的商业贷款的基础。库存融资又称为存货融资，是企业以存货作为质押向金融机构办理融资业务的行为，是第三方物流企业提供的一种金融与物流集成式的创新服务。其主要形式有以下几种：

（1）静态抵质押授信融资。静态抵质押授信融资业务流程如图 9-8 所示。

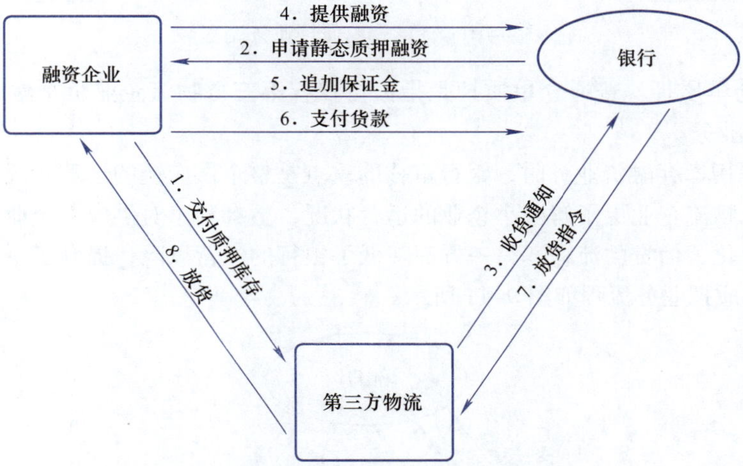

图 9-8　静态抵质押授信融资业务流程

（2）动态抵质押授信融资。动态抵质押授信融资业务流程如图 9-9 所示。

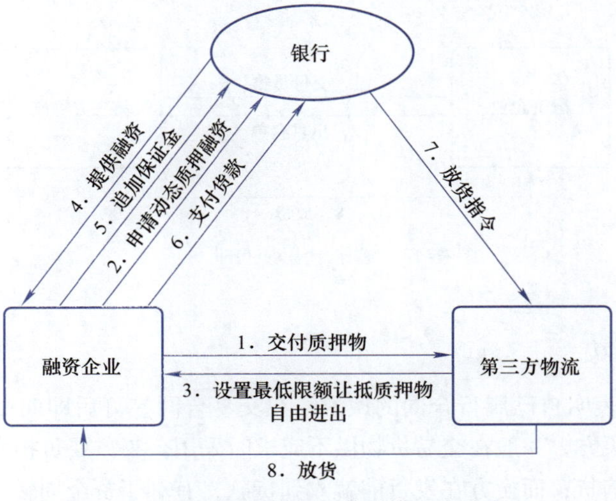

图 9-9　动态抵质押授信融资业务流程

（3）标准仓单质押。标准仓单是一种标准化的提货凭证，一般是由交易所统一完成入库商品的验收、确认后，用于货主提取商品的凭证。标准仓单质押就是以标准仓单作为抵押向银行取得贷款的融资模式，可以提高企业的竞争能力。标准仓单质押业务流程如图 9–10 所示。

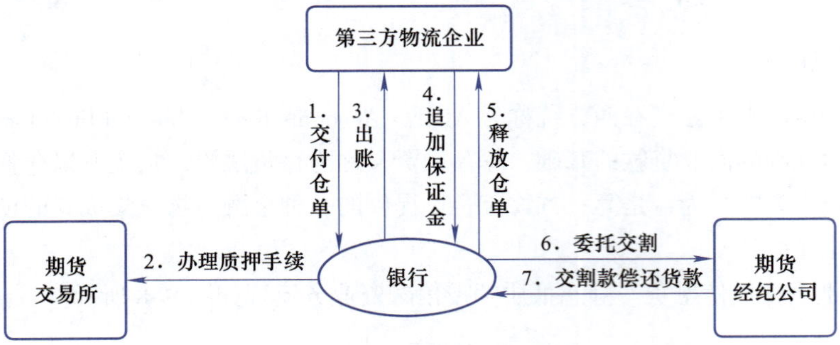

图 9–10　标准仓单质押业务流程

（4）普通仓单质押。普通仓单质押是指银行授权第三方物流企业负责融资企业仓单的保管、评估及贷款业务。

中小企业采用库存融资业务时，银行审核的重点是整个供应链的运营状况，以及存货的稳定状况，而第三物流企业更了解中小企业的运营状况，更有利于对供应链企业做出正确的审核判断，一方面简化了信贷的流程，另一方面降低了银行的经营风险，提升了供应链企业的运作效率。普通仓单质押业务流程如图 9–11 所示。

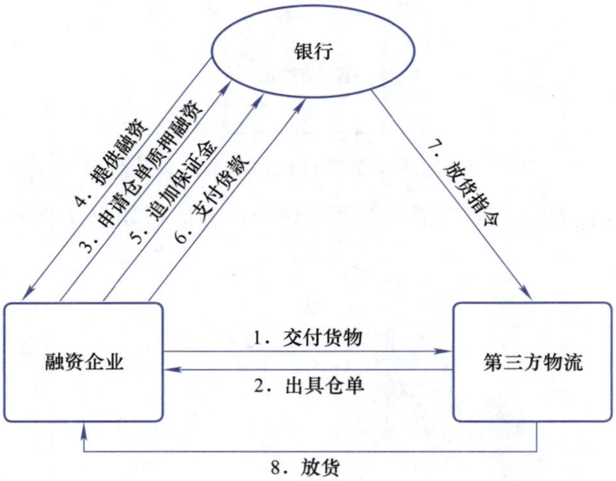

图 9–11　普通仓单质押业务流程

三、预付款融资

预付款是买方为表明自己履行合同的诚意，在交易合同签订后即向卖方支付的一定数额的资金。此方式不利于买方，一般在交易货物供不应求时采用。买方要负担商业风险、积压资金，实际上是向卖方提供信贷；而卖方在发货前就收到货款，有利于资金周转，也无商业风险。

预付款是一种支付手段，其作用如下：①解决合同一方周转资金短缺问题；②表明履行合同的诚意。

（一）先票 / 款后货授信

先票 / 款后货是存货融资的进一步发展，是指客户（买方）从银行取得授信，在缴纳一定比例保证金的前提下，向卖方议付全额货款；卖方按照购销合同以及合作协议书的约定发运货物，货物到达后设定抵押作为银行授信的担保。

由于供应链中上下游企业之间合作有利于增强其竞争力，下游企业在采购上游企业的原材料、产成品时一般需要预付资金，而中小企业最大的困难莫过于资金周转困难，在这种情况下，可以通过先票 / 款后货授信业务进行融资，从银行获得预付账款融资，其基本业务流程如图 9-12 所示。

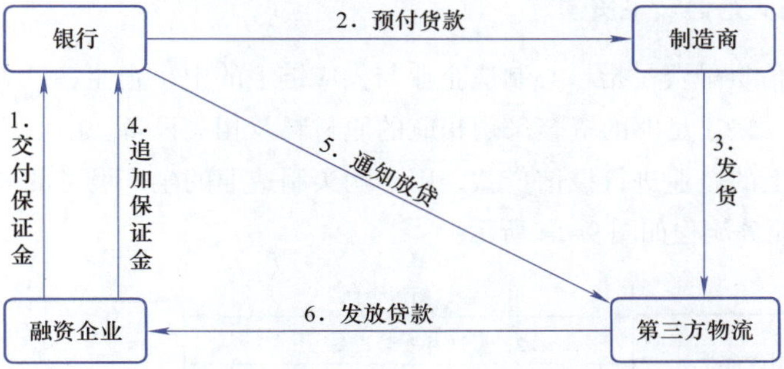

图 9-12　先票 / 款后货授信业务流程

（二）保兑仓融资模式 / 担保提货

保兑仓是指以银行信用为载体，以银行承兑汇票为结算工具，由银行控制货权，仓储方受托保管货物，承兑汇票保证金以外金额部分由卖方以货物回购作为担保措施，由银行向供应商（卖方）及其经销商（买方）提供的以银行承兑汇票为结算方式的一种金融服务。企业在供应链中居于核心地位，而且与银行进行良好的合作，由银行对供应链上的多个中小企业提供授信融资，目前广泛应用于供应链管理比较成熟的行业，如制造业、通信业等，并有相应的准入和退出制度。核心企业具有行业竞争优势，能够融合上下游企业形成良好的合作伙伴关系，与银行方面进行数据信息的共享，配合银行的授信环节。保兑仓融资模式 / 担保提货业务流程如图 9-13 所示。

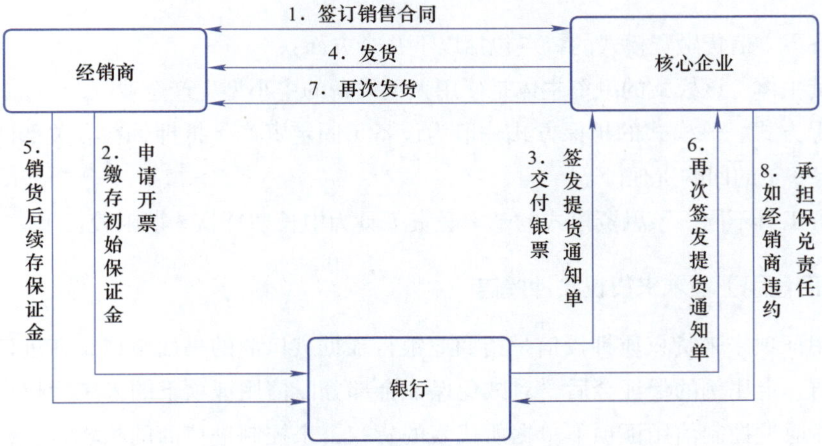

图 9-13　保兑仓融资模式 / 担保提货业务流程

融资企业在提取货物时需要交纳全额货款，经济上面临着巨大的经济压力。保兑仓业务主要是解决融资企业的资金压力，使上下游企业、银行及仓储监管方共同负责对质押物品进行科学评估，降低了银行的信贷风险，既能够使企业满足生产需要，小批量、多批次地支付货款并提取货物，又能够有效缓解企业资金压力。

保兑仓业务利用杠杆原理进行采购和融资，既保证了供应链上下游企业持续有效的合作，而且使企业的生产能够顺利进行，解决了资金难题，增强了供应链的竞争能力，也为银行拓展了业务，带来了收益。保兑仓业务开出的银行承兑汇票能够减小银行所承担的风险。

（三）国内设备买方信贷融资模式

国内设备买方信贷融资是指核心制造企业与供应链上的中小企业签订买卖合同，由于供应链企业规模比较小，缺乏足够的资金采购相应的原材料及相关设备，由商业银行根据双方的买卖合同，对供应链上的企业进行授信贷款，用于购买制造业的生产设备的一种融资模式。国内设备买方信贷融资业务流程如图 9-14 所示。

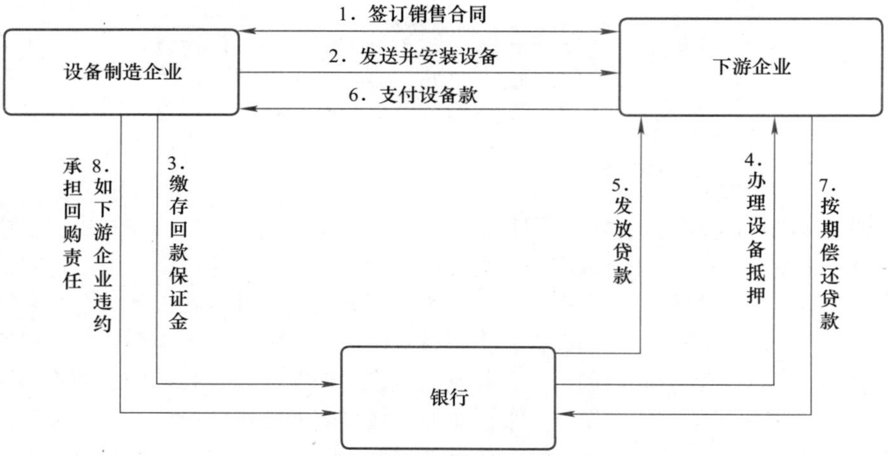

图 9-14　国内设备买方信贷融资业务流程

国内设备买方信贷融资模式的特点包括以下几个方面：

（1）融资主体。该模式的融资主体是使用大型设备的中小型生产企业。

（2）担保方式。该模式的担保方式一般为设备（固定资产）抵押，在有关部门登记即可，核心企业承担一定的回购责任。

（3）融资工具不同。该融资模式的基本融资工具为中长期贷款（期限较长）。

（四）进口信用证项未来货权质押授信

进口信用证项未来货权质押授信是指商业银行根据进口商的书面申请，在进口商根据授信审批规定交纳一定比例的保证金后，对减免保证金部分以信用证项下的未来货权作为质押而开立信用证，并通过控制信用证项下单据所代表的货权，来控制进口商的买卖行为，货物到港后可以转换为存货质押授信。进口信用证项未来货权质押授信业务流程如图 9-15 所示。

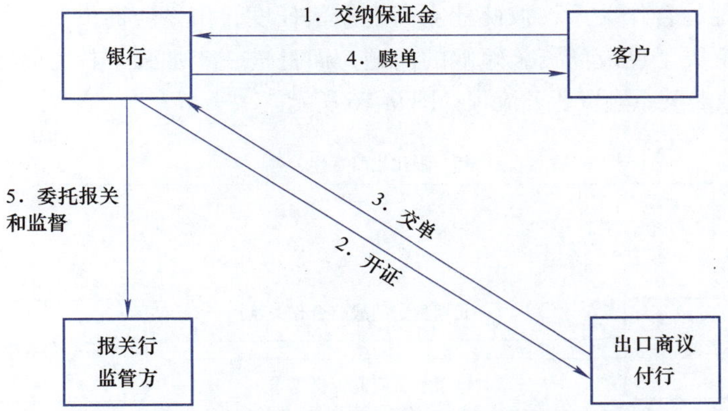

图 9-15 进口信用证项未来货权质押授信业务流程

注：1. 客户向银行交存一定比例的保证金。
2. 银行为客户提供授信，开出信用证。
3. 出口商按照合同约定装运货物，并向银行提交合格单据。
4. 客户补足保证金，银行放单。
5. 客户申请办理进口押汇。银行指定报关行报关，并将货物置于指定监管方之下，办理动产质押手续。

案例链接

A 钢铁公司是一家民营企业，主要从事钢铁加工和贸易，与 B 钢铁公司一直保持着良好的合作关系，二者属于供应链的上下游企业。目前 A 钢铁公司有员工 150 多人，年收入超过 5 亿元，但与 B 钢铁公司相比还处于弱势地位。两家公司之间的结算主要采用现款现货的方式，由于 A 钢铁公司处于扩张阶段，导致现金流十分紧张，不能向 B 钢铁公司支付预付款，严重影响企业的日常运营。为了获得充足的现金流，A 钢铁公司开始尝试融资。供应链金融平台在对 A 钢铁公司进行实地考察并了解实际需求后，根据当地物流公司提供的相应信息及担保业务，给予 A 钢铁公司 4.5 亿元的授信额度，开展预付款融资。当 A 钢铁公司向 B 钢铁公司付款时，由供应链平台负责垫付，极大地改善了 A 钢铁公司的现金流状况，增强了与 B 钢铁公司的合作，同时也实现了销售收入的稳步增长。

分析：A 钢铁公司之所以能够通过预付款融资成功，关键在于该公司融资的目的是采购原材料，A、B 钢铁公司属于同一供应链上的企业，当地物流公司愿意为 A 钢铁公司提供担保和货物监管服务，由供应链金融平台直接付款给 B 钢铁公司，大大降低了供应链金融平台的信贷风险。

四、战略关系融资

战略关系融资是指两家或多家企业基于长期稳定的战略合作关系，为实现共同的商业目标，取长补短，共同承担商业风险，一般由核心企业为供应商提供融资的金融模式。其最明显的优势和最具诱惑之处在于它们的高度兼容性和战略合作伙伴关系。由于供应商和核心企业之间有长期稳定的合作关系，彼此建立高度的信任度，由供应商发起申请，核心企业审核发放贷款，不仅解决了供应商资金短缺的问题，而且进一步加强了核心企业与供应商之间的战略合作关系。战略关系融资业务流程如图 9–16 所示。

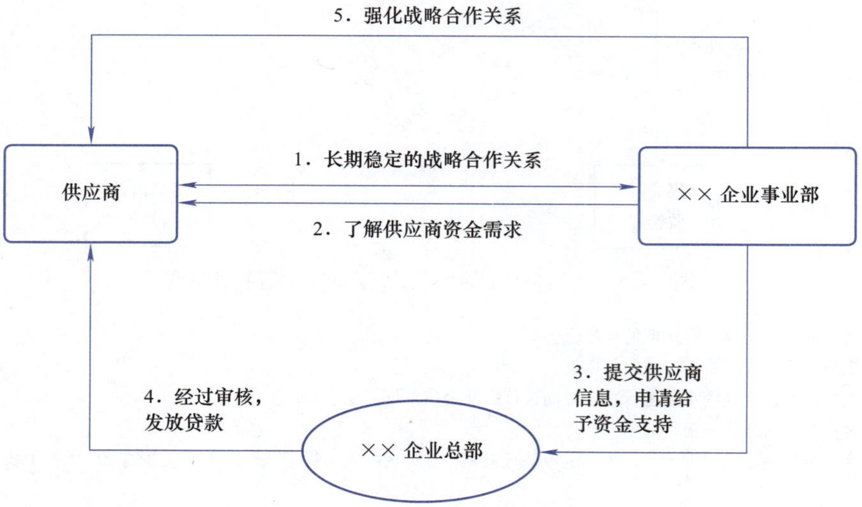

图 9–16　战略关系融资业务流程

在供应链融资模式中，应收账款融资、库存融资、预付款融资可以提升资金的使用效率，减轻企业的资金压力，战略关系融资则是对未来供应链能力的锁定，双方实现互利共赢。融资模式关系结构如图 9–17 所示。

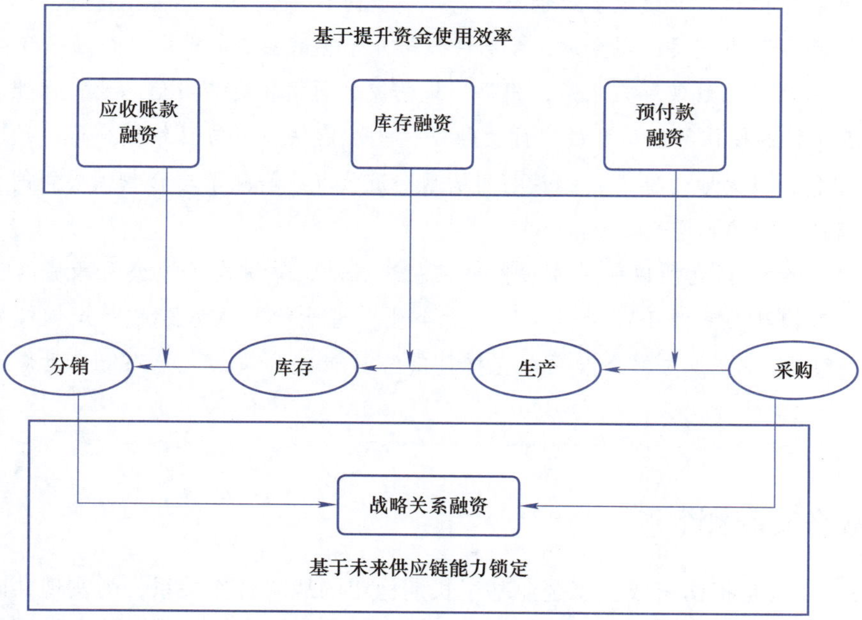

图 9–17　融资模式关系结构

五、供应链金融的风险控制

案例链接

金属贸易融资骗贷事件

据媒体报道，贸易商利用同一批货从青岛港大港分公司辖区内的几家仓储公司开具不同仓单，通过重复质押仓单骗取银行贷款，涉案金额超百亿元。仅“德正资源”及其关联公司在18家银行的贷款金额就超过160亿元。其中，中国银行、中信银行、恒丰银行、中国农业银行、日照银行、兴业银行、招商银行、华夏银行、潍坊银行、中国建设银行、威海银行、光大银行、齐鲁银行13家银行，针对德正系起诉的立案金额就已达到近52亿元。

钢贸信贷风波

正常情况下，钢贸商将钢材放在一个仓库里，开具仓储证明，向一家银行贷款获得融资。然而，钢贸商再将这批钢材运送到另一个仓库，再次开具仓储证明，同一批货物又可以向另外一家银行贷款。这样一来，如果钢材是价值1亿元的货物，以在一家银行可以贷到4亿元来计算，辗转10家仓库，就可以从银行贷到40亿元，而货物的数量不变，贷款的额度增加，贷款的风险增加。另外一些钢贸商干脆联合存储仓库开具假仓单，从银行骗取贷款。银行因相互之间的竞争而忽视了风险防范，最终坏账数额巨大，损失惨重。

思考：根据上述供应链金融风险相关的案件，查找资料，分析其是何种供应链金融模式？案件产生的原因是什么？应如何控制风险？

供应链金融是一种金融创新产品，为许多中小企业提供了贷款便利，但是风险也客观存在，做好风险防控迫在眉睫。不法个人或企业利用供应链金融的漏洞进行违法操作，使银行蒙受巨大的经济损失。银行的风险防控能力也是银行核心竞争力的体现。

（一）供应链金融风险的分类

（1）操作风险。操作风险是供应链金融业务的最大风险。供应链金融属于创新的融资模式，其运行的规范性还在探索之中。操作风险属于内生风险，如果操作环节没有按照严格的流程实施，就有可能产生运营风险，进而引发一系列信用风险。

（2）市场风险。市场风险是由市场因素如利率、股市波动和商品价格造成的，并且存在金融产品的价值或回报率不确定的风险。市场风险主要包括利率风险、汇率风险、股市风险和价格风险。利率风险是供应链金融面临的最重要的风险，如银行供应链融资产品，采用固定利率方式，一旦利率变化和调整，银行不能及时调整贷款利率，只能等到明年基准利率发生变化时开始调整，在此期间，则必须承担利率变化的风险。

（3）信用风险。在整个供应链的体系中，上下游企业和核心企业密切相关，尤其是核心企业一旦出现了问题，如企业信誉、经营状况等出现问题，不仅会影响自身的发展，而且会给供应链上其他企业的发展带来信用风险，任何一种问题的出现都可能导致企业产生信用危机。

（4）政策风险。政府会根据不同时期的经济发展状况来调整政策，出台相应的法律法规。调整政策会引起市场的波动，给相关企业带来一定的投资风险。企业间为了争夺有限的资源，展开了激烈的竞争，甚至触犯法律法规。国家是从宏观上对经济进行调整，而企业主要是在微观上执行，难免会产生冲突，如果不能及时调整，就很可能使企业丧失发展的机会。

（5）环境风险。环境风险分为自然环境风险和社会环境风险。自然环境风险是指由于自然原因引起的风险，如自然灾害、大型公共卫生事件等，都可能导致企业减产，甚至破产，这种风险一般突发性比较大，影响面广。社会环境风险主要是指由于人为因素引起的风险变故，如国家政策调整、人为炒作等，会影响企业的正常运营，减少企业的利润。

（6）管理风险。管理风险是指在企业管理过程中会出现很多不确定因素，如信息不对称等，会影响领导者的判断，尤其是领导者的误判会使整个供应链金融产生极大的风险，因此在运营管理中应当尽可能收集详细的信息，提升领导者的水平，减少管理风险，并提前采取预防措施。

北海银行的红色金融史

（二）供应链金融风险的防范措施

为了有效应对供应链金融带来的风险，有关企业必须采取有效措施。

1. 供应链金融贷前风险评估

为了减少供应链金融贷前风险，必须对供应链上各个企业进行风险评估，整合供应链上资金流、信息流和物流数据，利用大数据分析，提前做好防控措施，主要包括借款人风险评估、供应链风险评估、操作流程风险评估。

（1）借款人风险评估。借款人风险评估包括：①对借款人的经营实力进行评价，包括借款人的销售能力、生产能力、技术能力是否占有一定的优势；②对借款人经营的宏观环境进行分析，从行业的性质、市场份额，以及未来的发展趋势、国家政策的支持力度等进行综合评估；③对借款人自身的企业文化、成长背景、管理和领导能力，以及对整个市场的判断能力等进行综合评估；④对借款人财务状况进行评估，对企业短期偿债能力、长期偿债能力和盈利能力的相关指标进行评估。流动比率（流动资产 / 流动负债）反映借款人在近期内流动资金的需求状况。流动比率越大，表明借款人以流动资金抵偿流动负债的能力越强，流动负债获得清偿的可能性也就越大，也就意味着贷款的保障程度也就越高。速动比率（速动资产 / 流动负债）越高，企业偿债能力越强，由于存货变现价格一般要打折扣，因此流动资产中剔除存货更能体现出借款人的短期偿债能力。资产负债率（负债总额 / 资产总额）越小，企业长期偿债能力越强。该比率必须小于 70%，最好低于 55%。销售利润率（税后净利润 / 总资产）反映每单位销售额所能带来的净收益。销售利润率越高，借款人的经营管理就越有效，相应地，贷款的风险也就越小。

（2）供应链风险评估。供应链金融虽然能够解决企业的融资问题，但是受到各种因素的影响，在市场运行中，一个环节出现问题就有可能影响整个供应链，可谓牵一发而动全身，因此我们必须对供应链及其企业进行全面的风险评估，这对供应链后期的正常运营起到非常重要的作用。供应链风险评估可以从以下几个方面来进行：

1）根据经济波动和产业政策来评估。在社会主义市场经济环境下，受供求关系的影响，市场可能会出现较大的波动，如原材料短缺或者是人工成本提升等，会影响供应链的生产。国家为刺激经济发展而制定的产业转型升级政策，也对供应链产生极大的影响，甚至导致中断。但经济波动、产业政策一般是长期的，而且政府一般会提前公布，方便企业做出调控，所以风险一般较容易控制。

2）不可预见的因素可以通过以往的数据进行预测评估。在市场环境下，各种因素瞬息万变，有很多不可预见的事件发生，虽然银行无法掌控未来的情况，但是可以借鉴以往的数据进行参考，建立专家智能系统，进行仿真模拟预测评估，推断供应链中断的风险。

3）利用定性分析和定量研究的方式对供应商进行评估。利用层次分析法和专家打分法等对供应商进行定性分析，结合供应商的财务报表数据、营收状况等进行定量研究。此外，还应评估供应商在市场竞争中所处的地位。只有对供应商建立一套完整的评估机制，银行才能降低对供应商融资的风险。

4）对供应链获取信息的能力、途径等方面进行综合评估。信息是未来最有价值的资源，谁能以最快的速度获得市场信息，谁就能在竞争中处于优势地位，而错误的信息会导致决策失误，带来不可估量的损失，所以要对供应链获取信息的能力、途径、真实性等多方面做出综合评估，通过规范信息处理的流程，降低供应链风险。

（3）操作流程风险评估。切实改进操作风险管理方法。

1）由于供应链金融尚处于发展阶段，对其操作风险的控制还没有完善的方法，只能在实践中不断探索，逐渐找到操作风险的计量方法，降低实际应用中的操作风险。

2）加强信息技术应用。科学技术是第一生产力，结合人工智能和信息技术的应用，完善供应链的硬件设施，对供应链的各个流程实施信息化管理，在实践中不断进行修正，查漏补缺，完善信息管理系统。

3）建立一套完善的评估体系，对操作中可能出现的风险进行有效的识别，防患于未然。借鉴国内外的先进评估经验，建立专家智能管理系统，对供应链上的所有业务进行有效的监督，提前识别风险并采取预防措施。

4）建立和完善内部信息交流制度。供应链金融最容易从内部出现问题，要加强操作流程的透明化和标准化管理，健全内部的监督和管理制度，对于违规实施的操作人员，鼓励和发动一线员工检举揭发，遏制不良风气的产生。

2. 加强人员管理

（1）以人为本，增强员工的主人翁意识，在工作中一旦发现风险，及时予以上报，将风险扼杀在摇篮中，全体成员共同努力，抓好风险管控的工作。

（2）加强思政教育。开展批评与自我批评，定期和不定期地了解员工工作状态，及时排查矛盾纠纷。公司实施人性化管理，增强工作的透明度，在单位内部做到精诚团结。

（3）加强风险意识教育。对员工定期进行培训，并加强专业知识教育，提升员工对操作风险的识别能力；增强员工的安全防范意识，在部门内部以及部门之间经常开展交流学习活动。

3. 供应链金融贷后风险管控的主要方法

供应链金融贷后风险管控，就是加强贷后资金流向、用途等方面的监管，对供应链内部资金的使用、结算等进行信息化管理，实现实时跟踪，防止资金挪作他用或者资金外流等，一旦发现问题应及时予以纠偏，防止和减少风险案件的发生。

供应链金融贷后风险管控的主要方法有信息跟踪、资金监控和物流控制。

（1）信息跟踪。为了降低资金流失的风险，金融机构发放贷款后，银行也要对资金的使用情况进行检查跟踪，一方面可以去现场实地检查，另一方面也可以通过查看企业财务报表、高层沟通等多种方式了解资金的用途、去向和按期归还情况，对于可能出现的问题及早发现并采取补救措施。

1）借款人情况检查的主要内容包括：①贷款资金的使用情况；②借款企业是否按期足额归还贷款；③借款企业营收水平是否发生变化；④借款企业经营的住所、联系电话有无变动；⑤有无发生可能影响借款企业还款能力或还款意愿的突发事件，如卷入重大经济纠纷、诉讼或仲裁程序，借款企业破产倒闭等。

2）担保情况检查的主要内容包括：①保证企业的经营状况和财务状况；②抵押物的存续状况、使用状况、价值变化情况等；③质押权利凭证的时效性和价值变化情况；④对房产的出租情况及房产价格波动情况进行监测；⑤其他可能影响担保有效性的因素。

（2）资金监控。

1）详细了解客户情况，调查企业真实和具体的资金需求。传统的信贷模式以资产做抵押，风险相对比较小，而供应链金融以供应链运营状况等虚拟资产做质押，风险性相对较高，必须对客户做深入了解、调查研究，找出客户的真实需求，根据客户的需求提供具体的融资方案，为贷后资金的监控奠定良好的基础。例如，京东商城找到高瓴资本，试图融资 7 500 万美元，但是高瓴资本在了解了京东商城的运营模式后直接投资 3 亿美元，因为他知道电子商务企业需要大量资金作为支撑，如果没有足够的资金很难在物流和供应链上体现出核心竞争力。

2）改变资金的使用方式。传统信贷是一次性提取所有款项，供应链金融鼓励企业根据实际需求提取资金，这样既能降低企业使用资金的风险，也有利于把控企业资金的流向，尤其是一些大宗款项的用途，降低了风险。资金的使用可以根据公司的性质不同采取不同的方案，可根据购货合同或者工程用款说明等方式提取款项。

3）慎用流动资金贷款，提倡贸易融资。采用流动资金贷款，风险极高，为了防止此类情况的发生，就要对企业进行实地调查，判断企业融资的合理性，防止出现虚假交易甚至自融交易，根据供应链上下游企业的经营状况进行分析，根据贸易合同的真实性进行评估贷款。

4）针对不同类型的贷款，分别采用不同的管理方式。对贷款审批采用一套管理方案，对贷后管理则采用另一套管理方案。因为随着经济的发展，企业的生产经营多元化，贷款后投资在不同的方面，还款来源可能是多方面的，不一定是企业贷款后产生的现金流，而可能是企业其他业务产生的，如果不分开管理，就不能对企业贷后资金的使用进行有效的监控，很可能导致银行资产的流失，必须建立两套管理体系，做到针对性监督，增强风险意识。

（3）物流控制。

1）建立相互制约的内控制度。内控制度主要是企业内部，在物流中转交接的时候明确职责，严格按照流程进行交货、验货，确保货物的完整性和真实性，并形成有效的数据记录，防止产生舞弊行为。

2）加强物资的采购、验收、发放管理。在处理经济业务时，必须经过授权批准才能进行，物资入库的验收记录应当完整，制作验收入库单。对于物资的发放管理必须有完整的手续，信息系统上有详细的记录，以掌控物流的实时状态。

3）坚持定期进行财产清查。加强资产管理，定期对财产进行盘点，对于账实不符的情况及时地进行登记处理，防止资产的漏报、错报问题，保证财务数据的真实性和完整性。

4）会计人员有权监督财产物资。领导层应当赋予会计人员相应的职权，在会计核算和监督方面发挥监督作用，相关部门要密切配合会计人员的工作，做到赏罚分明。

5）重视对财产物资的内部审计。建立内部审计制度，独立地对企业内部的经营活动进行评价，对企业的投入产出、资产回报率、资源的有效利用情况，以及是否达到预期目标等各项指标进行综合考量，从而及时发现问题，并及时纠正，防止重大失误的产生。

6）切实加强对企业物流的监管。对企业的原材料、半产品、产成品等进行严格的把控，使资源利用最大化，加强企业物流的监管也是提高企业利润、增强企业竞争力的重要举措。

任务实施

A 铜业公司是外商投资企业，具有技术优势，且订单充足，履约能力强。该公司已完成基础生产线投资，需投入较多流动资金扩大产能，但因流动资金严重不足，导致该公司由大型生产型企业转变为来料加工型企业，利润较薄，同时产能不足，连续三年亏损。该公司已将厂房、设备等有效资产抵押在银行申请了中长期贷款，也难以找到有效担保人提供担保。

A 铜业公司亟须不同于传统担保模式、低成本、额度较大的流动资金贷款以扩大产能，达到规模效益。B 银行经过分析认为，铜加工业属于资源型朝阳产业，产品热销，铜加工企业需要密集资金，以达到规模经济。而 A 铜业公司上游均为知名大型企业，难以取得赊销信用支持，但也拥有下游较为分散、销售按时回款、订单充足、交易链条清晰、交易对手资信可靠的优势，可利用交易环节的改善、金融产品的灵活运用和对交易对手的自行捆绑，构建“封闭运行、单笔操作”的融资条件，以达到贸易融资的要求。

于是 B 银行针对 A 铜业公司不同的贸易背景，为其量身定做了多套融资解决方案。

（1）境内销售 C（×× 信息电缆厂）：采用国内保理模式。A 铜业公司在授信额度内向银行申请应收账款转让，银行受让应收账款，并共同通知电缆厂，电缆厂确认应收账款后，银行向 A 铜业公司发放融资贷款。应收账款到期后，电缆厂直接将款项汇入银行指定账户；银行扣除融资款，余款划入 A 铜业公司账户。

（2）境内采购 D（×× 化工厂）：采用存货质押模式。对于无法签订三方协议的上游化工厂，由银行、A 铜业公司与银行指定的仓储监管机构签订仓储监管协议，客户将存货质押给银行，仓储机构 24 小时不间断监管。并且由银行向 A 铜业公司提供授信，款项直接支付给上游化工厂。在客户补交款项赎货后，银行向仓储机构发出放货指令。

（3）境内采购 E（×× 供货商）：采用商业承兑汇票保贴 + 票据代理贴现模式。银行与上游供货商及 A 铜业公司签订三方协议，预先设定 A 铜业公司作为商业承兑汇票贴现代理人，代理上游供货商背书，然后凭商业承兑汇票和保函向银行申请贴现。贴现后银行直接将贴现款转入上游公司指定账户。

（4）境内销售 F（×× 漆包线厂）：采用未来提货权质押模式。银行直接向 A 铜业公司的下游漆包厂授信，款项用于向 A 铜业公司订购裸铜线。银行、A 铜业公司与银行指定仓储监管机构签订仓储监管协议，A 铜业公司将产品随产品生产进度逐步移交仓储监管机构，仓储监管机构 24 小时不间断监管，漆包线厂打款分批赎货，银行向监管机构发出放货指令。

在给 A 铜业公司融资 3 年后，银行与企业取得了双赢的效果，企业销售规模迅速扩大，年销售收入从 6 亿元增加到 35 亿元，银行客户也从 A 铜业公司扩展到整个贸易链条，实现了授信主体与风险的分散化控制，从而为整个产业链条的发展带来积极而深远的影响。

做一做： 结合给定的情境，查找资料，绘制B银行为A铜业公司制订的融资模式结构图，分析还可以为A铜业公司提供哪些融资模式，并绘制相应的结构图。

拓展实训

实训一　企业供应链金融现状调研

实训背景

中小企业最头痛的事情是信贷不足，缺少资金，企业就难以发展起来。传统金融机构往往只看重单个企业的信用及运营状况，而在信息技术快速发展的今天，行业的发展越来越快，企业之间的竞争逐渐演变为供应链之间的竞争，供应链金融应运而生。供应链金融是站在供应链的角度，从行业入手，把核心企业的授信通过链条传导到上下游企业。

实训目的

通过对企业供应链金融现状的调研，加深对供应链金融的认识和理解，理解供应链金融的融资模式在企业中的具体应用。

实训组织

（1）学生自由组合，组成小组。

（2）选择若干个感兴趣的企业。

（3）设计调研提纲。

（4）进行调研，分析并研究企业供应链金融的运营现状及融资模式等。

（5）形成调研报告并进行小组展示。

实训评价

教师从调研报告内容的完整性、深刻性、报告规范性、工作态度等方面进行综合评价。

实训二　供应链金融方案设计

实训背景

某电子零部件制造商面临多方面的挑战，主要集中在季节性需求波动和供应链中的付款周期。这家公司的产品供应链涵盖从原材料采购到最终产品销售的整个生产流程。由于产品需求在不同季节间波动较大，以及与供应商和客户之间的付款周期差异，公司一直面临着资金流不畅的问题，公司面临的挑战有以下几个方面：

（1）季节性需求波动：电子零部件制造业通常受到市场需求的季节性波动影响。公司难以精确预测现金流，因为产品在不同季节的需求量有明显的波动。这导致了公司在生产高峰期需要大量资金投入，而在低谷期可能闲置资金。

（2）供应链中的付款周期不确定性：公司与供应商和客户之间存在不同的付款周期。在采购原材料阶段，公司需要提前支付大量资金，但在销售产品后，需要等待客户较长时间才能收回款项。这种不对称的付款周期增加了公司的资金压力。

实训目的

通过对企业金融现状的分析，加深学生对供应链金融的认识和理解，并运用所学知识掌握企业供应链的解决方案。

实训组织

（1）自由组合，组成小组。

（2）各小组对该制造商的问题展开讨论。

（3）可以自行搜集网上资料，分析并研究该制造商的运营现状及融资模式等。

（4）设计解决该制造商问题的提纲。

（5）形成 PPT 报告并进行小组展示。

实训评价

教师从报告内容的完整性、深刻性、规范性、工作态度等方面进行综合评价。

项目测评

一、判断题

1. 大数据对客户企业的整体评价是供应链金融服务的前提。（　　）

2. 预付款是买方为表明自己的诚意，在交易合同签订后即向卖方支付的一定数额的资金。此方式不利于卖方，一般在交易货物供过于求时采用。（　　）

3. 应收账款融资是指需要资金的企业将赊销而形成的应收账款有条件地转让或质押给专门的融资机构，由其为企业提供融通资金、债款回收、销售分户账管理、信用销售控制以及坏账担保等单项或多项金融服务，从而使企业得到所需资金，加快资金的周转。（　　）

4. 供应链金融模式是围绕某一家核心企业全方位地为供应链上的多个企业提供融资服务，通过相关企业的职能分工与合作，实现整个供应链的不断增值。（　　）

5. 传统金融关注交易过程，整合物流、信息流和资金流，根据产业特点，跨行业提供金融服务。（　　）

6. 供应链融资主要根据单个企业的信用，利用抵质押和担保方式、报表信息等进行融资，对行业无特别要求。（　　）

7. 传统融资站在产业链高度，从行业入手，抓住核心环节，把核心企业的授信通过链条传导到上下游企业。（　　）

8. 保兑仓业务实现了融资企业的杠杆采购和供应商的批量销售，同时也给银行带来了收益，实现了多赢的目的。（　　）

9. 操作风险是供应链金融业务的最大风险。（　　）

10. 供应链金融的风险是不可控的。（　　）

二、单选题

1. 供应链金融是一种集物流运作、商业运作和金融管理于一体的管理行为和过程，它将贸易中的买方、卖方、第三方物流企业及（　　）紧密地联系在了一起，实现了用供应链物流盘活资金，同时用资金拉动供应链物流的作用。

A. 上游企业　　B. 金融机构

C. 下游企业　　D. 担保机构

2. 应收账款保理根据是否通知买方转让事宜分为公开型和（　　）。

A. 有追索权　　B. 无追索权

C. 隐蔽型　　D. 循环额度

3. 库存融资又称为（　　），是企业以存货作为质押向金融机构办理融资业务的行为，是第三方物流企业提供的一种金融与物流集成式的创新服务。

A. 存货融资　　B. 应收账款融资

C. 预付款融资　　D. 战略关系融资

4. 供应链金融模式主要有（　　）模式、库存融资模式、预付款融资模式、战略关系融资模式。

A. 应收账款融资　　B. 商品抵押贷款

C. 票据贴现贷款　　D. 票据抵押贷款

5. 供应链金融面临的风险包括市场风险、操作风险、管理风险、环境风险、政策风险和（　　）。

A. 纯粹风险　　B. 投机风险

C. 责任风险　　D. 信用风险

三、简答题

1. 什么是供应链金融？它有什么特点？

2. 简述供应链金融和传统金融的区别。

3. 什么是预付款融资？

4. 供应链面临的风险有哪些？

5. 如何有效应对供应链金融的风险？

四、论述题

1. 试论述供应链金融的发展趋势。

2. 试论述开展供应链金融业务的意义。

项目十

绿色供应链

学习目标

知识目标：

1. 了解绿色供应链的产生和发展历程。
2. 掌握绿色供应链的概念和特征。
3. 掌握绿色供应链管理体系的构建。
4. 掌握绿色供应链实现的基本途径、目标和流程。

技能目标：

能根据企业的实际情况提出绿色供应链的改造方式。

素养目标：

理解并认同供应链管理中的绿色发展理念，提高职业道德，增强社会责任感。

项目导学

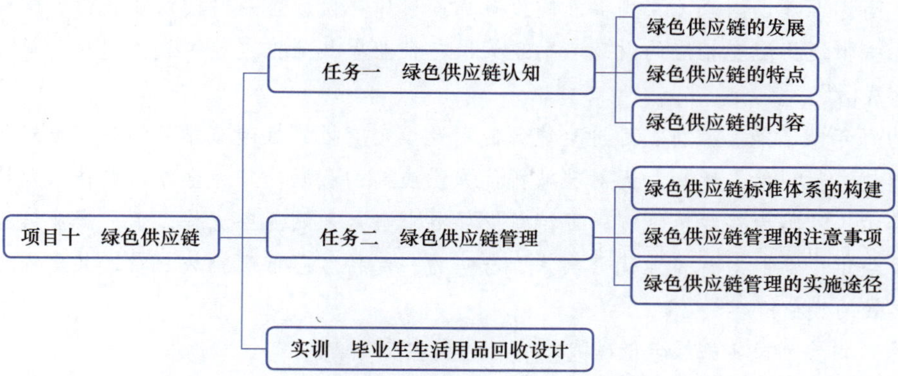

任务一　绿色供应链认知

2014 年 11 月 11 日，在北京召开的亚太经合组织（Asia-Pacific Economic Cooperation，APEC）

领导人非正式会议将“APEC 绿色供应链合作网络”写入《北京宣言》，并批准在中国天津建立首个亚太经合组织绿色供应链合作网络示范中心。通过绿色供应链的研究与国际合作，亚太地区各国能够更加迅速有力地推动相关政策和企业实践的发展，加快产业升级，也有利于我国企业增强在国际贸易中的话语权。

学习导入

华为“绿色供应链”碳减排大会召开

2023 年 6 月，华为供应商碳减排大会在华为坂田基地隆重召开，来自全球的 1 000 多家供应商、共计 3 000 余人以现场 + 直播的方式参会。与会嘉宾围绕“绿色低碳、协同共赢”的会议主题，对标行业最佳实践，共同探讨实现绿色低碳发展的路径和方法，共建绿色低碳、可持续发展的产业链。

“碳减排对华为供应商来说既是挑战，更是机遇！”华为董事陶某表示，“华为坚信数字技术是应对环境挑战、保护自然、使能绿色发展的关键使能器，数字化与低碳化可以相互驱动、相互促进，共同推动人类社会的绿色发展。”

多年来，华为持续秉承“让科技与自然共生”的环保理念，积极应对气候和环境挑战，基于 ICT 技术，重点围绕“持续推进节能减排、加大可再生能源使用、促进循环经济”采取行动，用科技创新守护人类共同的家园。

华为高度重视全球供应链的可持续发展，与合作伙伴一起共同致力于推动整个供应链的绿色低碳转型，减少供应链对环境的影响，降低可持续发展风险。通过举办供应商碳减排大会，华为与供应商一起，强化绿色发展机制的落地。

深圳市环境保护局应对气候变化处处长表示：“深圳市将发布《企业碳目标设定指南》和《组织碳中和实施指南》、扩大深圳碳市场管控范围和交易范围、积极推进近零碳试点项目申报、高标准建设国家（深圳）气候投融资项目库并协助企业对接商业银行匹配绿色低息贷款，下一步还将配套相应的财政激励政策，与企业界共同推进碳排放强度和总量‘双控’目标的达成。”

华为每年从节能、减排、可再生能源使用及设定有挑战性碳减排目标等维度对供应商的碳减排绩效进行评估，逐步加大对碳减排优秀供应商的激励。华为全球采购技术及质量认证部部长表示：“华为将绿色低碳、可持续发展要求融入采购业务流程，牵引产业链各方持续改进。希望供应商能对标行业优秀实践，与华为一起持续降低碳排放总量，共建绿色低碳、可持续发展的产业链。”

思考：华为公司实施绿色低碳战略的目的何在?

知识学习

一、绿色供应链的发展

在供应链管理中考虑环境因素的思想，最早是在 20 世纪 70 年代提出的，当时这种提法只是作为物流管理的一个次要方面来考虑的。20 世纪 90 年代，美国国家科学基金会（National Science Foundation，NSF）资助密歇根州大学的制造研究协会开展了一项“环境负责制造”（Environmentally Responsible Manufacturing，ERM）研究，第一次提出绿色供应链的概念，研究认为绿色供应链要将环境因素整合到供应链的产品设计、采购、制造、组装、包装、物流和分配各个环节。1996 年，国际标准化组织（International Organization for Standardization，ISO）开始推出 ISO 14000 环境管理体系系列标准，促使绿色供应链研究领域研究更加活跃。

国外学者对绿色供应链及管理有多种解释，美国学者将一些环境因素引入供应链模型，在传统供应链基础上加入了再制造、回收和再利用等活动，提出了拓展型供应链。荷兰学者认为绿色供应链管理与传统供应链管理的区别主要有两点：一是绿色供应链在原有供应链基础上强调环境保护意识和供应链内部长期稳定的战略合作关系；二是强调技术在供应链运行过程中的关键性作用。

国家标准《绿色制造 制造企业绿色供应链管理 导则》（GB/T 33635—2017）对绿色供应链解释为：“将环境保护和资源节约的理念贯穿于企业从产品设计到原材料采购、生产、运输、储存、销售、使用和报废处理的全过程，使企业的经济活动与环境保护相协调的上下游供应关系。”绿色供应链管理的目的是将绿色制造、产品生命周期管理和生产者责任延伸理念融入企业供应链管理体系，识别产品及其生命周期各个阶段的绿色属性，协同供应链上供应商、制造商、物流商、销售商、用户、回收商等实体，对产品 / 物料的绿色属性进行有效管理，减少产品 / 物料及其制造、运输、储存及使用等过程的资源消耗、环境污染和对人体的健康危害，促进资源的回收和循环利用，实现企业绿色采购和可持续发展。

想一想

绿色供应链思想为什么会被提出？你知道企业实行绿色供应链管理的优势吗？

二、绿色供应链的特点

绿色供应链产生于供应链管理和可持续发展的理念。围绕日益突出的环境问题，人类社会提出“可持续发展”的概念：既能满足当代人的需要，又不对后代人满足其需要的能力构成危害的发展。可持续发展战略在重视保护生态环境的同时，也注重经济发展，二者相辅相成、缺一不可。

经济的快速增长和城市化进程的加快，给资源和环境带来了巨大压力。人们认识到许多环境问题无法单纯依靠供应链上的某一环节加以解决，必须将环境保护和资源节约纳入供应链的管理机制中，通过整个供应链体系的协调管理和监督作用打造绿色供应链，从根本上解决环境问题。

“绿色”思维目前已深入社会的方方面面，但是“绿色”也是一个相对的概念，是一定时期之内科学技术能够达到的水平，随着时代的发展，“绿色”的广度和深度也会不断提高。

绿色供应链管理与传统供应链管理的区别如表 10–1 所示。

表 10–1 绿色供应链管理与传统供应链管理的区别

项目	传统供应链管理	绿色供应链管理
生产模式	精益生产、柔性制造、敏捷制造等	再制造、清洁生产、绿色制造等
产生原因	不确定性、信息不对称、牛鞭效应等	环境恶化、资源短缺、环保意识、法律法规等
构成	供应商、制造商、分销商和零售商、消费者等	供应商、制造商、分销商、零售商、消费者，以及文化、价值观和环境等
管理目标	减少不确定性，效益最大化	资源的最优配置，提高社会效益，环境友好
战略重点	提高供应链各主体的速度和不确定性	实现经济效益、环境效益、社会效益的平衡

三、绿色供应链的内容

近年来，我国绿色供应链取得了丰硕成果，政府认识到发展绿色供应链的重要性，并通过法律法规、政策规划等手段，营造适合我国绿色供应链发展的环境。与此同时，我国企业特别是大型企业也认识到环境、资源、绿色形象在竞争中的战略地位，开始进行绿色供应链管理的探索和实践，一部分具备实力和战略眼光的企业开始打破阻碍产品出口的绿色壁垒，实施绿色供应链管理模式。

绿色供应链管理概述

由于绿色供应链具有多目标性、活动复杂性等特征，绿色供应链体系包括以下内容：

（一）绿色设计

绿色设计也被称为生态设计、环境设计、环境意识设计、环境友好设计等，是指借助产品生命周期中与产品相关的各类信息（技术信息、环境协调性信息、经济信息），利用模块化设计、并行设计等各种先进设计理论，使设计出的产品具有先进的技术性、良好的环境协调性及合理的经济性的一种系统化设计方法。绿色设计着眼于人与自然的平衡关系，在设计过程的每个决策中都充分考虑到资源节约与环境效益，尽量减少对环境的影响。绿色设计不仅是一种具体的方法和技术，更是一种观念的变革。

绿色设计不同于传统设计之处在于：绿色设计包含产品从概念形成到产品制造，以及废弃后的回收、再使用、再生利用以及最终处置的各个阶段，涉及产品整个生命周期，是从摇篮到再生的过程。

现行的绿色设计主要有生命周期设计法、并行绿色设计法、绿色模块化设计法、面向“X”的设计法。

1. 生命周期设计法

生命周期设计法是指在产品概念设计阶段就考虑产品生命周期从设计、研制到废弃后回收及处置的各个环节，涉及产品的基本属性、资源利用、人体健康，以及可制造性、企业策略和生命周期成本等各项因素，以确保满足产品的绿色属性要求。产品生命周期设计法的策略包括以下几个方面：

（1）产品设计应该面向产品生命周期全过程。产品设计应考虑从原材料获取到产品报废后处置全过程中的所有活动。

（2）环境需求分析应在产品设计的初期阶段进行。在产品设计初期阶段就应归纳出对其系统的环境要求，而不能依赖末端处理，应综合考虑环境、功能、成本、美学等设计准则，在多目标之间进行权衡，做出合理的设计决策。

（3）多学科跨专业合作设计开发。由于生命周期设计涉及产品生命周期各个阶段、各种因素以及不同研究对象，涉及知识领域包括机械制造、材料学、管理学、社会学、环境学等诸多学科，非常广泛，且具有很强的学科交叉特点。多学科的合作设计，可以从一开始就仔细谋划设计开发的各个方面，集思广益，做出最佳选择，也有助于缩短设计周期和提高产品被成功开发的可能性。

2. 并行绿色设计法

并行绿色设计法的特点表现在以下几方面：

（1）设计目标的一致性。在产品设计过程中，综合考虑产品功能、面市时间、质量、成本、服务和环境特性，使产品既满足功能方面的使用特性，又符合制造工艺、使用和废弃处置等方面的环保要求。

（2）设计过程的协同性。从产品设计初期就考虑其生命周期全过程的各相关过程，包括技术设计、工艺设计、生产制造、使用维护、废弃处置等，应用并行设计方法，在产品各阶段并行交叉进行，可以及时发现、协调与其过程不合理之处，并进行改进、评估和决策。

（3）设计信息的集成性。在产品设计初期，充分考虑影响产品的各种因素，且重点关注影响环境的因素。在计算机支持的协同工作环境中实行信息集成、资源共享，使有关人员能够有意识地接收或发送正确的信息，以便协同进行优化设计。

（4）设计人员的多样性。材料工程师、工艺人员、检测人员、销售人员、服务人员、环保技术人员在有较强环境意识的前提下，与设计人员协同配合设计产品。

并行绿色设计流程示意图如图 10–1 所示。

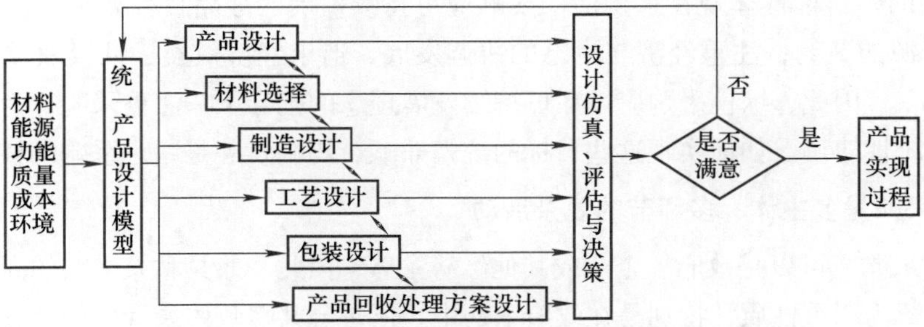

图 10–1　并行绿色设计流程示意图

3. 绿色模块化设计法

绿色模块化设计法是指在对一定范围内的不同功能或相同功能不同性能、不同规格的产品进行功能分析的基础上，划分并设计出一系列功能模块，通过模块的选择和组合构成不同的产品，满足市场的不同需求。

模块化设计既可以很好地解决产品品种规格、设计制造周期和生产的矛盾，又可适应产品快速更新换代、提高产品质量、方便维修、方便产品废弃后的拆解回收，增强产品的竞争力。

4. 面向“X”的设计法

X代表产品生命周期中的各种因素，如制造、装配、拆解、回收、环境、检测、维护、支持等。在绿色设计和制造研究中，最活跃的研究领域有面向材料设计、面向制造和装配设计、面向拆解设计、面向再循环设计。

（二）绿色采购

绿色采购是建立在可持续发展理念基础上的采购观，它是基于减少企业等社会组织的活动对社会和环境的负面影响的理念而诞生的。20世纪70年代，一些西方学者提出企业在生产经营活动中除了获取经济利益外，还要承担相应的社会责任，具体到采购领域即为对社会负责任的采购。此后，随着全球生态环境的恶化，学术界和工业界指出采购应当尽量减少对环境的负面影响，即着眼于采购与环境之间的协调。为此，世界各国开始在政府采购中突出了环保的示范功能，提出政府绿色采购。

1992年，联合国环境与发展大会发布《里约环境与发展宣言》，包含绿色采购的观念，此后的可持续发展行动计划也包括推动政府绿色采购措施、实施环保标志计划的内容。在企业层面，一般认为绿色采购是企业绿色供应链的一部分，也可以看作是企业实施绿色供应链的起点。很多国际大型制造和零售企业如IBM、通用汽车、沃尔玛等，通过绿色采购以源头控制的方式保护自然环境，提升了企业绿色形象和品牌价值。

绿色采购是政府、企业或其他经济主体作为采购方，通过采购战略的制定以及各个部门之间的协商决策，在采购行为中充分考虑环境保护、资源节约、安全健康、循环低碳和回收促进等因素，优先采取和使用节能、节水、节材等有利于环境保护的原材料、产品和服务的行为。

与传统采购相比，绿色采购具有以下特征：

1. 绿色采购具有多目标性

绿色采购的多目标性体现在采购活动要顺应可持续发展的战略目标要求，注重对生态环境的保护和对资源的节约，注重经济与生态的协调发展，追求经济效益、社会效益与生态环境效益多目标的统一。因此，绿色采购应该在可持续发展理念的指导下，注重采购行为与整个环境、社会与人的系统性协调。如何实现这些目标的统筹兼顾、均衡发展是绿色采购的核心问题。

2. 绿色采购是多主体、多环节的复杂活动

一方面，采购方可以是政府、企业或其他经济主体，因此，兼具私人采购的商业行为和政府采购的非商业行为双重性质，特别是在政府采购中，还是公共财政体系管理的部分内容，具有引导大众、激励企业的重要作用；另一方面，绿色采购活动包括产品环境规范、供应商评价和选择、供应关系管理，以及与采购相关的物流、包装、逆向回收等环节，是一个复杂的系统活动。

3. 绿色采购强调考察产品全生命周期

绿色采购要求在现有的采购体系中引入环境标准、评估方法和实施程序，确保采购符合环境保护和资源节约的要求，鼓励采购方选择那些具有尽可能多的生命循环阶段的产品和服务，要从资源开发、生产、运输、销售、使用和废旧物品的处理处置等全生命周期按照绿色目标的要求开展。

（三）绿色生产和施工

绿色生产是指以节约资源、降低能耗、减少污染为目标，以管理和技术为手段，通过综合控制，满足可持续发展的生产方式。

绿色施工是指在保证质量、安全等基本要求的前提下，通过科学管理和技术进步，最大限度地节约资源、减少对环境的负面影响，实现“四节一环保”（节能、节材、节水、节地和环境保护）的建筑工程施工活动。

1. 绿色生产相关技术

面对环境污染日趋严重、资源日趋短缺的局面，世界各国对经济发展过程进行反思，认识到单靠一些补救性的环境保护措施无法从根本上解决问题。西方国家在总结经验以后提出清洁生产的概念，不断研究与绿色生产相关的新技术、新方法，更好地进行绿色生产。

（1）末端治理技术。末端治理是指在生产过程的末端，针对产生的污染物开发并实施有效的治理技术，如烟气脱硫、除尘、挥发性有机物末端治理等大气污染防治手段、废水处理等水污染防治手段以及固体废弃物集中处置以预防土壤、水体等污染的防治手段。

（2）清洁生产技术。清洁生产技术是指通过原材料和能源的调整提代、工艺技术改进、设备装备改进、过程控制改进、废弃物回收利用和产品调整变更等措施，达到污染物从源头进行削减和过程控制，提高资源利用效率，减少或避免生产和产品使用过程中污染物的产生和排放，以减轻或消除对人类健康和环境危害的技术。

2. 绿色施工相关技术

（1）环境保护技术，如地下水清洁回灌技术、建筑垃圾分类收集及再利用技术、场地土壤污染综合修复技术、现场噪声综合治理技术、预拌砂浆技术等。

（2）施工节能与能源控制技术，如混凝土结构承重与保温一体化技术、构建化 PVC（聚氯乙烯）绿色围墙施工技术、屋面发泡混凝土保温与找坡技术等。

（3）节材与材料资源利用技术，如混凝土结构预制装配施工技术、自动提升模架技术、新型支撑架技术等。

（4）节水与水资源利用技术，如基坑施工降水回收利用技术、现场雨水收集利用技术等。

（5）节地与土地资源保护技术，如耕植土保护利用技术、地下资源保护技术、场地硬化预制施工技术等。

（四）绿色物流

绿色物流使物流资源得到充分利用。从管理学的角度讲，绿色物流是指为了实现顾客满意，连接绿色需求主体和绿色供给主体，克服空间和时间限制的有效、快速的绿色商品和服务的绿色经济管理活动过程。“绿色物流”里的绿色，是一个特定的形象用语，它泛指保护地球生态环境的活动、行为、计划、思想和观念在物流及其管理活动中的体现。

与传统物流相比，绿色物流在目标、行为主体、活动范围及理论基础四个方面都有自身的一些显著特点：绿色物流的理论基础更广，包括可持续发展理论、生态经济学理论和生态伦理学理论；绿色物流的行为主体更多，不仅包括专业的物流企业，还包括产品供应链上的制造企业和分销企业，以及不同级别的政府和物流行政主管部门等；绿色物流的活动范围更宽，不仅包括商品生产的绿色化，还包括物流作业环节和物流管理全过程的绿色化；绿色物流的最终目标是可持续性发展，实现该目标的准则不仅仅是经济利益，更包括社会利益和环境利益，并且是这些利益的统一。

（五）回收物流及废弃处置

回收物流是指从不再被消费者需要的废旧品变成重新投放到市场上的可用商品的整个过程的所有物流活动。回收物流是与传统的正向物流方向正好相反的物流系统。它的作用是将消费者不再需要的废弃物，运回到生产和制造领域变成新商品或者新商品的某些部分。

废旧品的回收处理过程是资源开发和再利用的过程，其虽然来源于生活，危害于人类，但是它完全可以成为人类可利用的不竭资源，是宝贵的物质财富。融智力、科技等要素于废旧品回收处理与再利用，可节约大量的土地资源，减少对环境的污染、破坏。

回收物流分为三部分：退货产生的回收物流、再生资源物流和废弃物物流。

（1）退货产生的回收物流。由于产品质量或物流过程中造成的货损，以及顾客出于消费倾向造成的合理退货，均属于回收物流。退货包括产品和包装物。退货的过程是：产品送回供应商，进行修理和再销售，或者把产品做报废处理，回收其中的有用部分。包装物一般可以再循环使用。退货产品大多并未丧失使用价值，可以采取综合开发方式继续实现它的使用价值，如开辟新的市场。退货也可以募捐，发挥其应有的作用。退货产品一般纳入本企业的生产经营计划统筹管理，也可以由相关企业联合设立退货基地，或者承包给第三方物流企业进行外部商业化运作。

（2）再生资源物流。对有价值物品和资源的回收加工活动是再生资源物流。所有非一次性资源均有再生价值，特别是废金属、废纸和废玻璃器具。再生资源数量大、种类多、来源地广泛，主要由专业化的商业组织进行回收处理。

绝大部分再生资源的成本空间很大，有条件进行商品化运作，由此产生专门处理再生资源的部门。

（3）废弃物物流。废弃物物流是将完全无价值的废料进行收集与分类包装，送到专门场所进行处理所形成的物流活动。废弃物处理方式有以下三种。

1）废弃物掩埋。废弃物集中到政府规划的区域内进行分类、消毒处理后掩埋。经长期监测完全无害后，可以改建为工业区域或其他公共设施。

2）焚烧。对有机物含量高、易污染环境的废弃物集中起来焚毁。在目前的技术条件下，垃圾发电比较经济。在确定垃圾发电成本与一般商业发电成本的差额后，由政府对垃圾发电厂进行补贴，这样可以鼓励垃圾处理行业的发展。

3）净化处理加工。对废水、废物进行净化处理，可减少对环境的危害，尤其是对废水的净化处理，已经成为废弃物物流中的流通加工产业。

废弃物物流的合理化必须从能源、资源和生态环境保护三个战略高度综合筹划，形成一个将废弃物的所有发生源包括在内的广泛物流系统。

任务实施

白色污染是对废塑料污染环境现象的一种形象称谓，是指用聚苯乙烯、聚丙烯、聚氯乙烯等高分子化合物制成的包装袋、农用地膜、一次性餐具、塑料瓶等塑料制品使用后被随意弃置成为固体废物，由于难以降解处理，给生态环境和景观造成的污染。

近年来，随着互联网经济不断发展壮大，快递、外卖等行业快速兴起，大量一次性塑料包装物被使用、废弃。塑料垃圾除部分可作为再生材料回收再利用之外，绝大部分被焚烧和填埋，进而产生大量的空气污染物或对土壤造成破坏，形成白色污染。

目前，阿里巴巴、京东、苏宁等电商企业都开展了一系列的快递包装“绿色化行动”，如进一步打通包装废弃物回收产业链条，减少塑料使用量，加快研发可循环、易回收、可降解的塑料替代品等。

做一做：选择一家电商企业，调研分析其供应链实施绿色包装的具体做法，并提出合理化建议。

任务二 绿色供应链管理

在资源与环境问题成为全球关注焦点的背景下，很多国家先后调整自己的发展战略，全球性产业结构呈现出绿色战略趋势。2014 年，首个亚太经合组织绿色供应链合作网络示范中心在天津建立。2015 年 10 月，绿色发展理念作为五大发展理念之一在党的十八届五中全会上被明确提出。在此背景下，标准化作为综合性技术支持和管理手段，将其与绿色供应链的理论和实践研究相结合，系统地开展绿色供应链标准体系研究，对于发挥标准化在绿色发展中的规划指导作用，促进绿色经济发展与企业转型升级，具有重要意义。

学习导入

联想的绿色供应链管理

联想持续保持行业领先，探索绿色供应链的建设与实施，支持公司在可持续方面的主要承诺：确保环保合规、防治污染及降低对环境的影响、努力开发领先的环保产品，以及持续改善全球环境表现。联想特别关注供应链的可持续发展，以合规为基础、生态设计为支点、全生命周期管理为方法论，探索并试行“摇篮到摇篮”的实践，实现资源的可持续利用。

联想通过“绿色生产 + 供应商管理 + 绿色物流 + 绿色回收 + 绿色包装”五个维度和一个“绿色信息披露（展示）平台”来打造公司绿色供应链体系。

1．绿色生产

除遵守“电子行业行为准则”（Electronic Industry Code of Conduct，EICC）及所有适用规则外，联想还关注生产过程中的能源消耗问题，通过降低经营活动中的碳排放、提升再生能源使用量和加强绿色工艺的开发、推广使用来减少排放。

2．供应商管理

联想采购部门拥有覆盖多个领域的标准化程序，制定了全面的供应商操守准则。联想关注供应商的环境表现，如有害物质的合规与减排、环保消费后再生材料使用、温室气体排放透明度及减排、避免使用冲突矿产等。

3．绿色物流

联想物流部门致力使用更环保的运输方式，减少运输设备的温室气体排放，并聘请外部监管机构落实改善措施。

4．绿色回收

联想希望最大限度地控制产品生命周期的环境影响，加大可再利用产品、配件的回收，尽可能延长产品的使用寿命，同时对生命周期即将结束的产品提供完善周到的回收服务。

5．绿色包装

联想一直致力于为产品提供绿色包装，通过增加包装中可回收材料的种类、可回收材料的比例、减少包装尺寸、推广工业（多合一）包装和可重复使用包装等多种举措来打造绿色包装。

“双碳”那些事儿

6．绿色信息披露（展示）平台

联想的环保方针、政策、措施和成果，如产品的环保特性、对供应商的环保要求、体系维护情况等信息均在该绿色平台上进行展示和发布。

联想按照企业发展、行业特点和产品导向，将绿色供应链管理体系融入公司环境管理体系，制定目标并按年度进行调整，用定性和定量两类指标体系来规划企业内部各项环境工作的具体内容，并将绿色供应链的各个要求渗入体系的各个环节。

思考：通常情况下，企业实施节能减排被认为是花钱的事情，那么绿色供应链管理的实施是否可以做到经济与环保两不误？

知识学习

一、绿色供应链标准体系的构建

（一）绿色供应链标准体系的构建目标

目标一：做好顶层设计，形成绿色供应链标准体系框架，明确需求，理清现状，找出绿色供应链标准化领域的空白和不足，指导和推动标准制修订工作的开展。

目标二：梳理、识别和建立适合自身特点的科学、完整、有序的绿色供应链标准体系，在建设过程中发现和总结先进的技术、产品、管理和服务模式，采用标准的形式固化示范成果，并加以推广。

（二）绿色供应链标准体系的构建原则

原则一：立足当前，关注长远。

原则二：明确目标，结构合理，层次清晰，全面成套。

原则三：应具有动态性和开放性。注重框架设计，标准子体系以引领示范为主，为新标准项目的研制预留空间，结合绿色供应链理论与实践的发展，对绿色供应链标准体系不断修改完善。

原则四：以供应链及各环节中与绿色相关的各类标准为主，着眼于各环节中与绿色相关的基础、技术、管理、服务及作业等各类标准。

（三）绿色供应链标准体系的构建思路

绿色供应链是一个综合性的庞大系统，按行业属性包括化工、石油机械、冶金等众多行业；按环节包括设计、采购、生产、物流、消费和回收再利用及处置等环节；按研究对象层次包括产品、工艺等微观层次的具体化研究对象，企业、产业链等中观层次的综合化研究对象以及区域、城市等宏观层次的长远规划性研究对象等；标准按属性可分为基础标准、技术标准、管理标准和作业、服务标准等类别。绿色要素包括资源、环境和人体健康等方面。因此，绿色供应链标准化研究涉及的内容多、领域广，可以从不同维度进行研究。绿色供应链的本质是不同行业根据自身特点，将绿色要素贯穿于供应链的各个环节中，所以选择绿色供应链环节、绿色要素、行业三个维度，构建绿色供应链标准体系。

二、绿色供应链管理的注意事项

1. 绿色供应链管理充分考虑环境问题

传统的供应链管理是对供应链中物流、商流、信息流、资金流以及工作流进行计划、组织、协调及控制。它是以客户需求为中心，将供应链各个环节联系起来的全过程集成化管理。传统的供应链管理强调在正确的时间和地点以正确的方式将产品送达客户，但它仅仅局限于供应链内部资源的充分利用，没有充分考虑在供应过程中所选择的方案会对周围环境和人员产生何种影响、是否合理利用资源、是否节约能源、废弃物和排放物如何处理与回收、环境影响是否做出评价等，而这些正是绿色供应链管理所应具备的新功能。

2. 绿色供应链管理强调供应商之间的数据共享

数据共享包括绿色材料的选取，产品设计，对供应商的评估和挑选，绿色生产、运输和分销、包装、销售，废物的回收等过程的数据。供应商、制造商和回收商以及执法部门和用户之间的联系都是通过互联网实现的。因此，绿色供应链管理的信息数据流动是双向互动的，并通过网络来支撑。绿色供应链信息系统集成体系结构如图 10-2 所示。

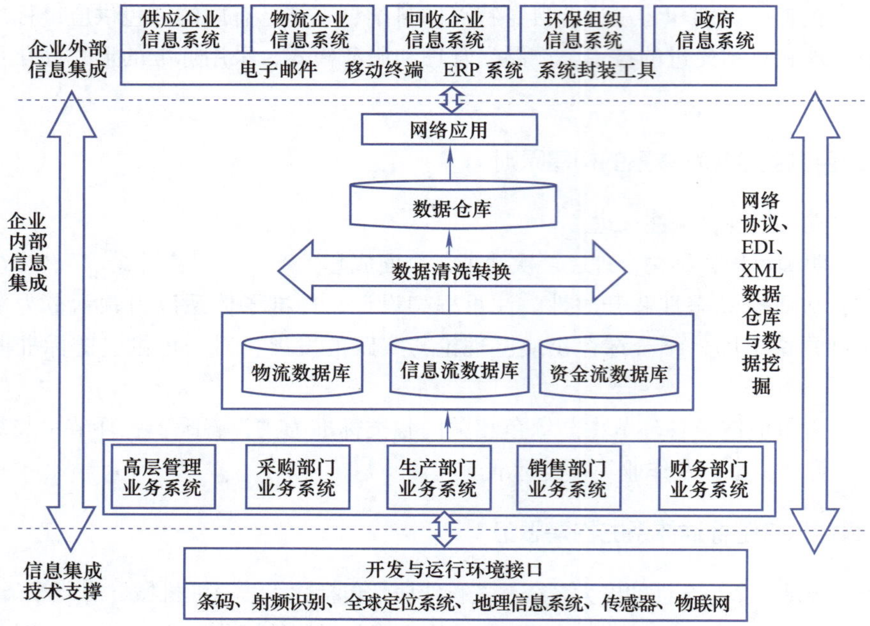

图 10–2 绿色供应链信息系统集成体系结构

3. 绿色供应链管理是闭环运作的

绿色供应链中流动的物流不仅是普通的原材料、中间产品和最终产品，更是一种“绿色”的物流。在生产过程中产生的废品、废料和在运输、仓储、销售过程中产生的损坏件及被用户淘汰的产品均须回收处理。当报废产品或其零部件经回收处理后可以再使用，或可作为原材料重复利用时，绿色供应链形成闭环，是“从摇篮到再现”，如经处理后可重新销售、可回到制造厂和可作为原材料使用。

4. 绿色供应链管理体现并行工程的思想

绿色供应链管理研究从原材料生产、制造到回收处理，实际上研究的是产品生命周期全过程。并行工程要求面向产品的全生命周期，在设计一开始，就充分考虑下游有可能涉及的影响因素，并考虑材料的回收与再利用，尽量避免在某一设计阶段完成后才意识到因工艺、制造等因素的制约造成该阶段甚至整个设计方案的更改。因此，应用并行工程的思想，使材料的生产、产品制造过程和回收与再利用并行加以考虑。

5. 绿色供应链管理充分应用现代网络技术

网络技术的发展和应用，加速了经济全球化的进程，也为绿色供应链的发展提供了机遇。企业利用网络完成产品设计、制造，寻找合适的产品生产合作伙伴，以实现企业间的资源共享和优化组合利用，减少加工任务，节约资源，减少全社会的产品库存；通过电子商务搜寻产品的市场供求信息，减少销售渠道；通过网络技术进行集中资源配送，减少运输对环境的影响。

华为的绿色伙伴计划

三、绿色供应链管理的实施途径

绿色供应链管理对当前企业供应链中存在的问题提供了可行的解决方案，要成功地实施绿色供应链管理，使之成为企业提高竞争力的武器，就必须抛弃传统的环境管理思想，把企业内部及供应链上企业之间的各种业务看作一个整体功能过程，形成一个集成化的环境管理体系。结合实际情况，现代企业实施绿色供应链管理应从以下几个方面进行：

1. 制定企业所需的导向性政策法规措施

环境法规和标准环保的执行一般会造成企业成本的增加，这就需要由法律来作为游戏规则。环境法规与标准（也称制度条件）与其他决策要素不同，是绿色供应链管理决策的主要外部要素，尤其在初级阶段，强制性法规是企业实施绿色供应链管理的主要驱动力。目前供应链管理已成为我国企业获得竞争优势的必然选择，因此制定相应的绿色供应链管理政策法规和扶持措施，将会使企业的生产和管理升华到一个新的高度。

2. 确立企业绿色供应链管理战略地位

首先，要求企业要着眼于长远利益，以构建绿色供应链为出发点，引导企业的重大决策转向绿色供应链管理导向；其次，要求企业各个部门在考虑环境优化问题时，不应把眼光仅放在本部门，而应该明确本部门在绿色供应链中的位置，使本部门的行为符合整体环境价值最大化的要求；最后，要求企业每个员工都认识到绿色供应链管理为社会和企业所带来的长期回报，让每个员工通过实践努力，使"绿色"慢慢变为企业文化的一部分，使树立企业"绿色形象"、创企业"绿色品牌"成为每个员工的自觉行动。

3. 重组企业绿色供应链管理业务流程

企业不管是刚开始设计新的绿色供应链，还是完善绿色供应链，都可以说是从原来传统供应链的基础上进行的，由于改造不仅限于核心企业的内部，而且包罗了供应链上的各个供需合作伙伴，故业务流程重组的全局性、系统性的重构观点成为实施绿色供应链管理中一个不可缺少的工具，帮助绿色供应链企业在发展中不断优化整个供应链的业务流、信息流和内部组织机构，使整个绿色供应链最大限度地适应市场竞争和环境要求，以追求绿色供应链的全局最优。

4. 重塑企业绿色供应链合作伙伴关系

在实施绿色供应链管理时，应考虑我国国情，不能盲目地将那些未满足环保要求的供应商排斥在外，应积极与供应商和分销商建立新型的战略合作伙伴关系。绿色供应链的战略合作伙伴关系不仅是一种信息和利益的共享关系，而且是一种标准和意识同步的协议关系。绿色合作是指在供应链纵向上进行环境影响的合作管理，在横向上对同一功能进行企业联盟。合作可以通过共享技术和共享知识来促进创新，能分担成本和风险，促进环境信息的交换。

5. 设计绿色供应链管理环境绩效评价指标

绿色供应链管理环境绩效评价是在综合考虑其他指标的情况下，针对重要的环境参数，建立持续监督的系统，并将评估结果与基准比较，再与各利益相关者沟通。它是对企业环境绩效进行测量和评估的一种程序，是一种持续性（包括过去、现在及未来）的信息收集工作。而环境绩效评价指标的建立是评价中最重要的一环，它可使供应链的所有利益相关者了解企业的环境风险，以判断投资的优劣，也可作为企业经营者进行环境管理的辅助工具。绿色供应链管理是供应链有效的环境管理方法，也是应对当下绿色管理需求的必然选择。

任务实施

逆向供应链管理是绿色供应链体系的重要一环。逆向供应链是指企业为了从客户手中回收使用过的产品所必需的一系列活动。其目的是对回收品进行处置，或者再利用。研究表明，有效逆向供应链能够提升客户满意度，同时增加企业利润。逆向供应链是企业赢得竞争的一把利器。企业通过实施逆向供应链可以获取回收产品的价值、减少资源消耗；可以降低环境污染，赢得政府支持；可以体现以客户为中心的战略思想，赢得客户的信赖。

逆向供应链价值的实现主要体现在物流、营销、生产三个方面。逆向物流是逆向供应链价值的主要实现形式，主要有两种形式：退货逆向物流和回收逆向物流。逆向供应链价值在营销活动中主要体现在：全生命周期支持；以旧换新，延长有效客户的价值周期。逆向供应链价值在生产领域的实现形式体现在：召回；返修或技术升级；通过生产资源外部管理，实现客户定制化。

做一做：选择一家电子产品企业，调研分析其逆向供应链管理在物流、生产、营销方面的具体做法，并提出合理化建议。

拓展实训

实训　毕业生生活用品回收设计

实训背景

学校的毕业生每年都会遗弃大量的旧书籍、电子设备、水壶、餐具等，而每年入学的新生则需采购这些物品，由于毕业和开学有几个月的时间间隔，其中很多可回收再利用的物品被浪费了。在此情况下，设计一套回收本校或本区域大学毕业生生活用品系统。

实训目的

通过大学毕业生生活用品回收系统建设，加深对绿色供应链的认识与理解，体会绿色供应链的作用。

实训组织

（1）学生自由组合，组成小组。

（2）设计调研提纲。

（3）调研本校或周边学校毕业生遗弃的生活用品种类、规模、捐赠或出售意愿等；调研新生需要购买的生活用品种类、规模、可以接受哪些旧生活用品、可以接受的价格等。

（4）设计一个回收和发放旧生活用品的系统。

实训评价

教师从系统的完整性、设计的合理性和创新性、系统的规范性、工作态度等方面进行综合评价。

项目测评

一、判断题

1. 绿色供应链产生于供应链管理和可持续发展的理念。 （ ）

2. “绿色”是一个相对的概念，是一定时期之内科学技术能够达到的水平，随着时代的发展，“绿色”的广度和深度也会不断提高。 （ ）

3. 与传统供应链相比，绿色供应链生产模式讲究精益生产，敏捷制造。 （ ）

4. 并行设计与模块化设计是一回事。 （ ）

5. 绿色采购是建立在可持续发展理念基础上的采购观，它是基于减少企业等社会组织的活动对社会和环境的负面影响的理念而诞生的。 （ ）

6. 公众监督是企业实行绿色生产最重要的因素。 （ ）

7. 绿色物流的最终目标是可持续发展。 （ ）

8. 绿色供应链管理强调供应商之间的数据共享。 （ ）

9. 绿色供应链的终点是将产品送到消费者手中。 （ ）

10. 实施绿色供应链管理，就是要把未能满足环保条件的供应商排除在外。 （ ）

二、单选题

1. （ ）第一个提出绿色供应链的概念。

A. 日本 B. 美国 C. 德国 D. 英国

2. 绿色供应链产生的原因不包括（ ）。

A. 环境恶化 B. 资源短缺 C. 不确定性 D. 环保意识

3. 绿色物流的最终目标是（ ）。

A. 经济获益 B. 服务客户 C. 可持续发展 D. 响应社会

4. 首个亚太经合组织绿色供应链合作网络示范中心在（ ）建立。

A. 北京 B. 东京 C. 南京 D. 天津

5. 并行工程要求面向（ ）。

A. 产品的全生命周期 B. 客户

C. 产品质量 D. 服务

三、简答题

1. 什么是绿色供应链？绿色供应链管理的目的是什么？
2. 绿色生产技术有哪些？
3. 回收物流主要包括哪些内容？
4. 绿色供应链体系构建原则有哪些？
5. 绿色供应链管理应注意的事项有哪些？

四、论述题

1. 试论述绿色物流的内涵。
2. 试论述现代企业实施绿色供应链管理的实施途径。

Module four

模块四

供应链管理深化

项目十一

供应链设计与综合运营

学习目标

技能目标：

能够在模拟经营过程中，根据市场竞争情况，整合和协调供应链资源，开展虚拟企业的供应链运营工作。

素养目标：

养成团队合作、精益求精的职业素养，提升探索与创新精神。

随着经济结构升级，企业意识到未来的竞争是整个供应链的竞争。物联网、云计算、大数据、人工智能等新兴技术的高速发展与应用，标志着智慧供应链时代已经到来。为将理论与实践相结合，理解先进的供应链管理思想与理念，整合与协调多方资源，基于供应链相关游戏化实验教学平台，以“角色扮演，模拟经营”的形式，模拟企业供应链的整体运营过程，在激烈的市场竞争环境中，为各自企业争得一席之地。

团队合作的基础

本项目通过以虚拟供应链商业环境为背景的企业模拟经营游戏，重点考查对智慧供应链、供应链管理理念的认识与理解，整合与多方协调资源的能力、数据处理与分析能力和基于分析结果解决具体问题的能力，激发探索与创新精神。

建议团队训练，每组四人，自由组合。

一、项目内容

（一）方案设计

按照给定案例完成方案设计。方案设计包括供应链需求预测（M1）、采购供应管理（M2）、主生产计划（M3）、供应链物流决策（M4）四个任务。该总体方案体现供应链以客户需求为导向，实现产品设计、采购、生产、销售、服务等全过程各环节的对应。

（二）综合运营

该任务基于供应链软件竞赛系统，在供应链虚拟商业环境背景下，以各城市多态化市场需求为任务驱动，以经营某制造企业为任务目标，设置采购总监、生产总监、物流总监以及市场总监四个角色。各个角色分工执行各自的运营工作任务，结合运营过程中产生的大量数据，通过数据分析辅助制定、调整对应的供应链采购、生产、仓储、运输以及市场销售决策，以获得以下指标的最大化：①企业总资产；②市场占有率；③订单满足率；④库存周转率；⑤投资回报率；⑥产销比。

各角色主要岗位职责如表 11–1 所示。

表 11–1　各角色主要岗位职责

岗位	所属部门	部门核心运营工作
采购总监	采购部	● 采购策略制定（采购计划制订，定期 / 定量采购模式、安全库存确定） ● 采购管理（原料库存控制，包括生产原料采购周期、订货提前期、订货点的确定） ● 供应商管理（原料供应商筛选和维护，供应商供货能力评估） ● 采购成本核算（原材料价格、运费等）
生产总监	生产部	● 生产策略制定（推式 / 拉式生产模式确定，生产计划制订） ● 生产规划（工厂选址，工厂仓库库存管理，包括仓库容量控制、产品库存量控制） ● 生产线管理（生产线开启与工艺升级） ● 生产管理（生产排程） ● 生产成本核算（人工成本、原料成本、仓储成本等）
物流总监	运输部	● 仓储管理（物流仓库选址与布局，非工厂仓库的产品库存管理，包括仓间调配、产品库存量控制） ● 配送管理（订单配送与跟踪、运输方式确定） ● 物流成本核算（仓储成本、运输成本等）
市场总监	市场部	● 市场需求分析（分析各城市对不同产品的历史需求数据，判断其在下一阶段的需求走向） ● 销售策略制定（分销网点规划与开拓、销售渠道确定） ● 销售管理（线下市场订单获取、线上产品上 / 下架及定价管理） ● 销售成本核算（销售价格、缺货成本等）

（1）采购管理。采购部的核心工作是为全国 28 个城市的工厂按时、按量提供生产所需原材料。采购总监通过与原材料供应商洽谈，基于供应商的服务区域、供货价格、产品残损率、送货准时率等维度去评估他们的供应能力，选择最优供应商并签订合同。同时，依据生产管理部门的生产计划，由采购总监确定订货点和订货批量，手动进行原材料采购。“采购管理”界面如图 11–1 所示。

图 11–1　“采购管理”界面

（2）生产管理。生产部负责生产策略制定、生产规划、生产线管理、生产管理和生产成本核算等业务工作。生产总监需决策开设哪条生产线，根据产能需求及时开展生产线性能升级，制订（最多 12 种产品）生产计划并及时基于物料清单配置情况向采购部发出采购申请。此外，生产总监还需兼顾工厂仓库的库存管理，控制产成品的库存数量。“生产管理”界面如图 11–2 所示。

图 11–2 “生产管理”界面

（3）运输管理。运输部负责规划物流网络（仓库选址与布局）、制订合理的运输和调配方案，以及订单配送与跟踪等业务工作。按照市场部中标订单，物流总监需选择储存商品的相关仓库（包括工厂自带仓库、新建仓库和租赁仓库），决定最佳运输方式，使产成品及时送至客户所在地。“运输管理”界面如图 11–3 所示。

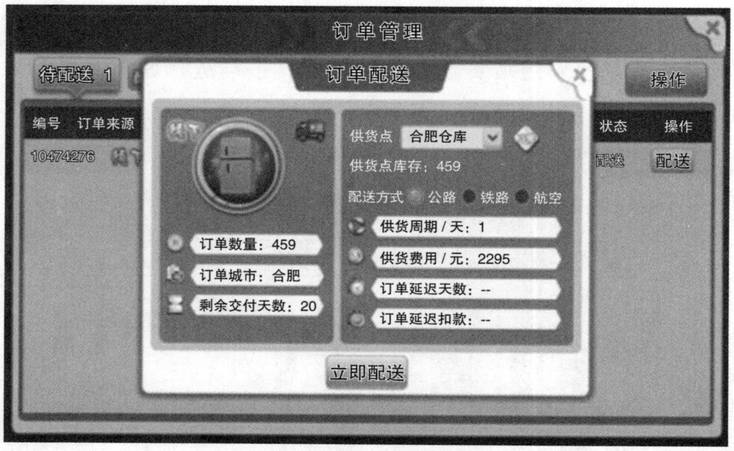

图 11–3 “运输管理”界面

（4）市场管理。销售是公司利润的源泉。市场营销采用“线上 + 线下”的新零售模式，以线上销售为依托辅助线下市场开拓，结合物流网络布局情况规划线下销售网点并参与市场投标活动，决策设置线上及线下的销售品类、供应价格，尽可能扩大整体市场占有率。“市场管理”界面如图 11–4 所示。

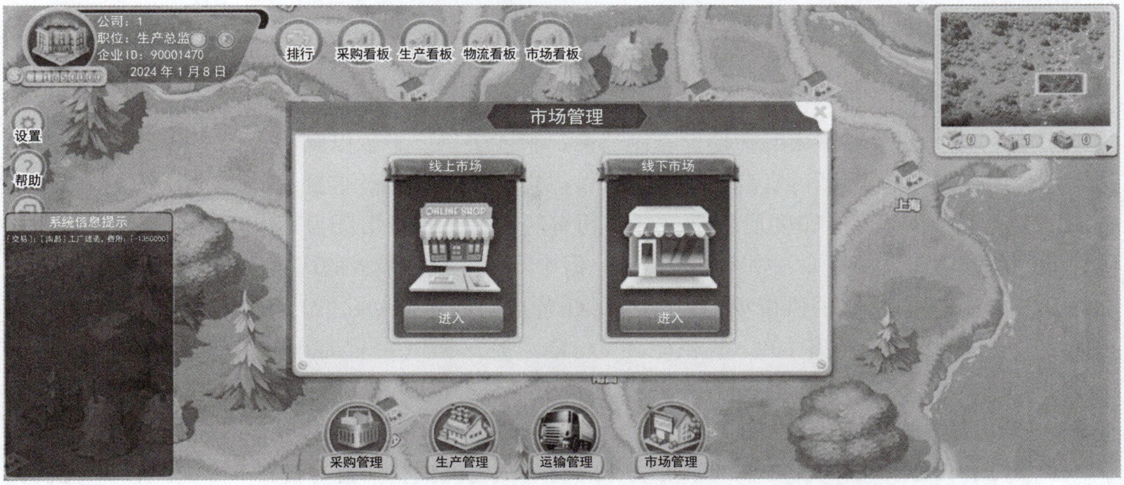

图 11-4 “市场管理”界面

二、项目评价

方案设计占比 40%，软件操作占比 60%。

方案设计中任务 M1 ～ M4 完全基于各任务的输出要素进行客观评价，从输出要素的完整性、正确性、规范性，过程的科学合理性，呈现的有效性等方面进行全面评价。

软件操作任务 M5 基于企业供应链运营 KPI 指标和企业经营指标等多个维度进行客观评判，实现全过程的实时评判、实时统计、实时监控。

具体评分标准如表 11-2 所示。

表 11-2 评分标准

任务	内容	评分要点	分值	总分占比	备注
M1	供应链需求预测	总体预测	20	10%	教师评分
		移动平均法及偏差	40		
		指数平滑法及偏差	40		
M2	采购供应管理	物料清单制作	30	10%	教师评分
		物料数量合理	30		
		物料需求计划合理	40		
M3	主生产计划	制订初步主生产计划	40	10%	教师评分
		调整生产计划	30		
		生产策略分析合理	30		
M4	供应链物流决策	外包物流分析合理	40	10%	教师评分
		维度准确	60		
M5	供应链综合运营	总资产	25	60%	系统自动评分
		市场占有率	20		
		订单满足率	20		
		库存周转率	10		
		投资回报率	10		
		产销比	15		

三、方案设计案例题

1. 供应链需求预测样题

ZJ 公司是一家全球知名的移动设备制造商，智能手机、平板电脑和笔记本电脑是其主要产品。该公司在国内有惠州和武汉两个制造工厂，员工 3 800 多名，并拥有先进的生产线及电子设备测试实验室。在印度、印度尼西亚，ZJ 公司有两家电子制造工厂为其生产电子产品。ZJ 公司的移动产品远销亚太、欧洲、中东以及美洲，但中国依然是其最大的市场。

2023 年，国内同比手机市场增量 11%；ZJ 公司市场份额 9%，ZJ 公司增长 22%（其中 8% 来源于旗舰机型，销量提升 10%）；供应链交付能力提升 5%（销量提升 5%）；线上线下的布局，上线∶线下 =2∶8，2023 年新增 300 家零售门店（销量提升 45%）；配置更具性价比，消费者迁徙 5%（销量提升 5%）。

T 系列手机是 ZJ 公司针对中国市场设计的高端旗舰机型，销售价格在 3 000 ～ 4 000 元。其主要消费群体是手机发烧友，他们喜欢尝鲜，对产品配置有一定的要求，但对价格不太敏感。T25 机型于 2022 年 11 月发布上市，整个产品生命周期销量超过 300 万台。T25 产品的销售数据如表 11–3 所示。T35 是 T25 的迭代产品，T35 机型的主要卖点是 5.99 英寸 OLED（有机发光二极管）全面屏、后置双摄像头、屏下指纹解锁，该产品上市时间为 2023 年 11 月。T35 产品的销售数据如表 11–4 所示。请根据上述条件回答以下问题。

表 11–3 T25 实际销量（2022 年 11 月—2023 年 10 月）

日期	2022 年		2023 年									
	11 月	12 月	1 月	2 月	3 月	4 月	5 月	6 月	7 月	8 月	9 月	10 月
实际值（千台）	156	339	333	447	303	201	282	360	255	177	132	69

表 11–4 T35 实际销量（2023 年 12 月—2024 年 2 月）

日期	2023 年 12 月	2024 年 1 月	2024 年 2 月
实际值（千台）	312	520	683

（1）请通过 T25 2022—2023 年的销量数据预测 T35 2023—2024 年的总销量（结果保留一位小数）。

（2）根据表 11–4 的数据用移动平均法预测 2024 年 3 月份 T35 的销量，如果 2024 年 3 月份 T35 的销量为 612 千台，那么预测误差是多少?

（3）根据表 11–4 的数据用简单指数平滑法预测 2024 年 3 月份 T35 的销量，如果 2024 年 3 月份 T35 的销量为 612 千台，那么预测误差是多少？（其中，α =0.1）

2. 采购供应管理样题

ZJ 公司生产的手机机型有很多，产品线（A、S、K、T、X 系列）覆盖各个价位段，但 T35 手机是消费者非常喜爱的产品之一。

元旦刚过完，春节接踵而至，T35 需求也发生了变化，小慧收到了 T35 手机 2 月份和 3 月份的主生产计划，如表 11–5 所示。

表 11–5　T35 手机的主生产计划（2024 年 2—3 月）

日期	2024 年 2 月				2024 年 3 月			
总产量（千台）	740				580			
周期	1	2	3	4	5	6	7	8
黑色 T35 产量（千台）	80	80	80	80	80	80	50	40
蓝色 T35 产量（千台）	100	100	110	110	100	100	70	60

ZJ 公司生产的 T35 手机由一个前置摄像头、两个后置摄像头、一个指纹模组、一个前壳 TP（触摸屏）组件、一个 PCBA（成品线路板）、12 个螺钉和一个电池壳组成。每个前壳 TP 组件由一个前壳、一个 TP 和一个 LCM（LCD 模块）组成。每个 PCBA 由一个 PCB（印制电路板）、一个 CPU（中央处理器）和一个存储组成。

ZJ 公司将外购的零部件进行组装生产。指纹模组、前壳、CPU、存储等物料需要外购，从采购订单下达到物料采购入库需要 1 周；TP、LCM 和螺钉需要提前 2 周采购，前置摄像头需要提前 6 周采购，后置摄像头需要提前 3 周采购，PCB 和电池壳需要提前 4 周采购；前壳、TP、LCM 组装成为前壳 TP 组件需要 1 周；PCB、CPU 和存储组装成 PCBA 需要 1 周；T35 手机的组装时间也是 1 周。

为了满足消费者需求，小慧需要向零部件供应商采购物资并投入生产，但是目前 ZJ 公司仓库中 T35 手机的部分物资还有库存，经过现场查验并与库存记录核实，得到如表 11–6 所示的库存信息。

表 11–6　库存信息　（单位：千个）

物料	订货模式	增量产出率	安全库存	在途库存	在库库存
机头	—	0	0	0	25
前置摄像头	最小订购量为 30	5%	0	0	0
后置摄像头	最小订购量为 60	5%	0	0	60
指纹模组	逐批订购	0	0	10	0
前壳 TP 组件	—	0	0	0	16
PCBA	—	0	0	0	10
螺钉	每批 200	0	0	0	220
电池壳（蓝）	最小订购量为 30	10%	20	30	30
前壳（蓝）	逐批订购	0	0	0	0
TP	逐批订购	0	0	0	5
LCM	逐批订购	0	0	0	7
PCB	每批 6	10%	0	10	20
CPU	逐批订购	0	0	0	5
存储	逐批订购	0	0	0	4

了解这些信息之后，小慧就开始了她的工作，计算 T35 机型各个零部件的物料需求数量和需求时间，并发出采购订单。

依据上面的信息，请完成以下任务：

（1）制作 T35 手机物料清单。（利用 Visio 制图软件）

（2）计算 2024 年 2 月份第一周（2 月 1—7 日）生产蓝色 T35 手机所需的每种工件数量。

（3）制作生产蓝色 T35 手机第一周的物料需求计划。

3. 主生产计划样题

"五一"假期刚过，T35 手机已经发售 17 周，现在是第 18 周，由于 T35 机型市场反馈很好销售部门计划利用"618"电商节举行一次促销活动，力度预期比较大，因此希望能有足够的货源。据可靠消息，"618"过后友商将上市一台性能比 T35 更好的手机，所以 ZJ 公司要在"618"过后做销售收尾工作。

生产部门要根据销售预测和预售订单来制订 T35 未来 13 周的主生产计划。为了 T35 手机在"618"电商节可以大卖，销售部门将于第 19 周在天猫旗舰店和京东旗舰店上架 T35（蓝色和黑色）的预售，预计在未来 7 周（第 19 周、第 20 周、第 21 周、第 22 周、第 23 周、第 24 周、第 25 周），每周的交付订单量为 170 千台、200 千台、190 千台、190 千台、120 千台、60 千台、60 千台；"618"过后的 6 周（第 26 周、第 27 周、第 28 周、第 29 周、第 30 周、第 31 周）交付订单量为 20 千台、30 千台、40 千台、40 千台、40 千台、20 千台。

13 周的计划时间区分为需求时间区、计划时间区、预测时间区。在需求时间区，因为物料和人员来不及准备，所以不能改变这个时间段的需求；在计划时间区，可以有 20% 的需求波动；在预测时间区，可以有 50% 的需求波动。第 19 ～ 22 周是需求时间区、第 23 ～ 27 周是计划时间区、第 28 ～ 31 周是预测时间区。T35（蓝色和黑色）的生产批量是 10 千台，安全库存是 20 千台，期初库存量是 50 千台。

（1）请根据以上条件补全初步主生产计划表格（见表 11–7）。

表 11–7 初步主生产计划 （单位：千台）

周期	第 18 周	第 19 周	第 20 周	第 21 周	第 22 周	第 23 周	第 24 周	第 25 周	第 26 周	第 27 周	第 28 周	第 29 周	第 30 周	第 31 周
预计需求														
主生产计划														
期末库存量	50													

（2）各工厂未来一段时间可用于 T35 手机生产的产能如表 11–8 所示。

表 11–8 各工厂 T35 产能 （单位：台）

工厂名称	表面组装	板测	组装	包装
惠州工厂	59 375	58 537	53 465	64 145
武汉工厂	89 063	92 683	89 109	89 803
IN Flex	9 896	12 83	7 911	10 263
IN FIH	19 792	25 366	17 822	20 526
ID Flex	5 938	5 854	5 347	7 697
ID FIH	5 938	5 347	5 854	5 332

请根据产能条件对初步主生产计划进行调整，形成调整后的主生产计划。

（3）案例中主生产计划的生产策略是什么？

4. 供应链物流决策样题

2000年前后，ZJ公司一直是自建物流仓储；在全国五个大区（华南广州、华东上海、华北北京、华中武汉、西南成都）分别设有分公司，并建有自己的仓库；在惠州、武汉工厂生产的产品分别通过自有的车队发往各个分公司。安全快速的运输服务确保了产品能及时送往渠道铺货，响应了市场需求。但是随着电脑市场的竞争加剧，自己动手拼装电脑兴起，价格战风起云涌；而且第三方物流企业开始野蛮生长。为了提升企业营收能力，ZJ公司开始尝试将自有车队剥离出主业，独立运营，自负盈亏。在3年的过渡期内，自营车队背靠原东家，积极开拓市场，减少返程运输空载率，提高车队运营效率，但终为车辆维护、人员安置问题所困，后被某第三方物流企业收购。自此，ZJ公司也走上了物流全外包的道路。转型初期，ZJ公司面临以下问题：

（1）企业物流管理团队复杂，总部有物流管理部门，两个工厂及五个分公司也都有自己的物流管理人员。其中，总部负责线上渠道及成本中心，两个工厂负责从工厂到分公司的配送服务，而分公司则负责各渠道的储运服务。

（2）企业内部销售、生产、物流、采购等部门职责模糊，沟通难度大。

（3）仓储布局混乱，导致零担运输多，运输成本高。

（4）物流服务商众多，不同的部门分别有各自的物流承包方。

××物流是一家与ZJ公司合作多年的物流外包服务商，在ZJ公司物流转型过程中发挥了不可替代的作用。××物流提出了ZJ公司物流转型的方案。

（1）梳理企业内部流程，强化总部物流职能。总部销售运营部门发出成品提货单，各分公司发出物流配送单，统一由物流部订单处理中心协调配送/仓储及往渠道铺货，直至送达最终消费者。

（2）整合仓储网络。原有五个分区整合为华南集散中心、华中集散中心和华北集散中心，辐射全国。

（3）整合物流服务供应商。将原有5～6家供应商整合为2～3家。

经过几年的运作，ZJ公司已经有了较为稳定的物流服务供应商，最主要的是三大物流供应商，主要分布在华南区、华中区和华北区。2023年，各家的吨物流成本基本控制在800万元左右，货物的准时送达率保持在95%以上。

请根据材料回答以下问题：

（1）ZJ公司为何外包物流？

（2）考虑2024年的销量有大幅增长，且还有电商促销等各种波动较大的物流需求，ZJ公司应从哪些维度分析物流供应商绩效考核结果？

参考文献

[1] 朱占峰，陈勇．供应链管理 [M]．3 版．北京：高等教育出版社，2019．

[2] 王桂花，王志凤，高文华．供应链管理 [M]．3 版．北京：中国人民大学出版社，2019．

[3] 马士华．供应链管理 [M]．武汉：华中科技大学出版社，2010．

[4] 宋华．服务供应链 [M]．北京：中国人民大学出版社，2012．

[5] 刘伟华，刘希龙．服务供应链管理 [M]．2 版．北京：中国财富出版社，2019．

[6] 宋华．供应链金融 [M]．2 版．北京：中国人民大学出版社，2015．

[7] 陈利君．供应链信息共享价值分析与激励模型研究 [D]．兰州：兰州交通大学，2016．

[8] 陈明蔚．供应链管理 [M]．2 版．北京：北京理工大学出版社，2018．

[9] 杨国荣．供应链管理 [M]．3 版．北京：北京理工大学出版社，2015．

[10] 谢家平，迟琳娜．供应链管理 [M]．2 版．上海：上海财经大学出版社，2013．

[11] 毛敏，王坤．供应链管理理论与案例解析 [M]．成都：西南交通大学出版社，2017．

[12] 王正沛，李国鑫．消费体验视角下新零售演化发展逻辑研究 [J]．管理学报，2019，16（3）：333–342．

[13] 狄蓉，焦玥，赵袁军．新零售背景下零售企业供应链整合创新机制 [J]．企业经济，2019（8）：60–67．

[14] 赵树梅，徐晓红．“新零售”的含义、模式及发展路径 [J]．中国流通经济，2017，31（5）：12–20．

[15] 张子健，薛传利．全渠道模式下零售企业供应链的优化研究 [J]．工业经济论坛，2016，3（4）：468–476．

[16] 张建军，赵启兰．面向新零售的全渠道供应链整合与优化—— 基于服务主导逻辑视角 [J]．当代经济管理，2019，41（4）：23–29．

[17] 张建军，赵启兰．新零售驱动下流通供应链商业模式转型升级研究 [J]．商业经济与管理，2018（11）：5–15．

[18] 马志军．全渠道零售模式下企业供应链变革 [J]．信息与电脑，2014（9）：40–43．

[19] 常明哲，苏剑．新零售“新”在何处 [J]．人民论坛，2018（23）：96–97．

[20] 刘煜，汤定娜，刘遗志．零售企业实现全渠道战略的路径图 [J]．商业经济研究，2015（3）：20–23．

[21] VERHOEF, KANNAN, INMAN. From multi-channel retailing to omni-channel retailing: introduction to the special issue on multi-channel retuiling [J]．Journal of Retailing，2015，91（2）：174–181．

[22] 罗宁．国际零售业全渠道运营策略研究及国内典型企业对比分析 [D]．北京：对外经济贸易大学，2015．

[23] 王之威．电商物流分仓备货优化研究 [D]．北京：北京交通大学，2016．

[24] 苗青．新零售供应链的数字化研究 [D]．合肥：安徽大学，2019．

[25] 魏勇．大宗商品供应链集成服务新模式 [J]．中国物流与采购，2018（24）：54．

[26] 张宽．第三方物流供应链集成服务的内涵与特征研究 [J]．经营与管理，2018（5）：138–140．

[27] 霍春辉，刘力钢，张兴瑞．供应链服务集成商业模式解析 [J]．经济问题，2009（7）：52–53+87．

[28] 熊楚熊．供应链服务商的经营模式选择分析—— 以怡亚通供应链公司和飞马国际供应链公司为例 [J]．财务与会计（理财版），2012（10）：55–57．

[29] 李亚．混合所有制改革、商业模式创新与企业绩效研究 [D]．开封：河南大学，2019．

[30] 王永兴．深入推进区域集采，有效整合采购资源，全面提升供应链集成服务能力 [J]．铁路采购与物流，2018，13（4）：30–32．